马克思主义中国化时代化与思想政治教育工作

李兴旺 ◎ 著

线装書局

图书在版编目（CIP）数据

马克思主义中国化时代化与思想政治教育工作 / 李
兴旺著. -- 北京 ：线装书局，2023.9
ISBN 978-7-5120-5660-2

Ⅰ．①马… Ⅱ．①李… Ⅲ．①马克思主义－发展－研
究－中国②思想政治教育－研究－中国 Ⅳ．①D61
②D64

中国国家版本馆 CIP 数据核字 (2023) 第 170784 号

马克思主义中国化时代化与思想政治教育工作

MAKESI ZHUYI ZHONGGUOHUA SHIDAIHUA YU SIXIANG ZHENGZHI JIAOYU GONGZUO

作　　者：李兴旺
责任编辑：曹胜利
出版发行：线装书局
　　　　　地　　址：北京市丰台区方庄日月天地大厦 B 座 17 层（100078）
　　　　　电　　话：010-58077126（发行部）010-58076938（总编室）
　　　　　网　　址：www.zgxzsj.com
经　　销：新华书店
印　　制：河北创联印刷有限公司
开　　本：787mm×1092mm　1/16
印　　张：13
字　　数：272 千字
版　　次：2023 年 9 月第 1 版第 1 次印刷

线装书局官方微信

定　　价：88.00 元

前　言

马克思主义中国化就是结合中国基本国情实际，在马克思主义理论基础上创造具有中国特色的新理论。在具体实现过程中，必须结合中国发展实际需求，同时坚持马克思主义核心思想，以马克思主义为指导，在不断实践中总结创新的理论成果。在这一过程中，我们党不断攻坚克难，有力推动了马克思主义中国化新进程，积累了丰富的历史经验。从马克思主义中国化主体的综合能力角度看，有四条经验尤其宝贵：坚持提高马克思主义理论水平，增强中国特色社会主义自信，大胆进行实践创新，勇于开展理论创新。认真分析和深刻总结这些历史经验，对于继续推进马克思主义中国化有着重要意义。

本书分析了马克思主义中国化时代化与思想政治教育工作，先概述了马克思主义理论，并分析了马克思主义指导思想政治教育工作、马克思主义教育方法与思想政治教育以及马克思主义理论在思想政治教育中的应用，接着探讨了高校马克思主义思想政治教育，最终总结和分析了习近平新时代中国特色社会主义思想的理论创新与历史贡献。本书从实际出发，重视文化多面性，兼具科学性与经济理论，力求推进中国化马克思主义理论的时代化、大众化。

另外，本书在撰写的过程中参考了一些专家的学术成果，在此对相关作者表示感谢。由于作者水平有限，书中尚有一些错误及不足，望专家、同行给予批评指正，以便在日后不断完善。

目　录

第一章　马克思主义理论概述

第一节　马克思主义理论的起源

马克思说："理论在一个国家实现的程度，总是决定于理论满足这个国家的需要的程度……光是思想竭力求成为现实是不够的，现实本身应当力求趋向思想。"中国化马克思主义离开中国社会实践主题和任务的需要这个前提，就无从回答中国人何以选择、从何角度理解、在何层面运用马克思主义，更不足以说明为什么马克思主义能够"中国化"。同样，如果失去中国共产党人在马克思主义指导下史无前例的伟大斗争，马克思主义中国化也就失去了历史和现实的基础。从这个意义上说，中国化马克思主义是中国社会历史发展的要求，马克思主义作为放之四海而皆准的真理也能满足中国社会历史发展的需求，而马克思主义理论的实践性本质特征及其与中国传统文化之间存在的契合因子又使它可以在中国大地上生根发芽，并且通过中国共产党人的马克思主义实践浇灌而开花结果。因此，当马克思主义中国化的条件具备之后，中国化马克思主义运动就会在中国社会历史进程中繁荣昌盛，有力地推进着中国社会历史的发展。

中国化马克思主义的口号本身就反映了处在世界范围内各种文化冲突中的中国历史与文化的特征。中国化马克思主义的一般意义，不仅包含了中国历史发展的普遍现象、历史经验和文化的基本特质，还反映出近代以来向西方学习的先辈们的历史经验与教训。从文化本性和近代以来的中西文化冲突与融合的历史看，中国先进知识分子的探索求知过程充满波折，也说明了"中国化"的必要性和必然性。因为从对"西学"的感性认识开始到"中体西用"的主张，实际上都没有很好地解决西方学说与中国社会改造的关系。所以在这个意义上，中国早期马克思主义者们对于实现中国化马克思主义的探索才真正找到了中国社会历史发展的脉搏，而且也在文化本性上真正地利用了中国文化的智慧和经验，这一点在实践中显得非常重要。

一、近代中国社会历史的呼唤

马克思主义无疑是一种先进文化，它吸收和改造了人类思想文化的一切优秀成果，是在对资本主义进行科学批判的基础上形成和发展起来的。它揭示了人类社会发展的社会主义和共产主义前途，为人们认识世界和改造世界提供了科学的方法论指导，较之中国传统文化，它更为科学和先进。一方面，马克思主义的唯物论、辩证法以及社会历史观的基本理论与中国传统文化的积极因素具有很强的相通性，这种相通性，为马克思主义改造和引领中国传统文化，实现中国传统文化的现代化转型提供了历史的、文化的和心理的基础；另一方面，马克思主义的科学性和先进性则为改造和引领中国传统文化的现代化转型提供了根本保障。事实是，只有在马克思主义的指导下，才能真正克服中国传统文化的弊端和不足，充分激活中国传统文化中仍然具有生命力的积极因素，使其通过自身的转型而走向现代化，进而创造出一种既适应中国实际需要，又超越资本主义文明的新的文化体系。正如毛泽东所指出的："自从中国人学会了马克思列宁主义以后，中国人在精神上就由被动转入主动。从这时起，近代世界历史上那种看不起中国人，看不起中国文化的时代应当完结了。伟大的胜利的中国人民解放战争和人民大革命，已经复兴了并正在复兴着伟大的中国人民的文化。这种中国人民的文化，就其精神方面来说，已经超过了整个资本主义的世界。"

19世纪末20世纪初，马克思主义传入中国。当时的中国已陷入半殖民地半封建的漩涡，因此，各种思潮纷纷涌现，各种"主义"相互碰撞。在此当中，马克思主义显示出强大的生命力。马克思主义是一种静态的思想学说，只有具备一定的社会条件，才能得到动态的传播。近代以来，中国社会境遇以及中国社会内部诸多因素的变化，为马克思主义传入中国提供了必需的条件。

马克思主义是为全世界无产阶级、为人类解放而创立的，因而具有世界意义，是跨越时空的普遍真理，但它又是民族的，不可避免地带有欧洲的时代特色和文化的民族特性。这样一个同时具有世界性与民族性的"主义"和"学说"，要运用到其他国家和民族，必然有一个民族化、本土化、具体化的问题，这是文化传播和文化发展的基本规律。它不仅要"中国化"，而且同样需要"俄国化""朝鲜化""越南化"。事实上也是如此。然而在国际共产主义运动史上，只有中国共产党人在高举马克思主义伟大旗帜的同时明确提出了"马克思主义中国化"的命题。为什么唯有中国共产党鲜明地提出了这个问题，而且成功地实现了马克思主义中国化？对此做出回答，必须首先对"马克思主义中国化"概念生成语境及其深刻的历史境遇作历史性考察。

古代的中国，曾经拥有五千多年延绵不断、独立发展的农业社会文明史，并以世界上头号强大的国家独领风骚 1500 年。中国人民创造了光辉灿烂的文化，为世界文化的发展做出了卓绝的贡献。当世界进入工业文明社会之后，中国也曾有过"康乾盛世"，但因与外界相对隔绝的地理环境、长期重农抑商的政策、封建宗法韧带的缠绕、"华夏第一"传统观念的桎梏，这个不思进取的东方大国开始落伍，帝国主义列强的入侵使它轰然倒塌，逐渐沦为半殖民地半封建社会。在近代中国，一连串的战争，一连串的国耻，一连串的国难，交织成一部血泪斑斑的屈辱史。为了救亡图存，振兴中华，开辟救国、强国和富国之路，承续着"天下兴亡，匹夫有责"历史传统的近代中国先进分子，一批又一批地挺身而出，前仆后继，上下求索，进行了不屈不挠的斗争。他们成立过政党，实践过改良，进行过革命，采用过各式各样的思想武器，提出过一个又一个的政治方案，包括地主阶级改革派的"师夷之长技以制夷"倡议，农民革命派的地上天国理想，早期改良主义者的工商救国主张，资产阶级维新派的君主立宪，资产阶级革命派的民主共和等，或者企图效法中国旧式农民战争的改朝换代，或者幻想走西方资产阶级革命的老路，但是都行不通。

自 1840 年鸦片战争失败以后，为了救亡图存，一些进步的中国人开始向西方学习，寻找救国救民的真理，由此开始了长达一个多世纪的"西学东渐"。伴随着"西学东渐"的大潮，包括马克思主义在内的西方各种社会思潮在东西文化的碰撞中悄然而至。19 世纪 70 年代，在清政府派赴法、德、俄等国的一些外交人员的日记中，就记载了巴黎公社起义、德皇遇刺、俄皇遇刺等当时的重大事件，社会主义、共产主义、共产党、社会民主党等名词也被这些外交人员当作海外奇谈记录了下来。这些人是站在封建统治阶级的立场上来观察西方社会的，又处在封建文化的语境下，因此，他们在介绍社会主义思想时，多持蔑视态度。在他们的笔下，无论是无政府主义者、共产主义者，还是形形色色的社会主义者，毫无例外地都成了"乱党""叛勇""暴徒"，其活动也统统成了"叛乱""暴行"。他们从未对所记载的内容进行深入的研究，而只是把社会主义思想作为"览异猎奇"的对象来认识。

马克思主义在中国的传播，是鸦片战争以来几代先进的中国人苦苦寻找救国救民的革命真理的结果。中国知识分子在向西方学习救国方案的同时，接触到马克思社会主义学说，并把它作为一种反对压迫剥削、解决社会不平等、医治社会弊病的新学说介绍到中国。但这个时期还只是对马克思主义零星、片段的介绍，马克思学说的介绍尚不成熟，只能说是为中国思想理论界打开了一扇新的窗户。

世界思想文化的发展史证明，任何新思想、新文化的出现和传播都不是无条件的，绝非人们纯主观意愿的产物，必须以产生或传播它那个时代的社会需要为基础，以当时的阶级关系、政治结构和文化背景为前提，即以本民族过去的整个发展历史为根据。随着帝国主义和封建主义统治的日益严重，中华民族的危机急剧加深，一批资产阶级和小资产阶级知识分子面对资本主义世界显露出来的种种弊端，由试图效仿资本主义模式改造中国转向研究各种社会主义流派以求得医治资本主义弊病的良方，于是马克思主义被当作一种社会主义学说介绍到中国。而共和梦想的破灭和十月革命的胜利，又使在黑暗中历尽千辛万苦探索救国救民真理却仍不知出路在哪里的先进中国人看到了新的曙光。正如鲁迅所说："先前，旧社会的腐败，我是觉到了的，我希望着新的社会得起来，但不知道'新的'该是什么；而且也不知道'新的'起来以后，是否一定就好。待到十月革命后，我才知道这新的创造者是无产阶级，但因为资本主义各国的反宣传，对于十月革命还有些冷淡，并且怀疑。现在苏联的存在和成功，使我确切地相信无产阶级社会一定要出现，不但完全扫除了怀疑，而且增加许多勇气了。"于是，中国先进分子由拥护十月革命到赞成马克思主义，马克思主义逐渐成为中国社会新思想的主流。可见，中国人民选择了马克思主义，主要是它既适合中国社会历史进步的要求，反映了那个时代发展的逻辑，中国近代社会也具备了实现马克思主义的历史条件、思想文化条件和阶级基础。

在西方文化雄视阔步走向全人类进程中，马克思主义以其特有方式唤醒了众多落后民族的主体意识；后者用与之对抗的社会运动，迫使西方文化最大限度调动内在潜力，也迫使它检点自己、反思自己、规范自己，从而使它发展至巅峰。在 20 世纪初民族危亡的紧急关头，马克思主义之所以能够进入我们的视野、成为我们的选择，不仅在于这一思想理论适应了当时中国社会现实的发展需要，而且还在于这一思想理论反映了时代的发展要求与历史趋势，为当时人类社会面临的时代难题提供了有效的解决方案，也为当时中国的无数仁人志士和革命先贤挽救民族于危亡、拯救民众于水火带来了希望、指明了方向。这正是我们选择马克思主义，而不是其他理论的根本原因。

马克思主义在19世纪40年代产生于西欧，英、法、德三国是发源地。面对的是欧洲资本主义的经济、政治和文化等社会实际问题，回答的是当时欧洲社会历史发展中提出的重大问题，制定的是那时欧洲社会主义运动的战略和策略，所以它是欧洲民族文化的产物。但马克思主义是人类文明精华的成效，集中反映了人类社会历史的本质特点，能够适应时代发展的需求，因而可以超越狭隘的地域、民族与时间的界定，在世界范围内得到广泛的认可与流传，由19世纪欧洲民族的理论变为具有世界性普遍意义的学说。不过马克思主义从民族化到世界化，又有一个不断实行民族化的问题，即必须根据当时的历史事实与当地的文化特点采取不同的民族形式出现，将马克思主义同本民族和本国的文化传统、社会现实结合起来，否则就不可能有世界化。所以马克思主义世界化的过程又是民族化的过程，而每一次民族化也是更为深刻的世界化，它正是在这种民族化与世界化的辩证统一过程中不断实现着理论内容与思维方法上的自我超越、自我发展。世界是普遍联系的，中国是世界的一部分，马克思主义要在中国传播、生根、开花、结果，前提就是必须适应中国社会历史发展的要求，并能得到中国文化传统中优秀因子的认同。

1883年3月17日，恩格斯在马克思逝世3天后，在伦敦埋葬马克思时的讲话中指出，马克思一生最伟大的发现是历史唯物主义和剩余价值学说。马克思的唯物主义是辩证的，这与旧唯物主义根本不同。马克思主义的唯物史观则清除了以往历史理论的两个主要缺点：一是过往的历史理论，至多是窥察了人们历史活动的思想动机，而没有考究产生这些动机的原因，没有找到社会关系体系发展的客观规律性，没有看出物质生产发展程度是这种关系的根本。二是过去的历史理论恰巧没有说明人民群众的活动。只有历史唯物主义才第一次使我们能以自然史的精确性去考察群众生活的社会条件以及这些条件的变更。而剩余价值学说则揭示资本主义社会的经济运动规律，并据此深刻研究了资本主义的社会生产关系的产生、发展和没落。剩余价值学说是科学社会主义学说的基本理论根据，是无产阶级认识世界和改造世界的强大思想武器。马克思主义作为客观普遍真理，不仅适用于世界的西方，而且也适用于世界的东方。它一经传入中国，便契合了中国的先进分子急切寻找中国社会发展目标和急切探寻改造中国社会道路的要求，顺应了历史发展的趋势，并最终为广大中国民众所接受，成为中国革命和建设的指导理论。

中国近代风起云涌的民族民主运动，表现在思想文化意识形态领域，就是以宣传资产阶级进化论为主要内容和以批判、改良、革命为基本特征的爱国启蒙思想运动。先进知识分子面对民族和人民再也无法照旧生存下去、而统治者们也不能再照旧统治下去的现实，苦苦思索着民族何以独立、政治何以民主、国家何以富强等重大的思想问题。通常来说，资本主义与封建主义是彼此对立的，所以在思想战线上当一个新的时代——无产阶级革命时代到来后，无产阶级的思想武器马克思主义就成为中国人民又一条新的抉择。中国民族资产阶级因其阶级局限性不能认识也不敢承认这是近代中国的新出路，历史便不得不将本应由资产阶级来领导完成的反对帝国主义、封建主义的民族民主革命任务转交到无产阶级肩上，马克思主义成为指引中国社会变革的指导思想就是势所必然。

马克思主义的指导作用，体现在商品经济发展和精神文明建设的各个方面：一是大力发展商品经济，是为了建设有中国特色的社会主义，并为将来向共产主义社会过渡创造条件，而这正是现阶段我国各族人民的共同理想和共产主义理想。马克思主义科学地揭示了人类社会发展的客观规律，这就为发展商品经济与理想建设奠定了科学基础。二是我们所进行的道德建设，之所以一方面在全社会树立和发扬社会主义道德，另一方面宣传和提倡共产主义道德，同我们发展社会主义的商品经济和竞争密切相关。马克思主义揭示了道德的起源和发展的一般规律，并着重揭示了社会主义道德和共产主义道德产生和发展的特殊规律，对于我们进行商品经济条件下的道德建设，具有重大的指导意义。三是马克思主义总结了人类文化的优秀成果，揭示了现代化经济和文化发展的规律。以它作指导，才能搞好商品经济条件下的文化建设，同时以社会主义文化事业的日益繁荣促进商品经济的健康发展。四是马克思主义批判地继承了资产阶级的民主和法制观念，创立了无产阶级的民主和法制理论，揭示了经济基础与政治、法律上层建筑的相互关系，对于我们在社会主义商品经济条件下进行民主和法制建设有巨大的指导作用。

实践性是马克思主义理论的根本属性，也是中国特色社会主义理论体系的根本属性。

中国特色社会主义理论体系的实践性，体现为重视理论的科学性，善于对最鲜活的重大实践课题做出回应和高度的理论概括；体现为重视理论的彻底性，善于用实践说服人检验理论；体现为重视理论的完整性，善于用发展着的理论指导新的实践。中国特色社会主义理论体系实践性的本质，是从实践中产生，在实践中检验完善，又回头指导实践实现经济社会和文化的科学发展。

马克思主义的发展史告诉我们，马克思主义的生命力就在于它的实践性，马克思主义只有置身于新的社会实践，才具有永不衰竭的源泉。马克思主义要置身于当代世情。当代世界是一个急剧变动的世界、飞速发展的世界。当代世界是全球化的、发展不平衡的世界经济，是和平与发展、多极化发展趋势的世界政治，是交流与互补、矛盾与冲突的多样化的世界文化，是快速发展、竞争激烈、影响重大的世界科技，是局部战争、军备竞争、恐怖与反恐怖主义的世界军事。面对发展变化的世界形势，马克思主义应该积极置身其中，做出新的回答。马克思主义要置身于当代国情。社会主义市场经济体制在健全完善，社会主义现代化建设在快速发展，"入世"给我国经济的发展提供了难得的机遇，又带来了严峻的挑战；社会主义民主在积极发展，社会主义政治文明在加紧建设，政治体制改革在稳步推进，依法治国的基本方略在大力实施，民主与法治已经成为不可逆转的历史发展趋势；教育在普及提高，文艺在繁荣进步，科技在迅速发展，思想道德状况在改善，弘扬中华优秀传统文化与学习借鉴西方先进文化，主旋律与多样化是文化的发展方向。面对发展变化的中国形势，马克思主义应该自觉置身其中，做出新的回答。马克思主义要置身于当代党情，应该看到党的地位发生了根本性变化，由夺取政权的党变为长期执政的党。党的任务发生了历史性的变化，由以革命为中心的党变为以经济建设为中心的党。党的队伍发生了重大变化，党员干部由革命时代的为主体变为建设时代的为主体。党的环境发生了巨大变化，由计划经济体制变为市场经济体制、僵化封闭变为改革开放。面对发展变化的党，马克思主义应该主动置身其中，做出新的回答。马克思主义要置身于当代民情。社会的发展变化必然带来民情的重大变化。应该看到民众的思想道德素质、科学文化素质在逐步提高，民主与法治观念在不断增强，维权意识与利益要求在不断扩充，世界观、人生观、价值观具有实在性、多样性、变动性。民众的生活环境、工作环境在发生重大变化，逐步在由单位人向社会人转变，由低层次的生存追求向高层次的生存追求递进。面对发展变化的民情，马克思主义应该勇敢置身其中，做出积极的回答。

社会主义，作为一种现代社会的思想和历史运动，直接起源于对资本主义社会的一般批判，然而正是马克思主义对人类历史之实践本质的深刻洞察和真正理解，社会主义思想才可能在马克思、恩格斯那里实现了由空想到科学的发展，社会主义运动才可能在列宁那里实现由理论到现实的飞跃。从此以后，马克思主义的发展史便与科学社会主义或共产主义运动的实践密切关联在一起，社会主义也因此由纯粹的观念转化为现实的历史运动，继而由纯粹的历史运动转化为现实的社会制度。在社会主义已经成为现实性的历史或政治形态的国家和地区，马克思主义便开始由一种与资本主义社会秩序相对抗的批判性思想向一种与社会主义社会秩序相结合的建设性思想过渡，这种过渡决非表明马克思主义的实践性、批判性和革命性的消逝，而是表明这种批判性不再停留在单纯的思想和观念领域，而是将这种思想的批判性转化为现实社会或政治制度的革命性，这就是通过无产阶级的革命和专政而诞生的社会主义制度。

从历史进程来看，中国化马克思主义的过程要晚于中国现代化开启的历程，但是在中国化马克思主义起始并贯穿于中国追求现代化的历程中。马克思主义中国化对中国的现代化道路具有关键的影响，在中国化的马克思主义理论指引下，中国走上了社会主义现代化的道路，二者是重要的理论和实践关系，具有其内在的统一性。现代化是世界各国发展普遍的探求，从 1840 年以来一直是中国人民孜孜以求的伟大目标。中国现代化的发展历程充分表明，马克思主义中国化开始并贯穿于中国不断追求现代化的历程中，而且马克思主义中国化的过程占据着关键的地位，在马克思主义及其中国化的理论指引下，中国才真正开始了大刀阔斧的现代化建设，走上了现代化的康庄大道。

就马克思主义与中国社会实践主题、马克思主义与中国传统文化这两种关联之间的内在关系而言，马克思主义适应中国社会实践要求并能得到中国文化传统认同，其实质都是马克思主义与中国实际之间的关系，而这种联系是在马克思主义与中国文化传统、马克思主义与中国社会实践两个维度上展开的。在这两种关系的展开过程中，马克思主义深入中国文化传统（包括民族文化心态）层面得到认同，获得了中国的民族形式和风格，改造和促进了中国传统文化；并且又深化到中国社会实践（包括救亡、启蒙、革命、改革、发展等不同时期的实践）层面，赋予中国社会实践以社会主义—共产主义的价值理想性质和内容，为这种实践提供目标、方向、道路和方法，成为中国社会实践的指南，并在现实的、历史的、变化的实践选择和诠释中得到磨炼、更正、填补、富饶、进步；而且，这两个展开的层面也相互联系着，中国文化传统是历史长期积累、运行变迁，中国社会实践是当前的、活动着的、现实的实际。现实实际是历史实际的逐步演变、运行变迁、长期积累的结果，蕴涵着历史实际的丰富性，并且决定着对历史传统的取舍与走向，它们之间是同一历史过程传承与跨越、继承与发展的关系。不了解历史传统的实际就不可能真正懂得现实实际，不全面深入地了解现实实际也不能真正懂得历史实际及其对现实实际的影响与作用，中国人民正是在历史传统与现实实践的开放发展视野中选择、理解和运用马克思主义的，这就使得马克思主义对中国社会实践的适应和被中国文化传统的认同呈现为一种与时俱进的过程，其中马克思主义与中国社会实践的关系就是"中国化"活力的源泉。

二、马克思主义在中国的传播

历史唯物主义认为，人民群众是社会发展的决定性力量，是历史的创造者。中国共产党从诞生之日起，就把全心全意为人民服务作为自己的宗旨和奋斗目标。把人民利益放在首位，这是马克思主义大众化的关键。科学的宣传教育对于普及马克思主义理论知识具有重要作用，但这并不能有效保证自觉接受和发自内心地认同马克思主义。马克思主义大众化的实践表明，只有在加强理论宣传普及的同时坚持把人民利益放在首位，尊重人民群众的主体性和创造性，不断满足广大人民群众的物质文化生活需要，才能使人们认识到马克思主义理论的魅力和说服力，才能真正认同和接受马克思主义。

中国共产党选择了马克思主义作为救亡图存的思想武器，接下来的问题是如何运用马克思主义指导中国革命，即中国革命应当选择何种具体道路实现革命胜利。在革命初期的实践中，教条主义、经验主义的错误思想路线与实事求是思想路线的对冲，以及统一党内分歧的需要，既是马克思主义中国化缘起的中观"中国问题"，又为其缘起提供了萌芽与酝酿的深厚土壤。

五四运动就是在中国人民同帝国主义和封建军阀的矛盾日益深化的基础上，又在俄国十月社会主义革命和当时世界革命高潮的影响下发生的。它的直接导火线是巴黎和会上中国外交的失败。五四运动表现出彻底的不妥协的反对帝国主义和封建主义的精神，它促使军阀政府派出的代表拒绝在帝国主义国家合伙制定的"和约"上签字，这在中国外交史上是空前的举动。在五四运动中，工人阶级改变以往追随资产阶级、小资产阶级参加革命斗争的状况，而以独立的姿态举行了政治罢工。十月革命后中国出现的具有初步共产主义思想的知识分子，在运动中起了骨干带头作用。通过运动，迅速扩大了先进知识分子的队伍。运动促进了马克思列宁主义在中国的传播及其同中国工人运动的结合，为中国无产阶级政党的成立作了思想上干部上的准备。

中国共产党是马克思主义与中国工人运动相结合的产物。在五四运动的推动下，早期马克思主义者纷纷创立马克思主义研究团体，如李大钊在北京创建马克思学说研究会，陈独秀在上海建立马克思主义研究会，毛泽东在长沙成立文化书社和俄罗斯研究会等，组织学习马克思、恩格斯、列宁的著作，介绍和研究马克思主义理论与苏俄社会情况的书籍。稍后，上海、北京、广州、武汉、长沙、济南等地又先后建立了共产主义小组，开始有计划、有组织地向工人群众宣传和介绍马克思主义，如创办工人夜校、劳动补习学校和各种通信刊物，马克思主义在中国的传播成为广泛深入的思想活动，使中国面貌发生了翻天覆地的变化。一批先进分子开始用马克思主义观察中国的问题，认识到中国人民必须走俄国十月革命的道路，用暴力革命的手段打倒帝国主义、封建势力和资本主义，实行社会主义和无产阶级专政。马克思主义和中国工人运动日益相结合，不仅为中国共产党的成立作了思想上的准备，而且开创了中国共产主义运动的新纪元。

1918年，李大钊发表了《俄罗斯文学与革命》，虽然他的这篇文章只是在介绍俄罗斯文学对马克思主义革命的意义，但无疑是中国提出文学与马克思主义之间联系问题的第一人。经过李大钊等一批早期马克思主义者的宣传和引导，国内各地纷纷成立马克思主义研究小组，研究、探讨马克思主义的基本理论。1920年，陈望道翻译出版了《共产党宣言》，此后翻译、研读马克思主义的相关著作，成为整个知识界进步人士一时之风尚。

正如一切新生事物的出现必然遭到反动势力的压制一样，马克思主义在中国的传播一开始就遇到各种顽固守旧势力的阻挠。他们攻击马克思主义是"过激主义""异端邪说"，一再下令"严防""查禁"。随着马克思主义在中国的广泛传播，中国工人阶级找到了自己的精神武器，而马克思主义也得到了自己的物质力量，马克思主义与中国工人运动日益结合，中国无产阶级政党诞生的条件日趋成熟。所有这一切，不能不引起旧势力的恐慌与仇恨。正如马克思和恩格斯所说："他们愿意要现存的社会，但是不要那些使这个社会革命化和解体的因素。他们愿意要资产阶级，但是不要无产阶级。"他们为了阻止社会主义在中国发生，把马克思主义从中国大地上铲除掉，向马克思主义发起了进攻。马克思主义者奋起反击，于是，一场马克思主义与非马克思主义的思想论战出现了，其中主要是马克思主义同改良主义、基尔特社会主义、无政府主义的"三大论战"。中国共产党就是在这场思想大论战中诞生的。

马克思主义中国化是中国近代以来"西学东渐"的历史性创造。程教授在报告中谈到"西学东渐"，它主要是指1840年鸦片战争以后近现代西方人文社会科学理论和学说，特别是近现代西方政治法律思想和哲学理论在中国的传播。自鸦片战争以来，在"西方中心论"的冲击下，中国被迫融入以西方为主导的这个世界化过程中，这种意义上的"西学东渐"，客观上为马克思主义在中国的传播创造了条件，并由此构成了马克思主义中国化的一个重要历史前提。在"西学东渐"的过程中，西方各种人文社会科学理论被介绍到中国，马克思主义也被介绍到了中国，使中国思想界成为西方各种社会政治思想和理论的竞技场，也使各种西方学说在中国社会受到了鉴别和实践检验。在这一过程中，近代中国先进的知识分子逐渐认识到其他各种西方学说都不能适应中国社会的需要，最后自觉地选择了马克思主义，并把它运用到中国的革命实践中。"西学东渐"不仅是马克思主义中国化的一个历史前提，即不仅客观上促成了马克思主义在中国的广泛传播，而且也构成了马克思主义中国化理论目标实现和理论功能发挥的一个必要条件。

五四运动对马克思主义传播的影响是巨大的。当人们从五四运动高潮的兴奋和激动中逐渐平静下来的时候，一些先进分子开始思考更加深层次的问题。于是，社会主义思潮逐渐为人所注意，以至流行一时。中国的先进分子一旦聚集在马克思主义的旗帜下，就以此为指导，积极地投身到群众斗争中去，注意同实际斗争结合，这是中国马克思主义思想运动一开始就具有的一个特点和优点。马克思主义同中国工人运动结合起来了，有了先进的理论，有了新的社会力量，到这时，在中国建立一个新型的工人阶级政党，已成为呼之欲出的事情了。

在五四运动后期，运动的主题已不再局限于巴黎和会上的山东问题，而是在新文化运动基础上，发展成为一场新的以宣传马列主义和各种社会主义观点为主要内容的思想解放运动。陈独秀、李大钊、毛泽东、周恩来等一批具有共产主义思想的知识分子，建立学会、书社等群众组织，主编进步报刊，介绍十月革命的情况，宣传社会主义思想，加速了马克思主义在中国的传播。五四运动杰出的历史意义，在于它带着为辛亥革命还不曾有过的姿态，这就是彻底地不妥协地反对帝国主义和彻底地不妥协地反对封建主义。在五四运动中，中国工人阶级第一次作为独立的政治力量，登上了中国历史的舞台，成为运动的主力，五四运动表明，中国反帝反封建的资产阶级民主革命已经由资产阶级领导的旧民主主义革命，逐渐发展到以工人阶级为主导的新民主主义革命新阶段，五四运动为中国无产阶级政党的产生，做好了思想和组织上的准备。

从鸦片战争到五四运动以前，中国经过了无数次斗争，然而没有哪个阶级、哪个政党提出过彻底的民主革命纲领，而中国共产党刚成立一年，就能逐步运用马克思主义基本原理比较系统地阐述了中国民主革命的基本问题，提出了包括最高纲领和最低纲领的完整革命纲领，揭示了近代中国社会的基本矛盾和革命规律，明确了中国革命的性质、任务、对象、动力和前途等重大问题，给中国各族人民指明了争取解放的方向，也标志着中国共产党人在认识上的一大飞跃，成为马克思列宁主义与中国革命实际相结合的开端，表明中国无产阶级政党建立的历史任务臻于完成。由于中国共产党还处在幼年时期，马克思主义理论修养和对中国国情的了解都很不足，因而运用马克思主义解决中国革命具体实际问题不可避免地存在某些局限，如对无产阶级在民主革命中的领导权缺乏明确认识，没有解决工农联盟问题，以及没有提出彻底的政权要求等，这些问题只有经过长期曲折的斗争实践才能逐步得到解决。

五四新文化运动的矛头，直指封建纲常名教，对思想文化领域的封建复古思想进行了深入批判，主张以最彻底的态度向西方寻求真理，大力宣传西方的民主和科学观念，提高国民的觉悟和素质。陈独秀、李大钊等把唤醒"国民之自觉"作为新文化运动的根本任务。所谓"国民之自觉"，即是要使大多数国民"完成其自主自由之人格之谓也"。陈独秀还具体提出了"自主的而非奴隶的""科学的而非想象的"等六项青年应努力的人生准则，要求青年树立科学的人生观和人生态度。我们在本书《导论》中已经提出，中国传统文化基本上是一种伦理型文化；而五四新文化运动的目的，则是要从伦理上最终改造旧文化，从而将中国文化的转型从制度层面推进到伦理和心理的更深层次。

经过五四运动的洗礼，新文化运动的视角有了很大变化，马克思主义逐渐成为社会思想文化的主流，在各地早期共产党组织的引领下，由理论的传播进入到实践的开展，在同工人运动相结合基础上产生了中国共产党的早期组织，但尚未走出马克思主义中国化最关键一步。要了解中国传统文化的特点，弘扬中华民族长期积淀下来的"中国精神"，创造中国特色的马克思主义新文化，离开以马克思主义为指导思想的中国最先进的工人阶级政党——中国共产党是不成的。

中国人接受马克思主义是以"致用"——寻求中国的出路——为急切目标的，因而马克思主义首先被中国人看重的正是其"实用性"。马克思主义作为一种外来学说，而且是某些理念与中国传统背道而驰的外来学说，能够为拥有悠久的历史传统、深厚的文化积淀的古老中国所接受，则关涉中国人深层的文化心理结构。无论如何，中国人在接受了马克思主义，尤其是唯物史观以后，有了一套借以观察中国社会现实的完整的、具有理论说服力的理论体系和指导方针。从此，虽然改良主义、渐进式的社会变革等主张其音不绝如缕，但是中国走上了一条以暴力革命、武装夺取政权为方式的革命之路，暴力革命成为时代的主音。中国人民在中国共产党的领导下，谱写了气势磅礴的革命的伟大篇章，最终赢得了中国革命的伟大胜利。

五四精神的基本内容是爱国、进步、民主、科学。爱国主义是五四精神的源泉。五四运动要解决的是民族危亡的问题，面对帝国主义列强在巴黎和会上损害中国主权的行径和北洋政府的卖国政策，忧国忧民的青年先进分子提出"外争主权、内除国贼""废除二十一条"和"还我青岛"等口号，这种强烈的爱国主义成为五四精神的源泉。追求进步是五四精神的本质。五四运动既是一场以先进青年知识分子为先锋的反帝反封建的伟大爱国运动，也是一场伟大的思想解放和新文化运动，它拉开了中国新民主主义革命的序幕，成为推动中国历史进步的一座丰碑，在中国革命史上具有划时代的意义。民主与科学是五四精神的核心。1915年9月，陈独秀在标志五四新文化运动兴起的《青年杂志》创刊号上发表《敬告青年》一文，向中国人民疾呼："国人而欲脱蒙昧时代，羞为浅化之民也，则急起直追，当以科学与人权（民主）并重。"不久，他在《〈新青年〉罪案之答辩书》中又形象地将民主与科学称之为"德先生"（Democracy）与"赛先生"（Science），并说："只有这两位先生，可以救治中国政治上、道德上、学术上、思想上一切的黑暗。"五四运动期间，民主与科学得到大规模的宣传和弘扬，它极大地促进了人们的思想解放，推动了思想文化的变革。正是从五四运动起，民主与科学开始深入人心，成为一种社会意识和价值观念。

从中国传统文化来看，"中国精神"是最具代表性的民族文化特点，是几千年中国文化逐步演变、变迁而成的，是有别于其他民族文化的质的规定性。中国精神主要包括如下几方面：一是大一统的国家意识，具有明显的整体性、统一性特点，国家利益、民族利益、整体利益高于一切；二是重人伦的政治伦理意识，以伦理精神为中心，讲究"人和"，即重视人际关系的和谐；三是注重直觉体悟的思维惯性，重感悟，眼见为实，耳闻为虚；四是"不患寡而患不均"的公平利益观，安贫知足，勤俭朴素；五是平稳持重、不偏不倚的中庸之道处世标准，遇事以稳为重，以不变应万变；六是特别能吃苦耐劳，不屈不挠，"不到黄河心不死"，不达目的誓不休；七是讲求"实用"的价值标准，缺乏对世俗生活的超越性等。所有这些中国文化特质，都是中华民族独特的稳固文化心理结构，即民族性、民族精神或"中国精神"，同马克思主义的文化特质存在根本性的区别。因此，使马克思主义在中国大地生根、开花、结果，必须依靠紧紧立足于神州大地的中国共产党人，才能做到结合并尽可能地适应中国文化的民族特点，弘扬其精华，剔除其糟粕，创造真正代表中国文化前进方向的新型的先进文化，繁荣中华民族的、科学的、大众的社会主义文化，推动马克思主义中国化事业的不断深入发展。

历史阐明，中国共产党是五四精神最忠实的继承者。我们党自建立以来，总是根据不同的历史时期的形势和任务，把五四精神与人民群众推动社会进步的实践结合起来，使爱国、进步、民主、科学的五四精神始终具有广泛的群众性和鲜明的时代性，不断升华到新的境界。今天，我们继承和发扬五四传统，就要坚持以马克思列宁主义、毛泽东思想、邓小平理论、"三个代表"重要思想、科学发展观、习近平新时代中国特色社会主义思想为指导，坚持党的基本路线，发扬民族自尊、自信、自强的精神，吸取一切有益的新思想、新经验，努力把改革开放和现代化事业不断推向前进。我们要继承和发扬五四精神，在当今，最根本的也是最重要的一点就是要把爱国、民主、科学、进步的精神统一到高举中国特色社会主义伟大旗帜，全面建设社会主义现代化国家上来。爱国、民主、科学、进步的最终目的也是为了强国富民，只有国家强盛，爱国、民主、科学、进步才会得到强有力的支持，否则像许多仁人志士一样空有一腔报国热忱，也可能无用武之地，难成气候。因此，当前全党、全国上下都要珍惜来之不易的安定环境，自觉维护社会稳定，坚持以经济建设为中心不动摇，不断推进改革开放和社会主义现代化建设的进程。每个公民都应从现在做起，从自己做起，刻苦学习，努力工作，为祖国的强盛添砖加瓦，把弘扬五四精神落到实处，这样，才无愧于革命的先辈们。

第二节　马克思主义的探究范围

马克思主义中国化，是马克思主义同中国具体实践相结合的过程。"马克思主义中国化研究"，是专门研究马克思主义中国化的基本经验、基本规律，以及马克思主义中国化理论成果的学科。多年来，尤其是改革开放以来，理论界、学术界对马克思主义中国化问题进行了大量的研究，也形成了很多有益的成果。马克思主义中国化研究作为二级学科，其建设和发展对于马克思主义中国化理论的研究和教育宣传具有十分重要的意义。

一、"马克思主义中国化研究"学科的定义

马克思主义中国化，就是运用马克思主义的基本原理解决中国革命与建设中的实际问题，并在中国革命与建设的不断实践中将其实践经验和历史经验加以总结并上升为理论。这种理论深刻地根植于中国优秀传统文化和社会现实之中，是不断发展着、丰富着的马克思主义。

马克思主义的强盛生命力和宏大力量，就在于它能够同各个国家的具体实际相联结，并通过一定的民族形式在各个国家的具体实践中发挥指导作用，并在新的实践中获得新的发展。对于我们中国来说，就是把马克思主义的基本原理应用于中国的具体环境，实现中国化的马克思主义，使马克思主义在其每一表现中都带有中国的特性，带有中国

的风格和气魄。马克思主义中国化是一个历史进程，它的实质是马克思主义的基本原理同中国的具体实际和时代发展相结合。在马克思主义中国化的历史进程中，先后产生了两大理论成果，形成了中国化的马克思主义，即毛泽东思想和中国特色社会主义理论体系。马克思主义中国化是一个历史进程，中国化的马克思主义也会在新的实践中得到新的发展。

马克思主义中国化的内涵究竟如何界定？对此，学界基本上有两种观点。一种观点就是"马克思主义中国化研究"专业简介中所介绍的，即"马克思主义中国化，是马克思主义同中国具体实践相结合的过程""马克思主义中国化是一个历史过程，它的实质是马克思主义的基本原理同中国的具体实践和时代实际相结合"。第二种观点认为，马克思主义中国化包括两个方面的内涵："一是马克思主义与中国的具体实践相结合，把马克思主义'应用于中国的具体环境'；二是使马克思主义与中国的传统文化相结合，使马克思主义具有'中国老百姓所喜闻乐见的中国作风和中国气派'。"

马克思主义在中国具体化，是指在中国当代的国情下应用马克思列宁主义的普遍原理，马克思主义只是基于历史发展大势分析而形成的"总的指导原理"，它是普遍真理，是一般方法论原则。这种性质决定了它在中国一定要同中国实际相结合，在实际应用中具体化为中国革命和建设可行的理论、路线、方针和政策。否则，马克思主义在中国就不可能起任何作用。中国要搞社会主义，这是毫无疑问的。但是，关于在实际工作中社会主义建设如何进行，马克思、恩格斯的著作并没有给出现成的答案。马克思主义在中国的具体化，也意味着当马克思主义经典作家的某些具体论断与中国具体实际不相符合时，决不能生搬硬套，而必须从中国的具体实际出发，立足于解决中国革命与建设实践中的新矛盾、新问题，实事求是地提出新观点，拿出新办法，才能将中国革命和建设事业不断向前推进。

"马克思主义中国化研究"这一学科的研讨和创办，将以马克思主义中国化为主线，以中国化的马克思主义为主题，以创建中国特色社会主义的理论和实践为重点，密切结合中国共产党领导人民在对中国特色的新民主主义革命道路、社会主义改造道路和社会主义建设道路的探索中所进行的艰苦实践和理论总结，深入研究党的几代领导集体不断推进马克思主义中国化的历史进程和基本经验，系统掌握马克思主义中国化的两大理论成果的主要内容和精神实质，深刻揭示马克思主义中国化和中国化的马克思主义不断发展的基本规律。

二、"马克思主义中国化研究"学科的研究范围

"马克思主义中国化研究"这一学科的研究，有两条主线：一是对于马克思主义中国化的历史进程和基本经验的研究；二是对中国化的马克思主义，也就是马克思主义中国化的理论成果的研究。围绕这两条主线，"马克思主义中国化研究"学科的研究范围包括以下内容。

（一）马克思主义经典著作和基本原理

研究马克思主义中国化问题的基础，是明确"什么是马克思主义"这一基本问题，也就是研究马克思主义基本理论。这一内容虽不是马克思主义中国化研究的重点，但却是必不可少的组成部分，对于完善"马克思主义中国化研究"的学科体系，夯实马克思主义中国化研究的理论基础，拓展马克思主义中国化研究的广度和深度，都具有十分重要的意义。

马克思主义中国化研究的范围应包括：马克思主义经典著作和基本原理研究，马克思主义在中国的传播、使用、丰富和发展研究，马克思主义中国化科学内涵及其理论成果研究，马克思主义中国化的历史进程研究，马克思主义中国化的实质、基本特征、经验和规律研究；党的十六大以来马克思主义在中国的新发展以及本学科的重大理论前沿问题研究，等。学科研究方向的确定，至少应该包括几个方面：一是马克思主义在中国的传播史研究；二是中国化马克思主义基本原理的研究；三是中国化马克思主义发展史研究；四是中国化马克思主义的文献研究；五是马克思主义中国化与中国社会变革及其发展研究。

（二）马克思主义中国化的历史进程

马克思主义中国化分为两个步骤：一是马克思主义传入中国，并得到宣传。在这一过程中，马克思主义是一种作为外来理论被传播的，还没有与中国的实际相结合。二是马克思主义实现中国化的过程，马克思主义基本原理开始逐步同中国的具体实际相联系，

形成中国化的马克思主义，用来解决中国的问题。因此，对这两个步骤的历史学研究，也就成了马克思主义中国化研究的一项重要内容，包括：对早期马克思主义的传人和宣传历史的研究，对早期中国共产党人对马克思主义中国化的贡献的研究，对马克思主义逐步实现中国化的历程的研究。

马克思主义在中国的影响从无到有不断加强，作为党和国家的指导思想，自 1949 年以来，凡涉及整个国家、民族的重大事项几乎都是在马克思主义的名义下进行的。然而，我们对马克思主义的认知和掌握，尤其是一些带根本性的关系到整个国家走向的重大理论认知仍然存在一定的偏差，需要加以进一步深入探讨和揭示。

（三）马克思主义中国化的科学内涵

马克思主义中国化，就是将马克思主义基本原理同中国具体实际相结合。具体地说，就是把马克思主义的基本原理更进一步和中国实际、中国历史、中国文化结合起来，使马克思主义在中国实现民族化和具体化。需要指出的是，任何时候的中国实际都不是孤立存在着的，它总是处于一定的时代背景和一定的国际环境之中。因为世界历史进入近代以来，这个世界已经日益成为一个不可分割的统一整体，处在这个世界上的每一个国家都和这个世界紧密相连。与此相对应的是，任何国家的革命和建设都不是、也不可能是孤立地发生和存在的。因此，所谓中国实际，是指处在一定时代背景和国际环境中的中国基本国情、社会实践和历史文化。

在研究马克思主义中国化的历史进程的基础上，提出马克思主义中国化的科学内涵，把握马克思主义中国化的基本特征，总结马克思主义中国化的基本经验和基本规律，是马克思主义中国化理论研究的重点，也是构建"马克思主义中国化研究"这一学科理论体系的重要组成部分。马克思主义中国化，既是运用马克思主义研究中国的国情的过程，同时也是在研究中国国情的基础上形成中国化马克思主义理论成果的过程。毛泽东同志在把马克思主义同中国实际相结合的过程中，正是从这两个方面提出并阐述了马克思主义中国化的课题。马克思主义中国化的内涵是研究马克思主义中国化的基础和核心。这个问题一直是学术界、理论界研究和关注的焦点。虽然学术界众说纷纭、莫衷一是，但归纳起来主要有以下几种观点。

1. 结合论

持这种观点的学者主要依据毛泽东在 1938 年中共六届六中全会《论阶段》及 1943 年《中共中央关于解散共产国际的决定》中提出的"马克思主义中国化就是马克思主义基本原理与中国实际的结合"，虽然不同的学者对马克思主义要"结合"的对象的理解不尽相同，但都可视为"结合论"。陈家付教授认为，毛泽东在推进马克思主义中国化的历史进程中，深刻揭示了马克思主义中国化的科学内涵，主张马克思主义普遍真理与中国革命实际问题相结合。

2. 过程论

过程论是马克思主义一个伟大的基本思想。恩格斯最早提出："一个伟大的基本思想，即认为世界不是既成事物的集合体，而是过程的集合体。"列宁指出："每种现象的一切方面（而且历史在不断地揭示出新的方面）相互依存，极其密切而不可分割地联系在一起，这种联系形成统一的、有规律的世界运动过程。""要认识在'自己运动'中、自生发展中和蓬勃生活中的世界一切过程，就要把这些过程当作对立面的统一来认识。"毛泽东同志说过："统一的物质世界是一个发展的过程，要把世界当作发展，当作过程去考察。"

"过程"在马克思主义经典作家的论述中是使用频率很高的一个词，且在不同的语境下其含义有所差异。主要是：第一，把过程看作是近于运动、变化、发展的范畴；第二，把矛盾视为过程，或者认为矛盾是过程发展的动力；第三，把过程视为事物运动、变化、发展的次序。由是观之，综合而论，所谓发展过程就是物质由于其内部矛盾所推动和外部条件所制约而呈现的运动、变化、发展的次序，是事物发展阶段性和连续性相统一的存在状态，表明其发展的动力、状态和趋势。

3. "三化"论

持这种观点的研究者主要是从马克思主义具体化、民族化、新鲜化的角度去研究马克思主义中国化的内涵问题。如张远新教授认为，可将马克思主义中国化概括为三层意思：一是把马克思主义具体化；二是把马克思主义民族化；三是把中国经验马克思主义化，其依据是刘少奇对马克思主义中国化的阐述。还有的学者提出，马克思主义中国化，就是把马克思主义具体化、民族化、新鲜化。

（1）马克思主义具体化有三个要点：第一，马克思主义必须和中国的具体实际相结合。把马克思主义应用到具体实践之中，否则理论是理论，实践是实践，二者分离，两张皮，不紧密结合，就无所谓具体化。第二，把马克思主义普遍真理或基本原理，具体化为指导实践的路线、方针、政策以及细化为具体措施、办法、行动纲领等等。第三，把马克思主义基本原理具体化为实体，也就是说要把马克思主义的基本原理转化为实实在在、看得见、摸得着的种种实体。

（2）马克思主义民族化是马克思主义中国化的又一个重要途径。马克思主义理论要想为最广大的中国人所接受，就必须要实现马克思主义的民族化。所谓马克思主义民族化，正是要将马克思主义与中华民族的民族品质、民族文化相结合。民族品质、民族文化的重要来源是本民族的文化传统。在中华民族浩如烟海的优秀传统文化宝藏中，儒家文化贯穿始终。要做到马克思主义理论与中华传统文化的结合，除了对中华民族文化语言习惯的吸收借鉴之外，更重要的是与中华民族传统文化的优秀内涵，尤其是其所包含的人文精神结合。

（3）马克思主义中国化要求实现马克思主义的新鲜化，也就是要创造出新的理论成果，即产生中国化的马克思主义。马克思主义中国化就是"按照中国特点去运用它"，这就意味着马克思主义中国化不仅仅是把马克思、恩格斯、列宁的理论中国化，还要在此基础上"运用它"，产生出自己的马克思主义，产生出中国的马克思主义。

4. 实质论

持这种观点的研究者认为"结合论"并没有揭示马克思主义中国化的实质，所以提出了"实质论"。他们从实质上来定义马克思主义中国化。如袁辉初提出，马克思主义中国化的实质是马克思主义民族化、中国传统文化现代化和中国实践经验的马克思主义理论化的有机统一。

关于马克思主义中国化的内涵问题，我们更倾向于过程论的观点。因为2005年国务院学位委员会、教育部联合下发的《关于调整增设马克思主义理论的一级学科所属二级学科的通知》中指出："马克思主义中国化，是马克思主义同中国具体实践相结合的过程""马克思主义中国化研究，是专门研究马克思主义中国化的基本经验、基本规律以及马克思主义中国化理论成果的学科"，这说明权威部门已经认同过程论这一观点。

（四）马克思主义中国化的理论成果

马克思主义在与中国实际相结合的过程中，形成了中国化的马克思主义，即马克思主义中国化的两大理论成果：毛泽东思想和中国特色社会主义理论体系。马克思主义中国化还在继续，理论创新还在继续，马克思主义中国化的理论成果还会继续丰富和发展，因此，对于马克思主义中国化的理论成果研究，是马克思主义中国化理论研究的重要内容。

以毛泽东为主要代表的中国共产党人，把马克思列宁主义的基本原理同中国的具体实践结合起来，创立了毛泽东思想。毛泽东思想是马列主义在中国的运用和发展，是马克思主义中国化第一次历史性飞跃的理论成果，是指导我们取得新民主主义革命、社会主义革命和建设胜利的强大思想武器，是社会主义中国立国建国的思想政治基础，是建设中国特色社会主义理论的思想源泉和理论先导，是中国共产党和中国人民历经艰辛而获得的宝贵精神财富。

毛泽东思想是马克思主义中国化历史进程中的第一个重要理论成果，是马克思主义发展史上的重大里程碑，是对马克思主义的继承和发展，对于光大人类最优秀的思想文化——马克思主义，实现马克思主义中国化起了引领作用。毛泽东思想的理论渊源是马克思列宁主义。毛泽东思想是中国化了的马克思主义，是用中国的思想文化表述出来的，更易于中国人民接受。毛泽东思想指导中国革命和建设取得了胜利，已被实践证明是真理，赢得了中国人民信赖。毛泽东思想所确定的立场、观点和方法，代表了广大中国人民的利益，广大人民群众能够把它坚持和发扬下去。毛泽东思想同马克思列宁主义一样具有与时俱进的理论品质，是开放的、发展的理论体系，能够适应新形势的发展，并在新形势下获得自身的发展。毛泽东思想的现实指导意义不局限于在当时历史条件下形成的某些论断，而是寓于毛泽东思想具体内容之中的立场、观点和方法等。诸如，人民大众的立场，一分为二的观点，调查研究的方法，为人民服务的思想，灵活机动的战术，政策的坚定性与策略的灵活性，三大灵魂、三大法宝和三大优良作风等，在今天都是非常实用的。另外，毛泽东时代的一些具体理论在今天仍有十分重要的指导意义，例如，毛泽东在《论十大关系》《关于正确处理人民内部矛盾的问题》中所阐述的一些理论原则、方针政策等，今天仍要很好地坚持，并予以发展。

　　马克思主义中国化是一个不断推进的历史过程，这个过程也是党的理论不断创新发展的过程。毛泽东思想实现了马克思主义中国化理论创新的第一次飞跃，新的实践必然呼唤马克思主义中国化理论有新的提升。在改革开放以来的长期实践中，围绕什么是社会主义，怎样建设社会主义，特别是怎样建设中国特色社会主义这一主线，党的几代领导集体薪火相传，构建了中国特色社会主义理论体系的大厦。中国特色社会主义理论体系是同马克思列宁主义、毛泽东思想既一脉相承又与时俱进的科学理论体系，以新的思想、观点，继承、丰富和发展了马克思主义。中国特色社会主义理论体系，是科学社会主义基本原则同中国实际和时代特征相结合的产物，是同马克思列宁主义一脉相承的。同时，它又是一切从实际出发，以我国改革开放和社会主义现代化建设的实际问题、以我们正在做的事情为中心，坚持解放思想、实事求是、与时俱进，创造性地提出了一系列新思想、新观点、新论断，丰富和发展了马克思主义。

　　（五）理论创新及前沿问题

　　伴随着我国经济社会的不断发展和马克思主义中国化研究的不断深入，马克思主义中国化的理论研究必将面对许多新的理论和实践问题，这些新问题就成了马克思主义中国化研究的前沿问题。对于重大理论前沿问题的研究，可以丰富马克思主义中国化的研究内容和研究方法，完善马克思主义中国化研究的学科体系，增强理论研究的时效性，使得理论和实践更好地结合起来。

第三节　马克思主义的确立与理论内涵

一、马克思主义中国化的确立

　　马克思主义中国化，顾名思义，就是把马克思主义变成中国的东西，也就是把马克思主义的基本原理同中华民族的优秀思想和中国共产党人的实践经验结合起来，解决中国社会的实际问题，进而形成具有中国作风和中国气派的思想理论观点，是一个不断发展的历史过程。这个过程从马克思主义传入中国就开始了。在中国共产党创建时期，运用马克思列宁主义的建党理论，创建中国共产党，制定反帝反封建的民主革命纲领，开展工人运动；在国民革命时期，建立统一战线，同时探讨新民主主义革命的基本思想；在土地革命时期，探讨中国革命新道路；等等。

1938年10月，毛泽东在中共六届六中全会上明确提出"马克思主义的中国化"，是全党亟待解决的重大问题。推进马克思主义中国化，需要解决很多问题，重点是系统总结中国革命经验，发展中国革命的理论，并在全党确立中国化马克思主义的指导地位。

首先肯定了马克思主义的重要性，指出："马克思、恩格斯、列宁、斯大林的理论，是'放之四海而皆准'的理论。"接着，阐明了对待马克思主义的正确态度，即"不应当把他们的理论当作教条看待，而应当看作行动的指南。不应当只是学习马克思列宁主义的词句，而应当把它当成革命的科学来学习。不但应当了解马克思、恩格斯、列宁、斯大林他们研究广泛的真实生活和革命经验所得出的关于一般规律的结论，而且应当学习他们观察问题和解决问题的立场和方法"。在此基础上，他进而强调："共产党员是国际主义的马克思主义者，但是马克思主义必须和我国的具体特点相结合并通过一定的民族形式才能实现。马克思列宁主义的伟大力量，就在于它是和各个国家具体的革命实践相联系的。对于中国共产党说来，就是要学会把马克思列宁主义的理论应用于中国的具体的环境，成为伟大中华民族的一部分，而和这个民族血肉相连的共产党员，离开中国特点来谈马克思主义，只是抽象的空洞的马克思主义。因此，使马克思主义在中国具体化，使之在其每一表现中带来必须有的中国特性，即是说，按照中国的特点去应用它，成为全党亟待了解并亟须解决的问题。洋八股必须废止，空洞抽象的调头必须少唱，教条主义必须休息，而代之以新鲜活泼的、为中国老百姓所喜闻乐见的中国作风和中国气派。把国际主义的内容和民族形式分离起来，是一点也不懂国际主义的人们做法，我们则要把二者紧密地结合起来。"随后，中国共产党人不断地将马克思主义中国化，用以解决中国革命和建设中的实际问题，进而形成了自己独特的思想理论观点。

二、马克思主义中国化的内涵

（一）马克思主义契合中国国情的过程

马克思主义是基于19世纪西方资本主义发达国家的经济、政治状况而阐发的科学理论体系，它在普遍意义上为全世界无产阶级革命指明了前进的方向。但是，马克思主义具体的运用和发展在不同国家有不同的表现形式，就是在同一个国家，在不同的历史发展阶段也有不同的应用形式，因为客观实际是错综复杂的、不断发展变化的。马克思和恩格斯在对《共产党宣言》基本原理的实际运用上就明确警示后人：必须随时随地都要以当时的历史条件为转移，同理在俄国更不同于中国。因此，在中国运用马克思主义必须立足本国的特殊国情，适应社会发展的需要。

应当说，正确认识和切实把握中国国情，这实非易事。这不仅需要对中国的历史、现状及未来有一个很好的了解，而且还需要对世界形势及其他国家有一定的了解，这样才能在比较中认识中国国情的特殊性。从毛泽东当年对中国处于半封建半殖民地社会的分析、认识和确认，到邓小平对中国仍处于并将长期处于社会主义初级阶段的科学认识和准确定位，等等，这些对中国国情的正确认识都经历了艰辛的探索过程。

在把马克思主义中国化的过程中，不仅要以全面掌握马克思主义基本原理、深刻领会马克思主义精髓为前提，而且以对一定历史时期中国实际特别是中国国情的准确认识为必要条件。认识国情是实现马克思主义中国化的国情基础。恩格斯曾经指出："原则不是研究的出发点，而是它的最终结果；这些原则不是被应用于自然界和人类历史，而是从它们中抽象出来的；不是自然界和人类去适应原则，而是原则只有在符合自然界和历史的情况下才是正确的。"恩格斯这个著名论断的精神实质，就是研究问题不能从本本出发，而要从实际出发。我们研究马克思主义中国化问题，首要的也是必须从中国的现实国情出发。国情是一个国家在一定历史发展阶段的实际状况。一般地说，包括社会政治状况（社会性质、主要矛盾、阶级关系、政治制度）、经济状况、文化状况、自然地理环境、历史传统、民族宗教、人口状况，以及国际环境等方面的基本情况、特点等。国情是一个国家社会发展的基础和出发点，决定和制约着社会的发展道路。

马克思主义中国化，需要中国共产党人正确认识中国的国情。立足于中国的国情，是马克思主义中国化的理论基石。正是由于中国共产党人正确地把握了中国半殖民地半封建社会、新民主主义社会和社会主义初级阶段的基本国情，才能真正从中国的国情实际出发，运用马克思主义科学地回答中国的革命、改革和建设问题。

（二）马克思主义民族化的过程

马克思主义的民族化，就是要使马克思主义基本理论以不同的民族形式表现出来解决具体的民族问题，从而成为民族文化的一部分。与"具体化"不同的是，马克思主义民族化是指马克思主义普遍原理同中国社会文化相结合，即把马克思主义基本理论与民族的文化特质、思维模式、价值取向、行为方式结合起来，从而使真理性内容通过民族形式体现出来，带有民族的特点。换句话说，从内容与形式的关系来看，马克思主义民族化是通过中国的民族形式反映马克思主义中国化的思想内容，为了确立和反映马克思主义中国化的思想内容，必须采取中国的民族形式，就是要把马克思主义的"欧洲形式"转变为"中国形式"。

文化是一个民族的精神和灵魂，是人类生活的反映，是人们生活生存的方式方法与准则。不同的国家、不同的民族，有着不同的文化特点，因此，当一种文化形态要在另一种文化形态中存在，并在思想文化的深层次发挥作用时，就必须经过加工、改造和整合，使其与该社会的传统文化有机结合起来。马克思主义作为一种在西方文化背景下诞生的思想文化理论，毕竟产生于不同的思想文化土壤，基于不同的社会历史条件基础之上。马克思主义的民族化表现在表达方式的民族化、传播方式的民族化、语言风格的民族化等不同层面。

文化是以积累的方式前进的。一种新生的文化现象或文化思潮，绝非空穴来风，它必然基于某种特定的背景或多维的历史赠予。一个民族的文化可能由于某种原因会发生激烈的变化，但任何一种新的文化都不可能会莫名其妙地突然出现，它必然与现在的文化资源有千丝万缕的联系。作为一种社会文化思潮，马克思主义中国化的确立并不偶然，它是在中国由一个独立的封建国家逐步沦为半殖民地半封建国家的状况下产生的，是中西文化冲突和融合过程中的产物。中西文化经历了从文化抵抗走向文化融合的过程。中国文化对西方文化的抵抗，首先，表现在文化上的闭关锁国政策。其次，表现在对西方文化的抵制。近代中国对西方文化的抵抗，是因为西方文化是伴随帝国主义对中国的侵略而来的，这种特殊的文化交流方式使学习西方成为格外沉重的话题，也是客观冷静地审视中西文化之差异，并在中西文化的冲突融合中建立具有中国特色的民族新文化成为异常艰难的思想历程。马克思主义中国化就是在各种思潮浮沉递增过程中出现的一种文化现象。中国文化变迁经历了中体西用、国粹主义、全盘西化，最后在实践中走向融合中西，找到了中国化的发展方向。

第二章　马克思主义指导思想政治教育工作

马克思主义学说的基础是辩证唯物主义与历史唯物主义，主要阐述关于自然、社会和思维发展客观规律以及人类社会由低级向高级发展规律的理论学说，是关于无产阶级争取自身解放并最终解放全人类的高度统一的理论体系。这一世界观和方法论是高校思想政治教育的基石，同时也是思想政治教育的核心内容。对于高校思想政治教育来说，只有坚持马克思主义理论为指导的思想政治教育，才能向高校大学生传递正确的思想观念。

第一节　马克思主义的世界观与方法论

所谓世界观就是人们对于整个世界的看法，回答的是有关客观世界、人类社会以及人与世界关系的普遍问题。世界观作为观察自然、社会和人类思维的观点体系，对人们认识、分析和处理各种问题来说具有积极意义。方法论是世界观运用的结果，是建立在世界观基础之上的。方法论是世界观具体运用的结果，是建立在世界观基础之上的。有何种世界观就有何种方法论。进一步说，一旦人们按照世界观的指导去认识现实世界和人类社会以及人类社会与现实世界的联系，世界观就成了一种方法论。

一、马克思主义世界观和方法论

马克思主义的世界观和方法论是坚持辩证唯物主义和历史唯物主义。其根本观点是世界是物质的，坚持物质的第一性，物质决定意识。马克思主义的这一根本观点包含四个方面的内容，分别是：世界统一于物质；物质和意识具有同一性；物质是动态发展和联系的；物质第一性的原理作用于人类世界。人类的历史是物质资料的生产历史，是人民群众围绕生产资料创造的历史。人类的思维应该正确反映人类的历史发展。马克思主义的世界观与方法论就是实事求是的唯物辩证法，即用运动、变化、发展和联系的观点看待问题。马克思主义的辩证法包含三个方面的规律，即对立统一规律、质量互变规律和否定之否定规律。这些在以后的内容中还要详细论述。

马克思主义世界观和方法论是科学的世界观和方法论，是对辩证唯物主义物质观、意识观和发展观等的阐释，充分体现了唯物辩证法和唯物史观。

二、以马克思主义世界观和方法论指导思想政治教育

（一）思想政治教育的含义

关于思想政治教育的含义，目前学术界没有统一的定义。比较权威的说法是陈万柏和张耀灿主编的《思想政治教育学原理》提到的一个定义，"思想政治教育是指社会或社会群体用一定的思想观念、政治观点、道德规范，对其成员施加有目的、有计划、有组织的影响，使他们形成符合一定社会、一定阶级所需要的思想品德的社会实践活动。"尽管目前并没有形成一个统一的认识，但是这个定义基本说明了思想政治教育的目的和本质。思想政治教育是人类社会实践的一个重要方面，可以说，从古至今，无论何种历史阶段，每一个阶级为了自己的利益都会对被统治者进行思想政治教育。具体来说，思想政治教育这种社会活动包括了思想教育、政治教育和道德教育等方面。

（二）马克思主义世界观方法论和思想政治教育

马克思主义世界观和方法论在思想政治教育中的地位和作用决定了思想政治教育的性质、内容与方向。党中央历来重视思想政治教育问题，特别是改革开放以来，思想政治教育始终都被放在一个关键的位置。马克思主义教育不断调整，强化其在各个领域的关键作用，用以指导人们的具体行动，发挥马克思主义在人们的世界观、人生观和价值观方面的重要作用。因此，对于思想政治教育来说，将马克思主义融入进来，并且与时俱进的进行研究就很有必要。

我国非常重视马克思主义的与时俱进发展，在国家发展的每一个阶段，都会提出一个阶段性的马克思主义理论，对马克思主义理论进行了创造性的丰富。因此，可以说，马克思主义始终都是我们国家发展的重要精神支柱。党的十九大提出的新时代中国特色社会主义思想是全党全国人民为实现中华民族伟大复兴而奋斗的行动指南，是和马克思主义以及其他中国化的马克思主义思想一脉相承的，是当前思想政治教育活动内容的新领域。

改革开放以来，随着我国经济社会的快速发展，社会上各种思潮不断涌现出来。思想政治教育的作用在这个时期就更加明显。人们对马克思主义的信仰、对共产党人的信任、对改革开放的信心在不断增强。不可否认，改革开放这场深刻的社会变革和我国经济社会的快速发展变化中，有人思想僵化，借口马克思主义的一些结论和今天的现实不符，否定马克思主义。这种倾向危害到了党的事业发展。在这个关头，更要坚持和巩固马克思主义的指导地位，把坚持马克思主义放在思想理论工作的首位，决不能搞指导思想上的多元化。

思想政治教育工作必须要以马克思主义作为指导，按照党中央的要求有目的地对各个人群进行思想政治教育，把社会主义的政治准则和思想观点逐步转化为大学生的思想素质、政治素质、道德素质等。21世纪的竞争是人才的竞争。人才的竞争关键是思想的竞争和信心的竞争。要始终用马克思主义教育群众，使之成为我国社会建设各个方面所需要的人才，确保中国特色社会主义事业能够后继有人，始终兴旺发达。在各个层次的教育活动中，只有通过思想政治教育，坚定马克思主义的理想信念，坚持中国特色社会主义发展的指导思想，帮助社会主义建设事业的后备军树立正确的世界观、人生观和价值观，教育学生面对实际问题的时候，能够始终站在马克思主义的立场上，运用马克思主义的方法论解决问题，进而明确自己肩负的使命。

（三）思想政治教育领域坚持马克思主义在新时代面临的挑战

在中国社会主义发展的新时代，改革创新仍旧是我国社会发展的唯一出路。在国际国内形势不断发生变化的时刻，思想政治教育领域坚持马克思主义也面临着新的挑战。教育对象的理想信念直接关系到我国改革创新的成果，也就关系到中国特色社会主义事业的发展。改革开放的深入发展和国内外敌对势力的争夺，思想政治教育领域面临着大量来自西方思潮和价值观念的冲击。尤其是当前我国改革开放时期的社会经济成分、组织形式和就业方式等的多样化，思想政治教育对象面临的形势也越来越复杂，产生了一些不容忽视的负面影响。一些思想政治教育对象不同程度地存在政治信仰迷茫、理想信念模糊、价值取向扭曲、诚信意识淡薄和社会责任感缺乏等各个方面的问题。基于来自这些方面的挑战，坚持用马克思主义占领大学生思想政治教育这个阵地，应对各种非马克思主义思潮的挑战，对思想政治教育来说非常迫切。

三、马克思主义世界观和方法论在思想政治教育中的指导作用

在思想政治教育中，马克思主义世界观和方法论教育一直都是思想政治教育关注的一个重点问题之一。马克思主义世界观和方法论教育在思想政治教育之中的作用是不仅仅能够为思想政治教育的对象树立正确的世界观、人生观和价值观，而且能够为他们提供科学的伦理基础。这对于提高思想政治教育对象分析问题以及解决问题的能力，培养他们的政治立场以及思考问题和解决问题的方法来说，都有十分重要的现实意义。因此，树立正确的理想信念以及培养思想政治教育对象的爱国主义情怀来说，都有十分重要的作用。要强化马克思主义世界观以及方法论在思想政治教育之中的指导作用可以从以下几个方面入手。

（一）培养教育对象正确的哲学思维

马克思主义是一种哲学观念。学习马克思主义基本原理，能够培养大学生站在唯物主义的立场上探求事物的根本本质，用辩证法去分析问题与思考问题，确立在尊重客观规律基础上发挥主观能动性的哲学思维能力。哲学思维能力与思想政治教育密切相关，正确的哲学思维能够使教育对象通过思考明辨是非，自觉站在正确的政治立场上，为社会主义的建设所服务。马克思主义的世界观和方法论为人们认识世界提供了科学的思维方式，在思想政治教育中，唯物辩证法这一原理是教育的出发点，要求人们无论认识与解决何种问题，都必须坚持从实际出发，实事求是地把握其本质，不能用主观臆断的方法去揣测事物。实践是检验真理的唯一标准。人们要在实践中去认识世界和改造世界，提高自己认识与解决问题的能力。唯物史观是人们认识历史发展趋势的一个方法，特别是在当代多变的国际环境下，如何认识国际社会的发展趋势，成为人们必须要面临和解

决的一个重大问题。在思想政治教育活动中，唯物史观对于人们认识社会发展规律，提供社会发展的行动指南具有十分重要的意义。马克思主义世界观和方法论教育对教育对象的引导十分重要，同时马克思主义教育与思想政治教育二者是高度统一的。思想政治教育的根本目的，就是要传播马克思主义世界观和方法论，在思想方法上提高教育对象正确的哲学思维能力。

（二）对教育对象确立正确的人生观、价值观的指导作用

马克思主义世界观和方法论的教育可以帮助和引导教育对象树立正确的人生观和价值观。马克思主义科学解释了人的本质，认为人的本质不是生物学规定动物特性，也不是单个人所有的抽象物，是一切社会关系的综合。马克思主义对人的本质解释，为教育对象的人生价值目标的确立奠定了基础。马克思主义的人生观和价值观要以辩证唯物主义和历史唯物主义为指导。人生的价值并不在于其生命的长短，而是在于为社会的贡献，在于自我价值和社会价值的统一。按照马克思主义的观点，人的最终价值目标是共产主义社会的实现。因为只有到了共产主义社会，才能够真正地实现人的自由而全面的发展，也只有共产主义社会才是一个真正公平、公正的社会，人类从古至今对于公平、公正的追求，都是为了这一天的实现。可见，人的最终价值目标与共产主义理想是紧密结合在一起的。共产主义是人的自由而全面发展的社会，是真正实现公平、公正的社会，这就是人的价值目标的最高追求。所以，共产主义社会凝聚了我们全人类共同的追求，承载着我们人类所有的理想与追求，实现这样一个社会，是我们每一个人共同的愿望、共同的梦想。共产主义社会的实现是一个长期的过程，要实现这个目标需要每一代人、每一个人的不懈创造与奉献。

（三）为大学生树立正确的理想信念的指导作用

理想和信念教育是思想政治教育的核心任务。马克思主义认为当代人应坚持远大的理想与科学的信念，确定以共产主义和中国特色社会主义为自身的奋斗目标。对于马克思主义，大学生要坚持真信、真学、真懂、真用，确立共产主义和中国特色社会主义为自己人生的奋斗目标。只有帮助教育对象完整准确地理解马克思主义，才能使教育对象产生对共产主义的向往和追求，才能使教育对象坚信马克思主义的科学性，才能使教育

对象在面对各种挑战时不动摇，使他们运用马克思主义的方法和观点去分析和解决各类问题。马克思主义认为人们应该将人生观、世界观和理想信念统一起来，将个人价值与社会的价值统一上升到个人的理想和社会的理想上来，树立自身的理想与社会远大理想的结合，使自己能够自觉置身中国特色社会主义伟大事业之中。

（四）对大学生树立正确的立场起指导作用

将马克思主义世界观和方法论融进思想政治教育当中，具有重大意义，特别是在意识形态领域的意义重大。马克思主义世界观和方法论教育融进思想政治教育中，是以真正科学的理论武装教育对象。因此，大学生必须注重马克思主义的意识形态作用。对教育对象进行思想政治教育，必须以马克思主义世界观和方法论为指导，帮助教育对象树立正确的政治立场。总体上说，思想政治教育不仅要帮助教育对象掌握正确的认识和分析问题的方法，还应该坚持正确的政治立场，成为社会主义建设事业的合格接班人。当代人要坚持中国特色社会主义道路，坚定改革开放创新这一推进中国特色社会主义伟大事业成功的方法。这对于坚定教育对象拥护中国共产党领导，拥护社会主义事业、拥护中国特色社会主义道路具有十分积极的作用。

（五）培养教育对象的爱国主义情怀

爱国主义教育始终都是思想政治教育的重点。前文已经论述，世界观决定了方法论，决定了人们的立场。对于当代人来说，坚定中国特色社会主义的立场，就是爱国。教育对象要认清爱国主义的内涵，理解爱国和成才的关系，坚持自己以爱国主义为核心的民族精神，积极参与到中华民族伟大复兴的社会实践之中。马克思主义世界观为爱国主义教育提供了正确的方向。其中所包含的许多关于爱国主义的思想和理论，为思想政治教育中的爱国主义教育指明了方向。在新时代，要将马克思主义世界观和方法论同促进中华民族伟大复兴的中国梦教育结合起来，使爱国主义教育充满时代精神。马克思主义中的历史唯物主义让人们认清一个国家的发展和强大是在当代国际社会竞争中的唯一出路，让人们看清一个国家的发展和强大，唯一的方式就是实现自身的经济发展，为国家各个方面的建设奠定经济基础。在这种情势下，人们能够投入国家发展的宏观实践之中，无论在何种境地都能够始终坚持自己的理想信念不动摇，坚持爱国主义情怀不动摇。

（六）对提升教育对象道德境界的指导作用

基本道德规范教育是思想政治教育的基础。道德是社会发展的一种秩序，也是人们在社会交往之中的根本。作为社会主义事业的建设者与接班人，教育对象应该大力弘扬新时期的社会主义道德，坚持社会主义核心价值观。一方面，教育对象要继续发扬中国古代社会的优良道德传统和革命战争年代的道德传统，而且要吸取人类一切优秀道德成果，做一个高尚的人；另一方面，教育对象要认识到道德和经济之间的关系，对于当代社会的发展中，道德的变化有一定的认识。马克思主义对道德的观点认为，高尚的道德品质只有在一定的社会环境和物质条件下才能形成，个人的锻炼和修养是必不可少的条件，社会实践则是主客观条件形成的桥梁。因此，教育对象应通过道德实践培养自身的道德品质，加强道德修养提升道德境界。要时刻反思自己和社会的实践活动，从对自己负责发展到对他人、对社会、对国家和民族负责，增强自己的社会认知能力。

总之，马克思主义的世界观和方法论是思想政治教育的指导思想，对于当代大学生树立正确的世界观，形成正确的政治立场和理想信念具有积极的作用。思想政治教育要坚持马克思主义的世界观和方法论，以此为指导引导教育对象认识到自然世界和人类社会的本质。

第二节　马克思主义指导思想政治教育的理论发展

从以上论述中可以看出，思想政治教育并非马克思主义产生以后才发生的事情，正如人们的思想活动不是马克思主义产生以后才出现的一样。在马克思主义看来，思想活动不会凭空出现，而是伴随着人类社会生产的产生出现的，但思想政治教育必须当生产力有了一定发展才会出现。如前所述，从原始社会后期氏族公社某些集体意识和风俗习惯的灌输，到公元前12世纪至8世纪古希腊时代雅典公民通过民众大会、五百人议事会、元老院、陪审院围绕正义和善恶等观念的辩论，西欧封建时代以"上帝"为核心的神权政治思想和服从、忍耐、勤劳、节制、禁欲等观念的宣扬，以及资产阶级思想家在资产阶级革命时期对封建主义的批判和在帝国主义时代对沙文主义、军国主义的鼓吹等，都是思想政治教育工作。但是，只有马克思主义思想政治教育理论产生以后，思想政治教育才真正成为一门科学。

从总体上看，马克思主义思想政治教育理论的形成经过了几代共产党人的努力，马克思、恩格斯奠定了思想政治教育的理论原则和实践基础，列宁创建了思想政治教育的理论体系，斯大林丰富和发展了思想政治教育的理论。

一、思想政治教育理论原则的奠定

马克思主义的创始人指出，要使无产阶级真正成为解放全人类伟大思想的阶级，必须向他们进行科学社会主义的思想教育。因此，他们关于思想政治教育的论述与实践，奠定了当代思想政治教育的理论原则和基础。

（一）思想政治教育的科学世界观

思想政治教育是对客观世界的反应，同时也是对客观世界的改造。无论是认识世界或者是改造世界，都需要思想政治教育的指导。马克思、恩格斯经过长期的革命斗争实践和深入广泛的理论研究，创立了辩证唯物主义和历史唯物主义的科学世界观。依据恩格斯的概括，唯物史观是一个时代政治和经济的基础，社会发展的各个阶段都是剥削解决被剥削阶级之间的斗争历史。这种斗争已经达到如果不能消灭这样的制度，就不能使被剥削者彻底得到解放。共产党人的原理不过是现存阶级斗争历史运动关系的一般表述。唯物史观就是这个原理的精确概括。共产党人对社会历史和人类思想发展规律的认识，能够以正确的立场和观点开展思想政治教育，引导工人阶级和广大人民群众为了共同的目标而努力。

（二）确立思想政治教育的地位和作用

在《共产党宣言》中，马克思和恩格斯已经明确无产阶级是推动历史车轮转动的最后一个阶级。而这种推动力量的形成则需要对无产者进行组织，对他们的思想进行教育，使这种力量一次一次的更加强大坚固。因此，对于一名无产者来说，必须掌握科学社会主义理论，认识到自己已经是社会发展的最后动力，通过革命获得的将是整个世界，失去的仅仅是压迫自己的枷锁。这是历史赋予无产阶级的伟大使命。在 1847 年出现的《共产主义者同盟章程》中，马克思和恩格斯指出：每一个参加同盟的成员都要"具有革命毅力并努力进行宣传工作"。共产党人的一项重要任务就是让工人阶级懂得共产主义革命就是同传统的社会进行决裂，一分钟也不能忽略对工人阶级的教育。

（三）提出了马克思主义的需要理论

马克思主义认为，一种思想或者理论的实现程度取决于人们对它的看法，而根本上则是取决于人们对他的需要。人们的需要是有层次性的。马克思主义认为人们的需要有两个方面是最为基本的，一个是物质需要，另一个则是精神文化生活需要。这些需要都是建立在劳动基础上的。在实现共产主义之前，劳动是一种实现其他需要的手段或者工具，并不能成为基本需要。因此，在推动人类社会进步的过程中，思想政治教育要让人们认识到自己的物质和文化生活需要，满足他们，才会取得良好的效果。在马克思主义看来，人们的行为取决于他们内心中对物质利益的追求。"人的奋斗所争取的一切，都同他们的利益有关"。因此，在进行思想政治教育之前，必须要与教育对象的经济利益结合起来，否则就不会收到效果。关于人的需要理论，在以后的章节中还会继续阐述。

（四）阐明了人的本质以及全面发展的理论

马克思主义认为，从根本上看，思想政治教育的目的是实现人们的全面发展。无产阶级是要用暴力手段推翻资产阶级的统治，同时也是要消灭阶级对立和阶级本身。当阶级被消灭以后，公众的权力也就失去了意义。因此，无产阶级的斗争也消灭了自己的专政。在马克思主义看来，代替这些阶级存在着的将是一切自由人的联合体。这个最终目标的实现，必须要考虑到物质和文化两个方面，而这两个方面用唯物史观的观点看，最终会归结为一个方面，那就是生产力，同时发展能够支持生产力发展的一代新人。思想政治教育的根本任务就是培养和造就一批新人去实现无产阶级的历史使命，而具体的目标就是这批新人的全面发展。这就为思想政治教育的发展指明了方向。

（五）思想政治教育要坚持原则性和策略性

在一定意义上看，马克思、恩格斯认为无产阶级的发展必须要注意在斗争中发展群众、引导群众。"理论一经掌握群众，也会变成物质力量"。但是由于斗争形势的复杂性和环境的多变性，对于群众的教育不仅要有科学的理论，还要有斗争的策略。因此，共产党人不仅要立足于现实的斗争，而且必须注意把当前的斗争和长远的利益结合起来，把完成当前的任务作为实现整体利益的手段。在不忘记教育工人阶级同资产阶级进行斗争的同时，也要利用资产阶级创造的条件为无产阶级的发展服务。比如法国"1848年革命虽然不是社会主义革命，但它为社会主义革命扫清了道路，为这个革命准备了基础"。

马克思、恩格斯不仅奠定了无产阶级政党思想政治教育的理论原则，而且在各个阶段的斗争中进行实践。1848年4月初，马克思、恩格斯回到德国，创办了《新莱茵报》，积极宣传和捍卫政治同盟纲领，揭露资产阶级自由派和小资产阶级的统一计划和方案，号召无产阶级不断进行革命，将革命进行到底。在革命失败以后，他们又撰写了一系列的著作，对革命的经验教训进行总结，启发工人阶级的觉悟，之后又创建了第一国际，起草了《成立宣言》和《临时章程》，同各种伪社会主义流派做了斗争。

二、思想政治教育理论体系的确立

在马克思和恩格斯的晚年，资本主义已经逐渐从自由资本主义阶段过渡到垄断资本主义阶段，世界的政治经济出现了新的情况，无产阶级内部的斗争也出现了新的局面。在他们逝世以后，各国的机会主义分子开始修正马克思主义。列宁在新的历史条件下坚持而且全面发展了马克思主义，结合布尔什维克的建设经验和同第二国际的斗争，对马克思主义思想政治教育理论进行了新的发展。

（一）对马克思主义理论教育的重要性进行系统论述

列宁在他的著作中反复指出理论的重要性，"只有革命的马克思主义的理论，才能成为工人阶级运动的旗帜"。因此，列宁正式提出了"政治教育"的概念。在十月革命成功以后，列宁对此更加重视，亲自抓全俄政治教育局的工作。列宁认为，政治教育工作有利于无产阶级专政的巩固，能够促进生产力的发展。他明确提出了要对来自非无产阶级的人们进行改造，使他们服从无产阶级的国家领导。马克思主义理论十分完备而且严整，给予人们一个解决问题与破除迷信的科学世界观和方法论。因此，思想政治教育必须能够理论联系实际。在列宁看来，俄国思想政治教育的实际就是解决文盲问题。即使是从思想政治教育的方法上看，马克思主义者必须要考虑生动的实际生活，必须要考虑现实的事实，不应将理论硬套至现实之中。离开实际生活的思想政治教育不可能使人民群众的觉悟获得真正的提高。

（二）系统论述了思想政治教育的目的、任务和内容

在列宁看来，思想政治教育的目的是要培养共产主义者，使他们能够战胜谎言和偏见，帮助劳动群众战胜旧的社会秩序，建设一个新的国家。显然，对于存在大量文盲和农奴的俄国来说，这个目标的实现需要经历一个漫长的时期。列宁为了达到这个目标，对思想政治教育工作者规定了基本的任务，那就是培养和提高人的政治觉悟。在夺取政权之前，这个任务主要是为了提高人们参与斗争的觉悟；在夺取政权以后，这个任务就是教育劳动群众，让他们克服遗留下来的旧习惯，也就是根深蒂固的私有习惯，或者说是提高人们从事社会主义建设的觉悟。

关于思想政治教育的内容，列宁的观点主要有三个方面，一是要宣传科学的世界观，将其作为思想政治工作的根本性内容；二是要对群众进行经济建设教育，让群众在无产阶级专政之中体会经济建设的必要性；三是要将群众文化思想素质和思想政治教育结合。

（三）系统论述了思想政治教育的地位和作用

依据马克思主义原理，列宁提出了政治鼓动和经济鼓动的密切关系。他说："无论经济鼓动或政治鼓动，都同样是为发展无产阶级的阶级自觉所必需的……无论前一种鼓动或后一种鼓动，都能唤起工人觉悟，组织他们，使他们遵守纪律，教育他们进行一致活动并为社会民主主义理想而斗争。"在强调政治和经济鼓动作用的同时，列宁还运用马克思主义唯物史观，精辟论述了政治与经济之间的关系，并且指出，"任何民主，和一般的任何政治上层建筑一样，归根到底是为生产服务的，并且归根到底是由该社会中的生产关系决定的"。这些论述实际上明确了思想政治教育工作的地位和作用，并且为确立思想政治教育工作的方针提供了可靠的科学依据。

（四）系统论述了思想政治教育的"灌输"原则

据《列宁全集》第2卷第285—286页，列宁认为，工人阶级虽然自发地倾向于社会主义，但是指导其自发的理念并不会主动地产生。因此，列宁在《怎么办？》一书中

反复强调了向工人阶级"灌输"社会主义思想的理论，着重论述了进行政治教育的重要意义。他说："阶级政治意识只能从外面灌输给工人，即只能从经济斗争外面，从工人同厂主的关系范围外面灌输给工人。"而且指出，作为无产阶级革命政党，应坚持把社会主义思想和政治的自觉性灌输到无产阶级中去。这些论述对确立党的思想政治工作方针和思想政治教育提供了充分的理论依据。为了提升"灌输"的效果，列宁还指出要从工人群众的觉悟程度出发，讲究一定的教育方式，采用"通俗的语言，并且要借助于日常生活中他们所知道的事实"。

（五）系统论述了思想政治教育工作的长期性和艰巨性

列宁认为，思想政治教育工作关键在于培养一代新人。而我们讲十年树木百年树人。要教育一代新人需要很长的时间，是一项长期而且艰巨的任务。旧习惯、旧势力产生的陈旧空气将会对我们的青年进行污染。要战胜他们必须坚持长期不懈的思想政治教育，并把它作为一项重要任务来做。因此，对于思想政治教育来说，必须能够建立一个全面而且完善的思想政治教育体系，通过日常的思想政治教育工作，加强对全国的教育工作。列宁提出，"要培养出一支新的教育大军，它应该紧密同党的思想保持紧密联系，贯彻党的精神，它应该把工人群众团结在自己的周围，以共产主义的精神教育他们，使他们关心共产党员所做的事情"。

综上可以看出，列宁从思想政治工作的重要性、长期性和思想政治工作的地位、作用以及任务等方面提出了思想政治教育的新观点，初步形成了关于思想政治工作的体系。

三、中国化马克思主义关于思想政治教育工作的论述

在十月革命以后，马克思主义传到中国，中国人也开始宣传马克思主义，产生了中国化的马克思主义。其中，李大钊、毛泽东、邓小平等马克思主义经典作家的言论给中国思想政治教育工作以极大的理论支持。

（一）新中国成立之前的马克思主义教育

以马克思主义为指导的高校思想政治教育萌芽于五四运动前后，以李大钊为代表的革命先驱率先意识到马克思主义的进步意义，在青年学生中间大力宣传马克思主义，企

图唤醒人们救亡图存的决心，推动反帝、反封建、反军阀斗争取得胜利。一时间，大批进步学生加入马克思主义阵营，在思想上经历马克思主义的洗礼之后迅速成为中国最早期的马克思主义者。这个时期，党采用多种方法创办革命者的培养基地。如毛泽东在长沙创办了湖南自修大学，组织学生学习马克思主义；党在上海创办了上海大学，学生在与国民党右派做斗争，参加五卅运动、工人武装起义过程中受到了实际的教育；党在黄埔军校建立了政治部。

在土地革命战争时期，独立创办了新型高校，例如：创办了江西苏维埃大学，培养政治、经济、文教干部；创办了中国工农红军大学，培养营、团级以上的军事和政治干部；创办了马克思共产主义学校，主要学习马克思主义原理、党的建设、苏维埃建设、工人运动等。此外，中国共产党以实际行动组织和领导青年学生投身于一系列政治运动。广大青年学生经历了"一二·九"运动的洗礼，成立了具有广泛群众性的青年组织。

在抗日战争时期，党在陕甘宁边区创办了十多所高校，如培训抗日救国政治工作干部的陕北公学、培养革命艺术干部的鲁迅艺术文学院等高校，都结合各校的实际情况大力开展思想政治教育，为我国高校思想政治教育留下了"理论联系实际"等优良传统。

在解放战争时期，党善于抓住形势、团结人民，以进步思想领导群众，不仅通过高校思想政治教育培养了一代建国栋梁，更从思想上、干部上为新中国成立做了详细准备。

（二）建立新中国到改革开放的思想政治教育工作

新中国成立初期，百废待兴，中国共产党作为执政党毅然扛起建设祖国的大旗。就教育方面来说，新中国对全国205所高校进行了分阶段的改革，掌握了所有高校的领导权，完成了对旧教育制度的改造，实现了由新民主主义教育向社会主义教育的转变。这个时期的思想政治教育工作为后来的思想政治教育发展积累了宝贵的经验。

第一，重视思想政治教育，确立了高校思想政治教育在高等教育中的重要地位。1949年9月，我国对新时期的文化教育做出了明确规定，由中华人民共和国政治协商会议通过的《共同纲领》规定：新中国的文化教育是新民主主义的。中国共产党对旧中国遗留下来的高校旧体制和国民党实行的反动制度进行了肃清，组建了党团组织以及学生会等群众组织。1953年5月，毛泽东亲自主持了政治局会议，对高校教育工作进行了专题讨论。党的过渡时期总路线提出后，社会主义教育和反对资产阶级思想腐蚀成为思想政治教育的主要任务，青年普遍朝着"三好"目标努力，"三好"也成为思想政治教育的工作方向。

第二，设置马克思主义政治理论课，形成了比较科学的思想政治教育课程体系。华北地区各大专院校的文学院、法学院最早将思想政治理论课带进课堂。1950 年下半年，教育部召开了"全国高校政治课教学讨论会"，规定了今后全国推行思想政治教育的"三个重点""三项规定"和"六项原则"。1952 年 10 月，根据有关规定，政治理论课作为"一切专业教育的基础"，和其他各种基础课、专业课一样统一列入专业的教学计划中。经过一段时间的教学实践，教育部初步形成了马列主义政治理论课较为完整的体系，对课程设置、学期安排、学时要求等都进行了具体规定，思政课在思想政治教育中的主渠道地位由此确立。

第三，建立政治工作机构，形成了高校思想政治教育体制体系。新中国建立初期，高校实行校长负责制，学生的各项发展由校长全权负责。1952 年 9 月，党中央提出要在高校建立政治工作制度，设立政治辅导处，并配备政治辅导员。自此，专门负责高校思想政治教育的机构建立。经过几年的发展，各高校对思想政治教育进行组织领导的有效方式得到了全面加强，基本上形成了党委统一领导，校长负责，以政治理论课为主体，各级党团组织、广大教师和辅导员分工配合，共同实施思想政治教育的工作体系，形成了新中国高校学生思想政治教育体制的雏形，为以后的完善和发展奠定了良好的基础。

第四，形成了一些比较有效的教育方法与途径，主要表现在两个方面：一是继承和发扬了党在革命战争年代进行思想政治教育的优良传统和政治优势，强调政治学习、批评与自我批评等，通过上党课、听讲座、举办党校培训、开展学马列、学党章学习小组等形式，进行富有成效的思想政治教育，培养造就了一大批有理想、有知识的社会主义事业接班人。二是主要采用灌输式和说服法等显性教育的方法。各高校都花了大量精力组织安排学生的思想政治学习和培训，除了政治课、讲座等形式以外，还广泛利用广播、报纸、宣传栏等媒介，进行直接而明确的思想政治教育。这种形式单一的思想政治教育方法在当时特定的时期比较容易被接受，基本上适应于时代和社会对思想政治教育的要求。

毛泽东指出，要加强思想政治工作，要求知识分子和青年学生除了学习专业之外，还要学习马克思主义、学习时事政治。他还指出，各个部门都要对学生的思想政治工作负责，不仅共产党、青年团、政府主管部门应该管，学校的校长教师更应该管。这些是对新中国成立以来我国思想政治教育的重大发展，奠定了社会主义时期思想政治教育的理论基础。

（三）改革开放以来的思想政治教育工作

回顾新中国成立以来的历史，人们难以忘记的两个时间是 1949 年和 1978 年。1949年，标志着中国人民从此站起来了，而 1978 年则标志着中国人民从此强起来了。在1978 年，我国召开了全国教育工作会议，确立了我国教育发展的四个现代化目标，指出了我国教育事业发展的重要任务。当年具有历史意义的十一届三中全会在北京召开，全面实现了思想领域的拨乱反正。确定了具有深刻意义的"解放思想、实事求是"思想路线，思想政治教育也随着高等教育事业的大发展而走上了正常轨道。

1. 思想政治教育的制度建设

为了响应党的号召，在 1980 年 4 月，教育部和团中央发出了《关于加强高等学校学生思想政治教育的意见》，对于思想政治教育的工作做出了指导，要求从高校思想政治教育工作开始，进行马克思列宁主义、毛泽东思想、革命理想和共产主义道德方面的教育，并全面确立了"四化"的人才发展目标。高校思想政治教育的制度化建设将教育对象的管理制度和思想政治教育队伍建设全面规范了起来。然而随着思想政治教育工作的主体纳入正轨，其他各个方面的思想政治工作也同时开展下去。

2. 拓宽高校思想政治教育的渠道和方式

首先，在不同层次的教育主题上，增加了思想政治教育的课程。思想政治教育活动在党的关怀下，不断开设适合于各个阶段教育者的课程。除了在高校中恢复马列主义和政治经济学等方面的核心课程之外，还在其他各个阶段的教育活动中开设了思想品德课程。

其次，要求不同阶段的教育对象接受社会实践教育。党的十一届三中全会以来，各个阶段的教育机构把要求教育对象参与社会实践活动作为学校教育的一个重要方面。通过开展针对不同阶段的教育对象的社会考察和实践工作，帮助他们积极了解国情和民情，促进他们了解我国社会建设的实际情况，培养他们对于国家和社会主义建设者的感情。

最后，开展榜样教育以及各种不同类型的思想政治教育讲座。榜样教育的方法一直以来都是我国思想政治教育的一个方式。通过榜样的典型事迹，引起受教育者的共鸣，激励和感化受教育者仿效榜样的道德情操和行为方式，实现对他们的思想政治教育。

第三节　思想政治教育与马克思主义之间的内在关联

思想政治教育与马克思主义之间的内在关联是研究马克思主义作用于当代社会发展的一个框架。从世界观和方法论的基础上，将马克思主义的主要观点和思想政治教育联系起来，从而形成一个对思想政治教育和马克思主义之间联系的基本认识。

一、思想政治教育具备马克思主义的学科属性

马克思主义学科成立以后，思想政治教育从过去的一级学科转变成为二级学科，成为马克思主义理论之下的一个独立学科。之所以没有将这个学科归结为一个教育学科之下，则是由思想政治教育和马克思主义之间的关系决定的。

（一）思想政治教育马克思主义学科属性提出的依据

判定一个学科具备何种属性，首先应看其理论基础，研究主题以及担负的学科任务。思想政治教育之所以应归为马克思主义学科，具有马克思主义学科属性，在于它深深扎根在马克思主义理论体系中，以马克思主义作为坚实的理论基础和学科方法论，也在于它以研究推广马克思主义教育为主要任务，担负着捍卫马克思主义在我国意识形态方面的特殊任务。一个学科以什么理论作为学科指南和学科基础，意味着它应该以什么理论体系作为出发点。学科的理论体系是判断学科归属的根本特征。思想政治教育就是一门以马克思主义理论体系为根本特征的学科，并且始终坚持以马克思主义理论体系作为根本的理论指南，坚持以马克思主义作为根本的指导思想。马克思主义中关于辩证唯物主义和历史唯物主义的观点始终都是思想政治教育发展的根本观点，根本上确定了思想政

治教育学科的发展属性。马克思主义之中关于社会存在和社会意识的辩证关系理论、人学理论为思想政治教育学科提供了学理论证，为思想政治教育构建学科体系提供了理论支撑。马克思主义中关于思想政治教育的判断为思想政治教育的发展做了精细的论证和深刻的阐述，推动了思想政治教育理论从经验向理论的发展，赋予了当代思想政治教育的营养和智慧。正是这些不同的层面，确定了思想政治教育应归属于马克思主义教育的一门学科。然而，现实中一些人认识不到这些，试图抹杀思想政治教育之中的意识形态属性，淡化思想政治教育的马克思主义色彩，这些无疑都是错误的。

从前文论述的思想政治教育历史发展，思想政治教育尽管是以人的思想观念作为研究对象，但是其学科主旨并不在于泛化研究人类有史以来的各式各样的思想政治教育，而是在于构建以马克思主义为基础的思想政治教育体系。对马克思主义理论教育的关注，始终贯穿在思想政治教育的学科发展之中。

从思想政治教育的学科定位来看，从马克思主义理论确定为一级学科以来，思想政治教育才开始成为一个独立的二级学科，明确是运用马克思主义理论方法，研究人们思想品德形成和发展的规律，培养人们正确的世界观、人生观和价值观的学科。学科的研究范围是思想政治教育的性质、规律、功能、内容和方法。这一学科范围实际上也明确了思想政治教育的独特性，说明其马克思主义理论属性，归属于马克思主义理论一级学科。

（二）思想政治教育不具备其他学科属性的原因

对思想政治教育归属于马克思主义学科属性的回答仅仅从正面回答还是不够的，还需要从反面予以回答。学术界关于思想政治教育的学科归属曾经出现过两个观点，一个观点认为，思想政治教育学科是中国共产党有计划、有组织对受教育者进行意识形态教育的学科，应突出政治教育，具有鲜明的阶级性和政治性，应归属于政治学；另一种观点认为，思想政治教育作为一种教育类的时间活动，应遵循教育规律，而并非政治规律，因此，应归属于教育学。笔者认为，从教育学和思想政治教育的区分来看，教育学主要是研究教育问题，关心的是人的培养问题。在这个方面思想政治教育和教育学之间存在一定的关联。但是，思想政治教育和马克思主义之间的关联更强，主要是讨论马克思主义在人群中的宣传问题，必须以马克思主义作为理论根据，具有形式和内容的关系。思想政治教育可以从教育学之中借鉴一些必要的理论依据，推进思想政治教育的发展。但是根本上说，思想政治教育还是应该以马克思主义作为指导。从思想政治教育和政治学的区别来看，政治学是研究人类社会的政治现象以及政治关系。而思想政治教育本身就是一种政治现象，并不仅仅是一个政治问题。从一定意义上看，马克思主义更能够突出思想政治教育的学科本质。思想政治教育并不排斥其政治学属性，但是更应该强调的是其马克思主义学科属性。

也有学者提出疑问，马克思主义对于所有学科都存在一定的指导。其他学科都应该坚持马克思主义的指导地位。但是这里应该强调，马克思主义的指导主要是世界观和方法论的层面，并非犹如思想政治教育一般，将马克思主义作为一个教育内容来看待。马克思主义还提出了思想政治教育的学科任务和学科主体。这些是其他学科都不具备的。

思想政治教育作为一门综合性学科，其学科属性为什么不再于其他，根本原因则是马克思主义之外的其他理论只是为思想政治教育所借鉴和参照，对思想政治教育的学科建设发挥着细化的作用。而马克思主义则对思想政治教育起着重要的指导性作用，关系到思想政治教育的延续和存在。因此，马克思主义是思想政治教育的灵魂所在，失去了马克思主义也就失去了其存在的必要性。因此，从这个角度上看，马克思主义学科属性是思想政治教育的根本性。思想政治教育必须旗帜鲜明地坚持下去，而不能是别的。

（三）思想政治教育马克思主义学科属性的几重要求

正如前文所分析，思想政治教育是马克思主义理论一级学科之下的一门二级学科，具有马克思主义的学科属性，同时我们也经常强调，思想政治教育是一门综合性的学科，需要运用多学科的理论知识推进学科建设、理论研究和实践发展。如何正确看待思想政治教育作为马克思主义学科的根本属性和综合性之间的关系呢？笔者以为，我们要注意以下几方面：一是这里所讲的马克思主义学科属性与综合性是从不同角度在把握思想政治教育学科。讲它是一门马克思主义学科，具有马克思主义学科属性，是从学科归属的角度在分析和把握思想政治教育；而说它具有综合性，是从学科特点和属性在分析思想政治教育，两者具有完全不同的分析视角，彼此之间并不矛盾。二是不能在思想政治教育学科建设中把马克思主义学科属性与学科的综合性对立起来。现实中一些人由于对这二者的区分性与统一性认识不够，错误地认为坚持思想政治教育的马克思主义学科属性与把它按照一个综合性学科来加以建设是矛盾的，以为强调综合性即是要借鉴运用多学科的理论，势必会影响和冲击到马克思主义的根本学科属性。实际上，马克思主义学科属性所强调的是以马克思主义作为学科的理论指南和学科的方法论，所要求的是在学科建设中坚持马克思主义的立场、观点和方法，而不是用马克思主义理论本身去替代学科理论研究；综合性特点所强调的是对其他学科理论的借鉴和参考，而不是简单地把别的学科理论照搬和移植过来，也不是把其他学科的理论和马克思主义的理论简单地混合、并列、掺杂在思想政治教育学科理论之中。三是要在学科建设的不同层面上强调马克思主义的根本学科属性和综合性特点。马克思主义根本属性是管学科总的方面、根本的方面、灵魂的方面，马克思主义为学科提供总的理论指南和根本方向，马克思主义任何时候不替代学科的具体理论研究和学科理论本身；综合性强调的是学科理论体系的总体面貌和概貌特征，这一方面并不干扰其核心、灵魂性的内容和特征，另一方面所实际强调的是在学科的具体理论研究和理论层面上要合理地借鉴和参考相关学科的理论成果，这种借鉴和参考更多是从"具体"的层面而言。也就是一个是强调"总的""根本的"，另一个是强调"具体的""概貌的"，彼此相得益彰，相互补充。

二、思想政治教育担负着马克思主义理论宣传与教育的学科使命

在探讨思想政治教育的学科属性的时候，对于思想政治教育的学科使命已经做出了一些判断，这里再进行详细的分析。思想政治教育的学科使命和马克思主义理论体系的发展和时代境遇是紧密相关的。因此，在分析这个主题的时候也可以对思想政治教育和马克思主义的关系进行更为充分的分析。

（一）服务于思想政治理论课教育教学和人才培养

从思想政治教育的发展来说，思想政治教育的学科功能发挥与使命主要表现在服务于理论课教学和人才培养，对高校思想政治理论课教学提供了重要的支撑，确保了人才成长的正确方向。

理论课是各个教育阶段学生的一门必修课，承担着对各种教育对象进行马克思主义宣传的重要任务，是帮助教育对象树立正确的世界观、人生观和价值观的路径。长期以

来，思想政治教育都是服从和服务于理论课教学的需求，为理论课教学提供理论支撑。实际上，思想政治教育之所以能够为高校思想政治理论课提供教育教学服务，最根本的还在于两者之间具有一定的相似性。思想政治教育理论课本质上是进行马克思主义理论教育。具体地，这些理论支撑主要体现在以下几个方面。

给思想政治理论课教学提供学科依托。思想政治教育学科化的发展过程可以看出，思想政治教育学科的发展始终都是和理论课教学改革相关的，彼此之间的互动发展，共同促进和提升。20世纪80年代中期以来，中共中央多次提出要进行思想政治教育理论课程改革，从"85方案"，到"98方案"，再到"05方案"，经过了多年的发展。而思想政治教育学科一创立，就将这些经验全部理论化成为学科内容的一个组成部分，而且随着思想政治教育学科建设的推进，思想政治理论课进行了更加深入的改革。由此可以看出，思想政治教育学科的发展和思想政治教育理论课的开展是理论和经验的关系，二者之间相辅相成。

为思想政治理论课教育教学提供人才支持。思想政治理论课教育教学离不开人才队伍的建设。过硬的人才队伍是高校开展思想政治理论课教学的基础。教师在教学过程中以自己良好的思想和道德品质给学生以潜移默化的影响，在知识传播的过程中提升了学生的思想素质水平。而教师良好的素质则来源于思想政治教育学科的发展。从思想政治教育学科的发展历史来看，这个学科的发展给思想政治教育理论课培养了大量的优秀教师。教师的辛勤工作则给思想政治教育理论课的发展起到了巨大的推动作用。

对思想政治理论课教育教学提供了氛围的支持。思想政治理论课是帮助学生树立正确的世界观、人生观和价值观的必修课程，在教育教学中把传授知识和思想教育结合起来，把理论武装和育人结合起来。因此，在具体的教育活动中，仅仅做到保证教学课时和教材使用是不够的。在不同类型的学校，思想政治理论课教育的氛围是存在差异的。而思想政治理论课教学则又有一定隐形教学现象。环境的差异必然产生教学效果的差异。因此，对于所有的学校来说，思想政治教育理论课教学的实效产生要营造一定的教学环境和氛围，要有一定的文化环境引领。而思想政治教育学科的发展则无疑能够从多个方面营造有利于思想政治教育的氛围，对于其效果的展开有十分突出的作用。

（二）捍卫马克思主义在我国意识形态领域的指导地位

在当代中国，思想政治教育学科的存在与发展是建立在当代中国社会对马克思主义主流意识形态建设与发展的现实基础之上的。思想政治教育是为我国社会主义建设服务的，明确地以我国社会发展的指导思想——马克思主义为引领。因此，从这个角度来看，只有代表一定阶级的思想政治教育学科，没有超越阶级的思想政治教育学科。思想政治教育学科中的意识形态性要大于科学性。一方面，思想政治教育作为一门学科体现的学科理论之真要在坚持其意识形态性的基础上表现出来，也就是说既要服务思想政治教育实践的规律也要反映特定的阶级立场，或者说在一定阶级需求上反映其客观规律。当然，在一定的场合下，两者都要予以重视。然而现实是，当代中国的发展是伴随着思想的多元性和多样化发展的，对于巩固和捍卫马克思主义指导地位的问题来说十分迫切。因此，思想政治教育学科必须捍卫马克思主义在我国社会发展中的指导地位。

首先，思想政治教育要以马克思主义作为意识形态上的指导，依据思想政治教育的学科特性推进学科建设，紧贴我国社会主义意识形态的建设需求。离开当代中国的意识形态发展形势，必然弱化思想政治教育学科的实践基础。因此，对于思想政治教育学科来说，要高举马克思主义理论的伟大旗帜，勇敢面对新时代马克思主义发展的多种问题。

其次，运用马克思主义的方法分析意识形态领域的各种问题。思想政治教育学科需要解决的核心问题是人们的思想，要在马克思主义学科理论的指导下开展工作，运用马克思主义的世界观和方法论去研究社会思潮的问题，认清其本质和存在的现实必然性，进而研究应对之策。

最后，要用社会主义核心价值观去引领社会思潮。社会主义核心价值观是社会主义意识形态的浓缩，是当代中国多元社会思潮和马克思主义融合以后产生的一整套观念，应该贯穿于思想政治教育的全过程。

（三）推动马克思主义的中国化、时代化和大众化发展

马克思主义中国化、时代化和大众化是当代中国发展的要求，而要实现之，就必须要借助于思想政治教育这一工具。当代中国的思想政治教育就是马克思主义的思想政治教育，担负着马克思主义在中国发展和推广的重要历史使命。

　　思想政治教育要服务于马克思主义中国化、时代化和大众化，一方面是由思想政治教育的学科本性所决定的，另一方面则是由马克思主义的理论特性所决定的。从思想政治教育学科方面来看，思想政治教育是要关注人们的思想、政治、道德等方面的问题，也要引领人们的思想水平和政治觉悟，但是归根到底，思想政治教育是一门马克思主义学科，应该以马克思主义的方式回答这一问题。在当代中国，坚持和巩固马克思主义的指导地位是党和人民团结一致，始终沿着正确方向前进的根本思想保证。对于当代中国来说，只有进一步把马克思主义和中国社会的实际结合起来，推进马克思主义的中国化，才能运用马克思主义的理论指导解决中国社会的问题。

　　推进马克思主义的中国化、时代化和大众化也要求思想政治教育始终关注马克思主义在当代中国的发展，把马克思主义的中国化、时代化和大众化作为学科命题加以对待。离开马克思主义的中国化、时代化与大众化，思想政治教育在一定意义上就是一般性的思想品德教育，不具备这类独特的社会功能。思想政治教育在学科的发展中要明确学科使命意识，明确自己肩负的马克思主义教育任务。只有具备这种任务自觉，思想政治教育才能在学科建设中增强直面马克思主义中国化、时代化和大众化的主动性。

三、马克思主义的传播、发展及其价值实现离不开思想政治教育

　　马克思主义从诞生至今的发展无不表明，马克思主义的整个发展历史都与思想政治教育有紧密关联。马克思主义的诞生是与马克思主义创始人对错误的非马克思主义、反马克思主义的社会思潮和理论观点的批判，对广大工人阶级宣传科学的世界观相伴随的；马克思主义发展创新的过程也是马克思主义走向世界、走向大众，迎接和应对各种错误思想理论挑战，为世界无产阶级所接受，为广大工人阶级所知晓的过程。所有这些，都是一个马克思主义传播和教育，并与各式各样的资产阶级思想和小资产阶级思想做斗争的过程，就其实质来讲都是思想政治教育的具体实践。马克思主义正是借助各式各样的理论批判、宣传教育，才为无产阶级广大人民群众所熟悉和接受，实现其武装群众、指导无产阶级革命运动的价值。

（一）结合革命实践开展教育是马克思主义创始人提倡的优良传统

马克思、恩格斯所创立的马克思主义理论不是书斋里与世隔绝的冥想或空想，而是在继承人类优秀文化成果基础上对鲜活的无产阶级革命运动的理论总结和阐发。马克思、恩格斯不仅是马克思主义科学理论学说的创始人，而且是马克思主义的实践者、宣传者、传播者，他们通过各式各样的革命实践斗争向无产阶级的广大工人群众传播马克思主义，用马克思主义的科学理论去武装广大工人群众，引导他们掌握马克思主义的理论武器，开展了大量的马克思主义思想政治教育革命实践，奠定了马克思主义思想政治教育实践基础。在一定意义上，马克思主义自创立以来，就与思想政治教育结下了不解之缘，奠定了马克思主义借助思想政治教育武装群众的优良传统。马克思、恩格斯在创立马克思主义、领导无产阶级革命事业的伟大实践中，十分重视革命理论与革命实践的紧密结合，通过多种途径开展思想政治教育，注重对工人群众的理论武装。马克思、恩格斯通过为各国工人运动提供理论指导，在与各国工人运动领袖接触交往的过程中宣传马克思主义等多种方式传播、普及马克思主义的科学理论学说。从一定意义上讲，马克思主义自诞生以来，就是在与无产阶级革命运动紧密结合的实践中向前发展，其理论发展的进程与开展宣传教育、武装群众的进程具有高度的一致性，这奠定了马克思主义通过教育普及走向大众，实现改造社会的革命传统，为马克思主义思想政治教育的发展提供了宝贵的实践基础。

（二）马克思主义在批判错误思想理论的斗争中实现发展创新

马克思主义从诞生至今的历史，是马克思主义不断发展创新的历史，也是马克思主义跨越诞生地（西欧社会）而走向世界实现国别化发展的历史。无论是马克思主义发展的列宁主义时期，还是马克思主义传入中国，和中国革命、建设、改革实践相结合形成毛泽东思想、中国特色社会主义理论体系的中国化发展时期，马克思主义的发展都与马克思主义的批判性的理论斗争相伴随，这种批判性的理论斗争及其宣传，在一定意义上也是思想政治教育的重要方面和具体形式。

列宁主义是马克思主义超越其诞生地实现创新发展所形成的第一个成熟的理论形态，是马克思主义在帝国主义阶段与俄国革命实际相结合产生的。人们正是在阅读列宁批判性、论战性的著作和聆听列宁批判性、宣传性的演讲中了解和接受马克思主义的。

马克思主义传入中国，和中国实际相结合实现中国化的历程中，则产生了中国的马克思主义，如毛泽东思想和中国特色社会主义理论体系。中国共产党人既坚持了马克思主义，又发展了马克思主义，捍卫了我国的社会主义基本制度，开创了中国特色社会主义发展道路和马克思主义理论发展的新篇章。

（三）马克思主义借助批判性的思想政治教育掌握和武装群众

马克思主义在其历史发展中，对无产阶级和劳动人民的思想政治教育往往不是说教，而是与资产阶级、小资产阶级思想对他们的影响进行战斗，对资产阶级和小资产阶级社会主义思潮的批判，是马克思主义掌握广大群众的前提，这方面的例子在马克思主义发展史上不计其数、不胜枚举。把革命的口号和科学的理论主张写进工人协会的成立宣言，用灵活的策略与错误思想派别开展斗争，无疑是对工人进行革命的思想理论教育的最好的方式和途径，马克思、恩格斯正是通过这种批判性的教育方式去传播他们的科学学说，实现用马克思主义的科学理论学说武装工人群众。诸如此类的批判，在马克思、恩格斯一生的理论论战和革命实践中还很多，不胜枚举。马克思主义在整个发展过程中，始终贯穿着对错误思潮和理论的批判，批判既是理论的论战，同时也是马克思主义掌握群众的方式之一，这种批判在一定意义上与我们今天所讲的思想政治教育具有一致的内在本质。

第三章　马克思主义教育方法与思想政治教育

在长期的思想政治教育工作中，马克思主义教育活动发展出了一系列的教育方法，对于我国当代的思想政治教育工作来说具有重要的意义。具体来看，马克思主义教育方法主要包含有以下这几个方面：典型教育法、批评与自我批评教育方法、矛盾分析方法、环境教育方法。

第一节　典型教育法

所谓典型教育法就是指树立一个某一方面的人物或者事件，将其事迹编纂成为一个典型的案例，以此教育广大思想政治教育对象，使他们能够学习这些典型。典型具有一定的艺术性，对于思想政治教育活动来说具有十分重要的积极意义。

一、典型和典型教育法

（一）典型

《辞海》对"典型"的解释：一是具有代表性的人或事；二是有代表性的、用典型化方法创造出来的具有独特个性的事物。典型有生活和艺术、个体和集体以及正反之分。典型是生活的组成部分，源于生活又异于或者高于生活，具有可模仿性，具备重演的可能性。生活中的正面典型人和事。艺术作品中的典型人和事往往超越时代的局限而具有通向未来的某种性质。典型形成于一定社会的经济、政治、文化环境中，不同的环境会生长出不同的典型，这些典型又会反过来对环境产生影响。

（二）典型教育法

典型教育法又称典型示范法、榜样教育法或示范教育法，指通过有教育意义的人和事对教育对象施加影响，使之获得新行为的信息，并促使教育对象模仿新行为，向着预定的方向、目标发展的一种思想教育方法。典型教育法包括发现典型、树立典型、宣传典型、推广学习典型等步骤或环节。典型教育法的主旨在于营造一种积极进取、奋发向上的环境氛围，使得典型以外的人受到感染、影响和教育。典型教育法包括正反两个方面，先进人物或先进群体的思想、事迹是典型教育的主要范例，对提高人们的认识能力、思想觉悟、道德境界有重要影响，属于正面典型，而反面典型从警戒启示的意义上说也是不可或缺的。

（三）典型教育法的地位和作用

1.典型教育法是特色鲜明的思想政治教育基本方法

追溯典型教育法的历史发展可以发现，善于发现典型和运用典型开展思想政治教育是我们的思想政治工作的重要特点之一。每当马克思主义中国化的理论进程前进一步，党的理论创新迈进一步，党领导的革命和建设事业向前推进一步，党的思想政治教育工作也必然会跟进一步。在这个过程中，必定会涌现出具有相应时代特征的典型人物或者典型事件，这些典型就成为特定阶段思想政治教育的资源。如大规模社会主义建设时期的好八连、雷锋、焦裕禄、王进喜，这些典型以及他们所带来的影响被融入理论教育、政治宣传之中，推动了人们对党的思想理论和方针政策的理解和认同，对完成党在各个时期的历史任务都起到了至关重要的作用，甚至成为一个时代的标志，成为人们精神世界的宝贵财富。

典型教育的基本社会功能是示范功能，树立和宣传榜样，使人们学有榜样，比有参照，赶有目标。如在国家和社会处于艰难起步和发展时期，通过塑造先进榜样，不仅可以使人们增强信心，更可以激发人们克服困难的勇气，艰苦奋斗，开拓进取，积极地进行社会生产。

2.典型教育法是群众性的思想政治教育方法

无论是正面典型的激励促进作用还是反面典型的警示教化作用，其前提是典型教育法根植于群众的土壤之中，这种思想政治教育方法必须与群众及群众运动相结合才能收到预期效果，才能实现典型的辐射和影响作用。典型源于生活，典型教育中的要素都具有鲜活的生活化特征。也正是凭借这种生活化特征，凭借典型及典型事迹的亲民元素，典型教育才得以深入群众、影响群众和教育群众。另外，作为思想政治教育的基本方法之一，典型教育往往和其他方法融合被使用，如在思想政治教育开展的日常的、节假日的、专题的、个别的等一系列活动中几乎都渗透着典型教育的元素，比如读书、演讲、报告、座谈、访谈、讨论、志愿服务、义务劳动等活动。也正是因为这些典型元素和方法的注入，或作为宣传典型的活动，或在动员、总结中提出更高的要求，或在活动中发现了典型并通过对典型的宣传使活动在原来的基础上有所前进，从而又使得思想政治教育活动形式多样、内容日趋丰富，从而变得生动鲜活。

二、典型教育法的理论基础

（一）普遍联系和发展不平衡理论

世界是一个有机整体，世界上的万事万物都不是孤立存在的，"当我们通过思维来考察自然界或人类历史或我们自己的精神活动的时候，首先呈现在我们眼前的，是一幅由种种联系和相互作用无穷无尽地交织起来的画面"。客观事物的普遍联系这一基本特征为典型教育法的产生和形成提供了理论前提。正是有了客观事物之间的普遍联系，典型和一般才有可能建立直接或间接的联系，正是因为有了这样直接或间接的联系，典型才能对一般发挥它特有的示范作用和教育功能。同时，世界普遍联系原理还进一步强调事物之间联系的客观性，即相互联系的事物一定在某些方面存在着建立联系的共通之处，不能主观随意胡乱联系，也不能任意割裂联系。这个原理指导我们在适用典型教育法的时候要注意发现或者树立的典型和一般事物之间的共通性，强调典型必须有代表性，典型及典型事迹本身具有可及的模仿性，如若不然，树立的典型就只能束之高阁、孤芳自赏，起不到应有的辐射、影响、带领和教育普通群众的作用。

客观事物不仅是普遍联系的，同时也是不断发展的，而且事物发展也不可能是一帆风顺、齐头并进的，它的发展过程充满了矛盾，这种矛盾集中表现为事物发展的不平衡性。在事物的不平衡发展过程中，领先变化或者落后发展的因素就是典型，处于中间的则是普通或一般。可见，由于事物的不平衡性，典型的产生都是客观的、必然的。李瑞环在《坚持正面为主的宣传方针》的讲话中就曾指出："人民群众在创造历史的过程中，总是有一部分先进的人走在前头。他们创造的较高劳动生产率、先进工作方法，他们在这种创造过程中表现出来的高尚精神境界、道德风貌，无疑具有极大的示范和引导作用。"

（二）一般和个别（共性与个性）、内因和外因的辩证关系原理

马克思主义认识论告诉我们，一般和个别（共性与个性）作为事物的存在和运动方式是相互结合、相互转化的。一般存在于个别之中，个别则包含了更多一般。个别和一般之间在一定条件下可以相互转化。显然，在事物发展过程中产生或者树立的一切典型都是个别，具有鲜明的个性：一方面包含着自身特有的个性，能够表现出自身特有的、异于一般的精神风貌，正是由于典型（先进典型）具有的这种先进性、示范性才能对普通和一般产生说服力和感召力，并以巨大的示范、激励和推动效应发挥作用，指引着事物的发展进程；另一方面，个别也体现着一般的特点，一般和个别、共性和个性关系指导我们把典型的个别同群众的一般结合起来，既要看到典型的先进个性又要牢记典型来自群众的一般，共性和个性共生共长。

内外因辩证关系原理认为事物的内部矛盾（即内因）是事物自身运动的源泉和动力，是推动事物发展最根本的因素。外部矛盾（即外因）则属于第二位的原因。就思想政治教育过程而言，外因是指促使事件发生的外部环境，包括时间、地点、人物和特定的事件等；内因则是指事件当事人的自身基本素质、道德意志品质和个人独特的生活阅历等。正是在内外因的共同作用下，才有了事物的发生和发展；并且外因只有通过内因才能发挥其应有的作用。内外因的辩证关系原理指导我们在解决人们思想问题时，既要看到个体本身性格特点和实践经历等的决定性作用，同时也不可忽视个体所处环境、周围人或事对他的影响。典型教育法的可行性就在于人是社会化的存在，每个人总是要在一定的社会关系中生活，总要受到他们身边的人和事的一定影响，典型教育法发挥作用的机理正是根据内外因辩证关系原理，即通过他们身边的或有一定可比性的人物或事件这样一些外部因素来影响教育对象，激发教育对象学习先进人物和先进事迹的动机和热情，进而提高他们的思想觉悟和道德品质，将典型思想和行为内化为自己的意志品质和行动。

三、典型教育法运用中存在的问题分析

（一）典型作用可持续发挥的问题突出

所谓典型作用可持续发挥是指典型或榜样树立之后如何长期发挥示范、激励作用的问题。新时期典型教育存在的一个突出问题就是典型及典型效应昙花一现，集中表现为如下三种情况：一是个别典型树立起来以后，由于思想意志的不坚定，不能与时俱进的自我发展而渐渐失去先进性，流于一般。二是由于典型保障机制不健全，付出与收益严重背离，致使"英雄流血又流泪"。群众从这样的典型身上看到的不是激励而是教训，对典型和学习典型敬而远之。三是典型选树轻率，致使选树的典型人物或团体经不起检验，有的就是"假典型""伪榜样"。当"假典型""伪榜样"转为真负面典型，群众就有被欺骗和愚弄的感觉，逆反心理和消极抵触情绪便会滋生和弥散，对典型教育法失去信任和信心。

（二）典型教育的环境欠佳

这里的环境主要指社会环境和舆论环境。从社会环境来看，变革时期的中国社会存在很多社会问题，如腐败现象、社会不安定因素、拜金主义思潮等，这些社会问题将导致部分群众对社会的满意度下降，对社会倡导的价值观念、社会树立的先进典型产生不同程度的拒绝和排斥。从舆论环境来看，由于功利主义思想作祟，总有一些人无端地怀疑先进人物的动力，从而否定先进人物的事迹及成绩，如雷锋被某些人说成是处于低层次文化素质的群体中突出的"傻子"，许多先进人物也被说成是沽名钓誉的投机家等。而当这种嘲笑、讥讽和诟骂典型或榜样的舆论氛围一旦形成，便会直接妨碍人们向榜样学习的行为生成。还有一些人做好事受到冤枉，宣传舆论采取简单的宣传报道，使社会的互信助人风尚得不到发扬。

（三）典型教育存在若干认识误区

由于过去在典型教育上长期坚持"高、大、全"，甚至把对典型的不当评论当作政治问题，后来又发生把典型等同于"左"的东西，结果造成了在偶像与榜样的关系问题上，都陷入了这样的认识误区，即将偶像崇拜视为洪水猛兽，认为偶像崇拜是个体不成熟的表现，偶像不能起到示范、激励、引导等作用，偶像和榜样是永远不能存在交集的两个集合等。因此，现实中对待偶像崇拜一直是沉默地抵制，并且一直力图使偶像崇拜者提高认识转而学习官方树立的榜样。实际上，偶像和榜样在某种情况下也可以存在交集，即个别偶像的某些闪光点也代表了这个时代的先进理念和时代精神，因而就这一点来说是可以将其作为榜样来学习的。

四、典型教育法的当代创新

（一）典型的发现培养要依靠群众

随着社会实践的发展和社会各方面的进步，人民群众对典型模范的理解也越来越趋于理性，很难出现以往像雷锋、焦裕禄、孔繁森那样的成功典型。这不是典型教育的失败，而是说明了我国社会的进步和成熟。如今，我国社会经历改革开放四十多年的洗礼，人民群众的思维模式和对问题的看法也出现了很大的不同。群众的眼睛是雪亮的，这就要求我们在典型模范选取的过程中要改变以往的单向思维模式，不是我们想树立什么样的典型就能树立什么样的典型，而是要从老百姓关注的热点问题着手，善于把握社会热点问题，把我们典型教育的目的和人民群众的利益诉求结合在一起。人民群众才是社会历史发展的真正主体，要坚持群众观点和群众路线，只有相信群众的眼光和智慧，才能站在群众的立场和角度去选树典型，也才能选出大家认可的典型模范，才能使我们的典型教育取得好的社会效果，这是典型教育法实施的基本前提。

（二）典型教育的学习宣传要坚持"三贴近，三创新"

典型教育作为一种源于社会实践的一项育人活动，体现着人民群众的智慧和整个社会的价值取向，如果典型教育脱离了群众的生活和实践，那我们的价值导向就出了问题，就违背了社会发展的方向，必然达不到应有的效果。因此，我们在选取和宣传典型模范的时候，一定要坚持"三贴近，三创新"原则，只有贴近实际，贴近生活，贴近群众，才能了解群众的想法和诉求，才能发现社会存在的问题，也才能在此基础上高屋建瓴地选取能引领社会发展方向的典型。贴近实际就是要求我们从人民群众的实践出发，树立"实践第一"的观念，把在实践中出现的问题作为我们典型教育的出发点和落脚点，并把实践效果作为我们典型教育成败的标准，这是贴近实际的客观要求。贴近生活就是要求我们的典型教育在选树和宣传上要和人民群众的日常生活密切结合起来，关注群众的现实生活，关注他们的生活细节，在人民群众鲜活的生活场景中选取典型和宣传典型，使得典型教育能在群众的生活中展现生机与活力。贴近群众，就是要走群众路线，相信群众，关心群众，想群众之所想，急群众之所急，把群众作为我们开展教育的主体，把我们的教育用群众喜闻乐见的形式展现出来，只有坚持"三贴近"原则，才能最终达到宣传内容、方式和手段的创新。另外，在"三贴近"原则的指导下，典型宣传环节亟须解决的一个重要问题就是整合利用多种方式方法。信息社会为典型宣传提供了多种多样的宣传方法和手段：座谈会、宣讲会、英模报告会、报纸、宣传栏、广播、电视媒体宣传，还有手机、网络等新兴媒体等。在纷繁的宣传途径和手段面前，典型宣传不能眉毛胡子一把抓，宣传手段运用的也不是越多越好。这就要求典型宣传善于发挥各种宣传手段和方法的优势和特长，综合运用艺术和技术手段。主要是根据宣传的对象、受众来选择合适的手段和途径，如对于农民的宣传应该侧重于选择报告会、广播和电视等手段，对于大学生群体可能手机报、短信和网络等新兴媒体的作用要更强一些。在整合利用多种宣传手段中网络手段的发掘和运用应该引起高度重视。当前，我们在宣传中主要使用的网络手段是网站的文字、图片或者音视频宣传，这些手段实际上不过是报纸、广播、电视媒介的网络化而已，在作用上没有跳出传统媒体的圈子。而网络的交互性特点及其蕴涵的教育功能则没有充分发挥出来，因此，在这一点上我们可以尝试与典型先进人物开展网络互动、做客网络平台、BBS聊天等方法，在互动和讨论的过程中达到典型教育效果；还可以以名人博客、网络论坛明星版主、报网互动、网上访谈等形式实现报告和宣讲会的网络位移。

（三）典型教育要体现层次性

典型教育法的基本思路是"深入群众、选树典型、宣传典型、学习推广"，这个流程是个统一的整体，其中的任何一个环节出问题，整个典型教育就谈不上成功。我们进行典型教育的根本动因是要让群众见贤思齐，学习先进典型的思想和行为。因此，典型的作用如何发挥的问题也是典型教育法实施中必须关注的一个重要问题。典型作用的发挥除了取决于选树典型群众是否认可、典型宣传是否科学到位之外，也还取决于典型教育的后环节实施。因此，我们要坚持典型教育法的完整性，关注典型的推广和学习。这里主要包括三个问题：一是做好学习推广时的总结概括。学习典型的思想和行为不能就事论事，流于表面，要大力发掘典型的内涵，要研究归纳典型的成功经验、典型的主要工作思路以及工作方法，深刻总结概括典型思想及行为的意义、精神、特点，帮助群众把共性的、规律性的东西提炼出来，引导群众学习典型内在的精神实质。二是做好典型的跟踪宣传，这是发挥典型教育作用不可或缺的环节。典型宣传不能搞"突击式""一阵风"，更不能此一时彼一时，要持之以恒地进行宣传，使典型影响保持持久性。如对先进典型取得的新成绩、新经验以及由此带来的新发展、新变化的跟踪宣传可以让群众内心认可，相信典型，进一步增强典型的可信性、可学性。

（四）要关心典型的工作生活

关心典型的工作生活是典型教育的应有内容。正面典型都是为社会做出贡献的，做过牺牲的。各个时期的，各条战线的，包括家属都要关心；各级党委和政府，典型所在组织，群众团体都要关心典型，不仅物质上要关心，精神上也要关心。关心应该是常态化的，制度化的，要随着社会发展进步，不断提升关心的内容和水平。

第二节　批评与自我批评教育法

所谓批评与自我批评方法就是对思想政治教育对象的缺陷进行教育和引导，以使思想政治教育对象能够达到思想政治教育活动的基本要求，从而间接地促进思想政治教育活动的开展。

一、批评、自我批评与批评和自我批评教育法

（一）批评、自我批评

批评是一种对人和事的当前状态的否定倾向和积极建议。批评包括对他人和自己两个方面。对他人的批评指个体通过摆事实、讲道理的形式，以否定的态度指出别人的缺点、不足或错误，分析原因并提出意见。对自己的批评亦称自我批评，是个体根据自身

和社会的要求，通过自我反省，对自己的缺点、不足或错误进行检讨，分析原因并督促自己进行改正。自我批评包括组织的自我批评和组织成员个体的自我批评。批评与自我批评既有区别又是紧密联系、互相促进的，是一个教育与自我教育相统一的过程。批评与自我批评的目的都是为了让人改正错误，提高思想觉悟，调动积极性。批评是自我批评的前提，健康的批评环境能够启发自我批评；自我批评是批评的动力，没有认真的自我批评，就不能正确地对待批评，也不能正确地开展批评。批评是一种外部推动力，而自我批评是一种内部驱动力，自我批评是对批评的深化和升华，是一种更高层次的要求。

（二）批评和自我批评教育法

批评和自我批评教育法，是教育者内部以及教育者和受教育者个体之间通过开展批评以及自我批评进行反思，达到辨明是非、统一思想、增进团结的一种教育方法。批评教育法具体指教育者通过直接的形式，通过摆事实、讲道理，以否定的态度指出个体的缺点、不足或错误，分析产生的原因并提出意见，使其改正错误，提高思想认识水平的方法。使用批评法的前提是共同的理想信念、价值观、是非标准、相互信任和为共同事业负责的精神。自我批评法又称自我教育法，是个体的自觉自省，是个体根据自身和社会的需要，通过自我反省，对自己的缺点、不足或错误进行检讨，从而达到提高自我认识，符合组织或社会的要求的方法。批评与自我批评是相互联系、相互促进的，自我批评法是对批评法的深化和升华，因为批评是一种外部推动力而自我批评则是一种内驱力，是一种更高层次的要求。批评与自我批评法具有丰富的形式，包括口头批评、书面批评、自我检讨、讨论批评、民主生活会等。批评与自我批评法是马克思主义经典作家倡导的思想政治教育方法，是被国际共产主义运动的历史和我们党领导的革命和建设的历史证明有效的思想政治教育方法。

批评与自我批评法具有否定性、公开性、针对性的特点。首先，批评法的一个主要特征就是否定性，它是用否定的形式去指出错误，警醒受批评者，使其能够认识和改正错误。批评法的否定性只体现在内容上，而不在形式上，它可以运用多种批评教育方式，但内容与目的都是指出缺点、指正错误。其次，批评与自我批评都是通过直接的面对面的交流，当面指出别人或自己的缺点或错误。再次，批评与自我批评法一般是针对自己或某个人的某一方面或某一具体工作中的错误提出意见，针对具体的人的具体问题，具有极强的针对性。

（三）批评和自我批评教育法的地位和作用

1. 批评和自我批评教育法是保持党的先进性的有效方法

批评与自我批评是我们党的优良传统，是我们党抵御各种消极、落后、腐朽思想侵蚀，纠正自身错误，保持党的先进性的有效方法。批评与自我批评法作为思想斗争的武器，能够使党员同志坚持真理，改正错误，能够让人在失败之后找到原因与改正的方法，不断地吸取经验教训，发扬正确的、先进的思想，克服错误的、消极的思想。批评与自我批评法有利于保持党的先进性和纯洁性，有利于实现党内监督，揭发党内腐败。在中国共产党的历史发展进程中，受具体历史条件的影响，党员不可避免地会受到社会上种种错误思潮、落后腐朽思想的侵袭，因此，党内存在着思想不纯、作风不纯、组织不纯等问题，使得党组织的整体水平降低、质量下降，甚至个别党员受封建腐朽思想的影响，贪图享乐，最终走上贪污腐败的道路，成为害群之马。这正是由于缺乏党内批评、监督造成的。因此，只有运用批评和自我批评这一有效方法，通过批评教育以及自我反省，及时指出党内同志存在的缺点和错误。

2. 批评和自我批评教育法是实现党内团结的主要方法

恩格斯曾经指出，党的团结并不排斥相互间的批评，没有批评与自我批评就不能相互了解，达不到真正的团结。无产阶级政党所讲的团结，不是没有原则的，不是表面的一团和气，而是以承认党内存在差异与分歧、包容多样为前提的，通过批评与自我批评达到马克思列宁主义指导下的思想一致、行动一致。这种团结绝不是对党内的一些错误思想行为采取姑息、纵容的态度，追求表面和谐，而是与错误思想、行为展开坚决斗争，以同志式的批评与自我批评方法揭露错误、改正错误，最终达到真正的团结。批评与自我批评法之所以能够团结人，就在于它能使人的理论认识水平不断提升，不断地发展进步，增强了凝聚力和战斗力，达到思想上的一致。通过批评与自我批评，使得党员彼此相互了解，消除矛盾与分歧，改正错误，彼此团结。受到封建残余思想的影响，我们党的历史上也出现过一些小团体主义、宗派主义，造成党内的不团结，严重影响了党的团结和战斗凝聚力。在延安整风运动中，毛主席明确指出要反对宗派主义以整顿党风。通过开展批评与自我批评，广大党员广开言路，认识到宗派主义的危害，在思想上达到统一，增强了团结，极大地提高了党的凝聚力。十一届三中全会以后，中国大地吹响了改革开放的号角，各种思潮纷纷涌入，冲击着人们的思想，加之人们思想觉悟和认知能力的不同，正确思想与错误思想的矛盾错综复杂，导致一些党员对马克思主义信念产生了动摇，导致组织上的不团结。因此，必须开展批评与自我批评，通过批评教育与自我反思，树立正确的思想意识和价值观念，保持思想上的一致性，实现党内团结。开展党内的批评和自我批评，对于维护和增强党内安定团结的政治局面极为重要。

二、批评和自我批评教育法的理论基础

（一）马克思主义认识论

人认识和改造客观世界的途径是实践。在改造客观对象的实践过程中，人们目的的实现受对象客观实际认识程度及其内在客观规律的制约。如果人们的认识符合对象的客观实际，按规律办事，就能达到目的。然而由于客观世界复杂多变，规律隐蔽难以把握，而且个人认识存在局限性，造成了主观与客观的矛盾，认识与实践的矛盾，因此，个人在改造客观对象的实践中必然会犯错误。但是认识是不断发展的，整个人类的认识发展具有无限性，随着人们对客观事物的不断深入了解和对客观规律的把握，错误是可以避免的，即使犯了错误，人也能够发挥主观能动性找出原因加以纠正。批评与自我批评法正是对错误进行纠正的一种有效方法，批评是对别人的错误进行纠正，自我批评是对自己的错误进行纠正。马克思主义认识论要求我们在改造客观世界的同时改造主观世界，正确对待自己与他人的错误，对不符合人类发展和社会进步的东西进行批判，做到主观符合客观，理论与实践统一。

（二）马克思主义矛盾观

在社会发展中，总是存在着两种矛盾的力量：一种是新生的进步的力量，它推动着社会向前发展；另一种是陈旧腐朽的力量，它导致社会停滞不前甚至倒退。新生力量不是简单生长起来的，陈旧力量也是不容易消亡的，新旧势力必然发生斗争。在资本主义社会中，这表现为无产阶级与资产阶级的矛盾斗争，是对抗性的矛盾，需要用革命的手

段解决。在社会主义社会乃至共产主义社会中，这两种力量表现为革新与守旧、先进与落后、积极与消极的矛盾，表现为主观与客观、思想认识领域的矛盾。对于个人来说，存在优点与缺点的矛盾，既有正确的时候也会犯错误的时候，金无足赤，人无完人。同样党内也存在着矛盾，毛泽东提出："党内不同思想的对立和斗争是经常发生的，这是社会的阶级矛盾和新旧事物的矛盾在党内的反映。党内如果没有矛盾和解决矛盾的思想斗争，党的生命也就停止了。"矛盾的性质不同，解决的方法也不同，解决这些矛盾的主要方法是批评与自我批评法。只有虚心接受批评，认真进行自我批评，才能化解矛盾，才能不断改正自己的错误，弥补自己的不足，把缺点转化为自身优点，不断进步，取得成功。

（三）无产阶级政党成长发展规律理论

马克思、恩格斯论述了党内斗争的基本原则，指出无产阶级政党是在党内矛盾和斗争中不断发展的。恩格斯在《致爱德华·伯恩施坦的信》中指出："一个大国的任何工人政党，只有在内部斗争中才能发展起来，这是符合一般辩证发展规律的。"每一个党的生存和发展通常伴随着党内温和派和极端派的发展和相互斗争，无产阶级的发展，总是在内部斗争中实现的。马克思、恩格斯还阐述了党内斗争与党内团结的关系。因为在党内存在科学的马克思主义的同时也充斥着各种非马克思主义思想，这些错误的思想对无产阶级政党造成消极的影响，因此，必须同不良思想进行斗争。只有通过党内斗争，才能明辨是非、统一思想，才能巩固党的组织、纯洁党的队伍，实现党内团结一致。只有建立在马克思主义基础上的团结才是真正的团结，只有经过党内斗争才能达到真正的团结。恩格斯指出："建立党内真正和谐的途径就在这里，而不在于否认和隐瞒党内一切真正有争论的问题。"进行党内斗争，最主要的武器就是批评与自我批评，马克思和恩格斯指出，在党内进行批评与自我批评，对于党来说，比任何无批判的恭维更有益处，因此，要在党内进行批评与斗争，允许不同意见和争论的出现。因而能够通过批评和自我批评的方法来处理党内矛盾与问题，也是无产阶级政党不断强大的表现，也是无产阶级政党与其他党派的区别所在。

三、运用批评与自我批评教育法的当前问题分析

（一）批评与自我批评庸俗化

批评与自我批评教育法在批评内容上的问题，主要表现在一些党员同志的批评与自我批评涉及小事多，涉及原则性问题少，对原则问题态度不明确，在实际批评中只讲套话、空话或抓住某些细枝末节性问题不放，对于实质性问题避而不谈，无的放矢，使批评与自我批评庸俗化。另外，还有一种情况是个别党员的批评内容没有做到实事求是，无中生有，对他人进行恶意攻击中伤。产生上述问题的原因主要是受市场经济条件下趋利思想和个人主义的影响，一些党员为了个人利益而趋利避害，不敢涉及比较尖锐、敏感的问题，只针对一些无关紧要的或是边缘化的问题进行批评，最终只能是隔靴搔痒，不能触及问题的实质，不能从根本上解决问题。现在，党内生活中还存在着追求表面和谐的现象，搞没有原则的好人主义，导致积极的思想交锋被消极的世俗化作风所代替，削弱了党的战斗力。除此之外，批评与自我批评法在个别情况下被一些别有用心的人利用，成为打击报复的工具与手段，通过不合实际的批评来达到打击别人的目的。

（二）批评与自我批评在对象上对下不对上

现在批评与自我批评在批评对象上存在着党员同志批评下级多、批评上级少，批评组织较多、批评个人较少，批评别人多、批评自己少的现象。在日常组织生活中存在着领导干部官腔浓、好面子，脱离群众，对下级摆官僚做派，批评下级多，却容不得别人批评。下级党员面对领导所犯的错误，本应该指出来，以帮助其改正，但是出于领导的威严，惧于领导手中的权力，对于上级总是赞美为主，少于批评。此外，为了防止别人抓住自己的小辫子，便对别人采取马克思主义的态度，对自己采取自由主义的态度，总是避重就轻，难于进行深刻的自我反省。

产生上述问题的一个主要原因是党内官僚主义滋生。官僚主义滋生导致一部分党员干部听不见别人的批评。由于中国历史上等级严明的封建官僚制度长期存在，对后世影响深远，当今社会中依然存在其封建残余思想，导致官僚主义的存在。周恩来在分析官僚主义的种种表现形式中曾指出其中一种表现就是狂妄自大、骄傲自满，主观片面、空

谈政治，不听人言、蛮横专断，不顾实际、胡乱指挥，这就是强迫命令式的官僚主义。作为上级，站在领导地位上却不虚心，不平易近人，自以为了不起，根本听不进别人的批评，更有甚者，对批评者打击报复，认为批评者要难为自己，不给情面。同时，下级基层党员迫于上级的威严和升级的诱惑，为了个人的前途利益以赞美巴结领导为主，唯领导马首是瞻，对于领导的错误视而不见，这样必然造成党内生活的不民主和党内监督的不力。

（三）批评与自我批评在方式方法上简单粗暴

批评与自我批评作为一种教育他人和自我教育的有力武器，如果使用不当，必定会给他人造成伤害。在批评与自我批评的日常实践中，对于具体批评方式方法的运用上存在着个别党员处理批评的方式简单粗暴，处理问题头脑简单的现象。这主要表现在对于犯了错的同志进行批评言语粗暴直接、说话不留余地，伤及受批评者自尊；当面对人冷嘲热讽、含沙射影、恶语中伤，进行人身攻击；还有些人当面不批评别人，背后嚼舌根、说坏话。这些不注意批评方式的做法，严重伤害了同志间的感情，影响了党的团结，也损害了批评与自我批评的权威。

造成上述问题的原因主要有一些党员对于批评与自我批评方法掌握不当，没有深入探究批评与自我批评的具体方式方法，没有从心理上尊重被批评的党员同志，只为了逞自己威风；甚至还有个别的同志批评不是为了帮助同志改正错误、团结同志，而是为了打击报复。批评与自我批评如果被别有用心的人当作整治他人的手段，就会给社会带来灾难。党的历史上曾经犯过类似错误。"文化大革命"中批评与自我批评被"四人帮"等利用，对大批无辜的党员恶意攻击、批斗和陷害，严重影响党内团结。

四、批评与自我批评法教育法的当代创新

（一）全面提高新形势下批评与自我批评意义的认识

批评与自我批评法是一种重要的思想政治教育方法，是被革命和建设实践证明了的行之有效的思想政治教育方法，具有重要意义。在新形势下，随着科技的飞速发展和社会的不断进步，世界日益成为一个紧密联系的统一整体。对于我国而言，当今时代既是

一个历史发展机遇期，又是一个严峻的挑战期。随着改革开放的不断推进，我国与世界各国的联系日益密切，在西方发达资本主义国家的先进技术、资金和观念传入我国的同时，也带来一些腐朽、落后的价值观念，腐蚀了部分党员和群众的思想，造成了不良的社会影响。同时，随着国际国内矛盾日益复杂，我们党面临的任务也更加艰巨。在新形势下，作为社会主义建设事业的领导核心——中国共产党，既要实现经济和社会快速发展，实现国家现代化，又要保障和改善民生，提高人民生活水平，还要提升综合国力，加强国际影响力。这就需要我们党不断提高自身能力，提升凝聚力和战斗力，永葆先进性，进而推动各项事业不断前进。在新的历史时期，我们党面临的任务更加艰巨，更需要及时发现和纠正思想上、工作上的失误、错误，将批评与自我批评经常化、制度化，使之成为党的工作的习惯与风气，形成对缺点和错误自我发现、自我纠正的纠错机制，做到不断自我完善，永葆党的先进性。在新时期我们党必须以马克思主义的立场、观点和方法为指导，积极开展批评与自我批评，通过思想交锋来分清是非和辨别正误，统一全党认识，达到思想和行动的一致，增强队伍的凝聚力和提高队伍战斗力，才能推动中国特色社会主义事业的不断前进。在党内，党员能否充分地发表自己的意见，是否具有进行批评与自我批评的良好氛围，是衡量党内民主生活状况是否正常健康的标准之一。在处理中共与其他党派、人民群众关系时，能否允许其他党派、人民群众充分自由地发表见解，能否运用批评与自我批评法发现自身缺点，认真听取各方的批评和建议，最广泛地吸收群众的智慧是衡量党外民主的重要尺度。坚持批评与自我批评法，是新时期实现党内外民主，充分调动广大党员和群众积极投身社会主义事业，推进党内外民主和社会政治民主政治建设进程的重要方法。

（二）注重层次性和针对性，充分发挥教育者的带头作用

贴近实际，增强实效性是新时期思想教育工作的着力点，也是当前加强批评与自我批评的关键。要做好批评与自我批评的工作，就要注重批评与自我批评的层次性和针对性。首先，要立足现实情况，区分批评的层次。批评对象层次复杂，既包括党内批评也包括党外其他民主党派和群众的监督和批评，党内批评又包括上级对下级的批评、下级对上级的批评以及同级之间的批评等。其次，批评的内容也分为不同层次，既有原则性问题，又有相对较轻的问题，既有工作态度问题，又有工作内容问题等。因此，坚持一

切从实际出发，把先进性和广泛性要求结合起来，针对不同的层次人群、不同对象与内容，运用不同的批评方法，或党内批评或邀请党外人士进行批评，或自上而下的批评或自下而上的批评，或温和的批评或尖锐的批评，分层实施，扎实推进，增强批评的实效性和可接受性。对于领导、上级而言，要不断进行自我批评，完善自己，批评下级要态度端正，不可粗暴，同时虚心接受同级、下级的批评指正，不可反感报复；对于下级，要在不断自我批评改进的同时，敢于和善于对领导、上级的错误提出批评；对于中国共产党本身，要虚心接受党外人士，特别是民主党派和广大人民群众的监督和批评，不断改进自身，增强先进性和战斗力。在处理上下级关系时，要发挥教育者的率先垂范作用，带头做批评与自我批评。首先，必须用马克思主义尤其是马克思主义中国化的最新成果武装广大党员干部，加强其人生观、世界观的改造，加强党性修养，使其树立正确的教育观，认识到自己与其他人无异。其次，教育者要在实践中切实做到带头解剖自己，自我批评，自我反省，并建立批评奖励机制，鼓励下级对自己提出批评建议，为自下而上的批评监督创造条件，为进行批评与自我批评优良作风起表率作用。再次，进行批评与自我批评一定要注意针对性和重点性，要抓住主要矛盾、主要问题提出批评意见，解决问题，不要纠结细枝末节，增强批评与自我批评的实效性；进行批评一定要注意场合，要因时因地因事而异，适合谈心的不拿到会上讲，适合党内讲的不扩大到群众中讲，做到以人为本，实事求是，增强批评的针对性。

（三）健全批评与自我批评制度，形成长效机制

开展一次两次批评与自我批评并不难，难的是长期坚持，所以我们要健全批评与自我批评制度，形成良性的长效机制，确保批评与自我批评经常化、制度化，增强批评与自我批评的实效性。在我们党的历史上，曾经发生过一些错误与失误，而错误的产生固然与党内个别领导或党员个人素质有关，但是更重要的原因在于党内组织制度的不健全。因此，制度问题更具有根本性、全局性和长期性。目前，我们已经建立的制度有民主生活会制度、民主评议制度等，对于已经建立的制度，我们要进一步完善和健全。民主生活会是进行批评与自我批评的重要渠道，定期召开民主生活会，认真进行批评与自我批评，提高民主生活会的质量，是实现批评与自我批评良好效果的保证。我们也要健全民主评议制度，发展多样的评议形式，如自评和互评相结合、党内评议与群众评议相结合

等，促进良好效果的实现；除此之外，还要注意党内的民主制度建设，创造一种大家敢于指出问题、提出意见的民主氛围，健全保密制度和党员申诉制度，对报复行为要严肃查处。

（四）开展批评之前必须进行认真的自我批评

批评与自我批评是密切联系、相互促进的，批评是自我批评的基础，自我批评是对批评的深化和升华。对于自身的批评教育与自我反省是首要的，也是最难的，如果不能认真地进行自我批评，那么也不能正确地对待批评。一直以来，在具体运用批评与自我批评法的实践中，真正能够做到严肃、认真的自我批评的人很少。古人云：其身正，不令而行；其身不正，虽令不从。对于党员个人来说，进行自我批评是十分重要的，只有首先做好自己，不断发现和改正自己的错误，才有资格去指正别人，具备信服力和说服力，为对别人进行批评打下基础，否则自身有问题如何要求别人改正。进行自我批评也能够使自身换位思考，发现自己的错误，能够虚心、认真接受别人的批评。因此，要严于解剖自己，勇于开展自我批评。共产党员要"吾日三省吾身"，不断找出自己的缺点和弱点，进行改正。尤其是领导干部更应严于解剖自己，以身作则，带头进行自我批评，提升和改正自身，除了为下级党员做出表率外，为对下级党员的提出批评做准备，也可以解除下级党员的顾虑，使其敢于对领导和上级进行批评，也使领导能够审视自身，虚心接受下级的批评，使党内批评顺利开展起来。只有首先进行诚恳与必要的自我批评，才能做好批评工作，使批评与自我批评法得到良好的贯彻实施，才能搞好内部团结，扎实地开展工作。

第三节　矛盾分析法

所谓矛盾分析法，就是针对思想政治教育活动中存在的各类矛盾进行必要的分析，发现思想政治教育活动的本质，从而开展有针对性地教育。

一、矛盾与矛盾分析法

（一）矛盾

矛盾这个词出自韩非子。"或曰：'以子之矛攻子之楯，何如？'其人弗能应也。夫不可陷之盾与无不陷之矛，不可同世而立。"从这一段论述之中可以看出，所谓矛盾就是指两个截然相反的、相互具有一定敌对性的事物存在一起。

从自然辩证法的角度来看，矛盾往往是客观事物内部不同对立面之间存在的对立与统一的关系，是自然辩证法分析问题的核心。从形式逻辑的角度来看，矛盾是两个概念或者两个假言判断不能同时为真也不能同时为假的一种判断方法。在人类社会生活的实践之中，所谓的矛盾就是人们日常生活中遇到的两个相互联系事物之间存在的冲突。因此，结合上文的论述可以看出，矛盾普遍存在于自然界和人类社会，是世界发展的一个普遍现象。

（二）矛盾分析法

矛盾分析方法则是利用事物之间存在的矛盾关系，对事物的联系与核心分析的方法，从而发现事物发展的本质。矛盾分析法并非单纯是利用矛盾的观点，还是基于马克思主义哲学中联系的观点。按照马克思主义哲学来看，所有的事物都是相互联系的，矛盾的事物也不例外。与矛盾的两个对立面相联系的事物特征帮助人们发现每一个对立面的特征，从而帮助人们准确认识矛盾的两个对立面。通过对两个对立面的分析，从而加深人们对矛盾两个对立面的认识，同时也提升了人们的认识能力。从广义的角度来看，矛盾分析方法是人们认识事物的一般性方法，包括思想方法和思维方法两类。站在思想政治教育方法的角度，矛盾分析方法是指针对具体的思想问题和思想现象而采用的，目的是通过不同事物之间的联系找到主要的矛盾或者主要的影响因素，从而分析解决问题的主要方法。矛盾分析法同其他教育方法也是紧密联系在一起的。对于思想政治教育活动来说，应该在不同的阶段运用不同的思想政治教育方法。矛盾分析的方法为其他方法提供丰富的分析方式，同时也为他们的采用构建科学的思维方式，构成了一个严密的思想政治教育方法理论体系。

（三）矛盾分析法的地位和作用

1. 思想政治教育主体分析和解决一切问题最基本的方法

思想政治教育活动的根本目的是提升思想政治教育工作对象的思想和政治认识水平。而思想政治教育工作对象的思想和政治认识是和他们当前的认识水平相关的，也有可能是相互矛盾的。因此，思想政治教育工作者的基本目的就是解决这些矛盾，转变工作对象的观念。

对于思想政治教育工作者来说，工作对象的思想政治认识不仅仅是源自他们，还是源自社会。而社会现象则是纷繁复杂的。思想政治教育工作对象在这个舞台上扮演的角色要求他们不免受到各种社会观念的影响。因此，思想政治教育工作者还必须要注意到来自社会上思想观念的影响，认真分析这些观念和当前思想政治教育的主流意识矛盾，从而提升思想政治教育工作对象的认识水平。

当人们的思想产生矛盾的时候，也是思想政治教育工作被需要的时候。思想政治教育工作者要分析受教育者受到影响的因素。矛盾分析法要求对产生的思想问题做出全面的分析，包括物质、精神和历史方面的，还要分析影响因素的主次关系。

矛盾分析方法首先要求分析清楚矛盾的性质，对于不同性质的矛盾采用不同的解决方式。从以上的论述可以看出，社会主义初级阶段的思想政治教育工作的矛盾分析主要从思想政治教育工作对象受到的社会观念影响，分析其思想观念自身的转变，分析其交互过程中的思想矛盾，而且在矛盾分析的过程中，还要采用恰当的解决方式，不能仅仅采用矛盾分析的方式，要综合运用多种不同的方式，逐渐降低思想政治教育工作对象的矛盾层次。

2. 思想政治教育过程中协调矛盾各方、促进社会和谐的方法

在具体的思想政治教育活动中，思想政治教育的主体、客体以及介体等方面都存在不同层次的矛盾，而且这些矛盾也存在着产生通途的可能。例如，在主体层面，思想政治教育工作者的伦理水平、思想观点和工作方法都可能和客体的需求产生矛盾。同样，客体的观念基础、思想认识也有可能和某个特定的主体产生矛盾。作为思想政治教育介体的教育目的、教育目标和教育内容等方面也有可能引起主客体等方面的矛盾。因此，

对于矛盾分析方法来说，应该要求教育者、受教育者等在不同层次上进行分析，从而兼顾不同方面的利益和观点，使得教育者和受教育者在解决矛盾的过程中形成共识。

思想政治教育工作者要认识到思想政治教育活动同其他事物一样，本身也是充满矛盾的。而思想政治教育工作的价值就在于这些矛盾的解决。矛盾是一直会存在的，只有不断发现矛盾和解决矛盾，思想政治教育工作才能不断地发展。

（四）矛盾分析法的理论基础

从马克思主义哲学的角度来看，矛盾分析方法的理论基础是联系、发展的观点以及对立统一规律。在马克思主义看来，一切事物以及每一个事物内部都存在着矛盾。矛盾双方共同处于一个统一体之中，一方以另一方面作为存在的前提。一旦某一方不再存在，那么另外一方也就失去了存在的意义。矛盾将会向新的方向发展下去。因此，矛盾是对立统一而存在的，是相互斗争而发展下去的。

在思想政治教育理论体系之中，对立统一规律对于思想政治教育活动中教育者和被教育者之间存在的矛盾的发展具有指导作用。对于防止思想政治教育发展活动中存在的片面性和盲目性，增强针对性，实现事物性质的区分和方法选择的恰当，对于解决和认识事物的矛盾具有重要的启示性作用。

二、运用矛盾分析法的基本经验

矛盾分析方法的运用范围非常广泛，在我国社会的发展过程中，各个领域都有过矛盾分析方法运用的经验。这些经验对于思想政治教育活动来说具有十分积极的意义。具体来说，这些经验主要有以下这些方面。

（一）要打牢马克思主义哲学基础

从马克思主义理论体系来看，矛盾分析方法有非常深刻的理论基础。在马克思主义哲学体系内，各个层面的理论都有应用。从马克思主义理论发展的过程来看，矛盾分析方法经历了不同的发展阶段。党的历代领导人对于马克思主义哲学思想的发展都倾注了很多心血，对于马克思主义的中国化做出了卓越的贡献。毛泽东思想、邓小平理论、"三个代表"重要思想、科学发展观以及习近平新时代中国特色社会主义思想就是马克思主义理论和中国社会发展的实际结合起来的重要成果。与此相应的是，党的理论工作者在马克思主义中国化与大众化方面做的工作也积极推进了马克思主义哲学进课堂、进头脑。正是马克思主义理论的传播，才使得矛盾分析方法逐渐成为我国社会发展的一个重要指导思想。在新中国成立过程中的革命和建设经验之中，矛盾分析方法帮助我们分析国情和思想问题，及时总结革命、建设的经验，吸取教训，从而形成了自觉利用矛盾的方法看待事物和分析事物的基本经验。从矛盾分析方法的发展过程来看，理论上的不完善逐步发展到完善，从而逐步运用矛盾分析方法，与实际工作经验结合。从运用矛盾分析方法的经验来看，经过理论创新和实际运用的结合，理论能够不断得到检验和修正，从而不断强化人们运用矛盾分析方法解决实际问题的能力。如果仅仅是对理论进行分析，那么理论就会成为纸上谈兵，不再产生任何作用。只有将理论和实践相互结合，我们才能够体会到理论的强大，才能够感觉到理论与实践结合的巨大效应。对于思想政治教育工作者来说，虽然已经掌握了许多这些方面的理论，但是在具体的思想政治教育活动中，这些理论可能不太适用，新的理论也可能已经发展出来了。因此，思想政治教育工作者也要进行理论学习，不断掌握新的理论，积极发展思想政治教育活动中的理论分析方法。因此，依据现实社会或者现实教育的客观进程来看，矛盾分析方法的不断进步成了思想政治教育活动中解决各个阶段矛盾的主要依据，是马克思主义不断完善思想政治教育活动的重要表现。

（二）坚持一切从实际出发，具体问题具体分析

矛盾分析方法在本质上是通过对需要解决的各类问题或者已经遇到的可能进行实事求是的分析，发现不同的影响因素，并且在复杂的思想政治教育活动中找到主要矛盾，并根据矛盾分析的结果找到问题解决的方法。

如果矛盾分析不能够从实际问题出发，而是从具体的原则出发，从一个又一个的本本出发，那么在思想政治教育工作中则容易犯教条主义和本本主义的错误。我们党的发展历史上曾经出现过这样的情况，给我们党的发展造成了巨大的打击。在之后的工作中，党积极吸取教训，始终坚持问题分析从实际出发，从我国革命建设的需要出发，把矛盾的分析与实际情况的调查结合起来，实事求是，做到具体问题具体分析。

（三）运用矛盾分析法要遵循思想政治教育规律

所谓的规律就是指一个事物发展过程中呈现的稳定性联系，同时也是事物和其他事物相区别的一个本质特点。规律主要表现为事物的一些方面特点，在特定的条件下往往呈现出再现的可能性。从事物的发展来看，规律是客观的，并且是不以人的意志为转移的。社会科学规律的发展在本质上都是如此，但是却需要人们去发现和总结。因此，在前人对规律总结的基础上，某一个特定的规律又具有一定的主观性。在思想政治教育活动中，对于思想政治教育规律的遵循要求，分析思想政治教育活动中各种要素，并且分析他们的相互影响，在特定规律的指导下，发现思想政治教育活动中的矛盾，并且揭示这个矛盾，解决这个矛盾，推动思想政治教育活动的顺利开展。

三、运用矛盾分析法存在的问题分析

（一）运用矛盾分析法的敏感性和勇气不够

矛盾分析方法的关键在于人们能够透过现象看到矛盾的本质。在实践活动中，这并不容易。矛盾所处的环境非常复杂。环境中的每一个要素都能够影响到矛盾的发生和发展，同时也能够影响到矛盾分析者的判断。面对客观环境的发展变化，在复杂的环境之中，矛盾分析者必须能够准确找到矛盾双方斗争的关键所在，也就是主要矛盾方面。另外，对于能够影响矛盾发展方向的方面也要进行分析，也就是一些次要矛盾的分析和观察。在分析矛盾的过程中，应该俯下身去、弯下腰来，对矛盾进行深入的分析。有些时候，简单的分析看似找到了主要矛盾，有可能只是矛盾的皮毛。社会环境的复杂性会干扰人们的判断，一些表面现象常常成为一些浮躁心态的人观察和解决矛盾的障碍。

在分析矛盾的时候，应该实事求是。社会中存在一些不良作风，一些人由于一些因素的作用，在分析矛盾的时候可能虚假瞒报矛盾分析的数据，为上级分析事物的本质带来障碍。也有一些单位在分析别的单位时候能够一针见血，而在分析本单位或者上级领导问题的时候，则往往顾左右而言他。这些问题的分析都涉及矛盾分析的敏感度或者矛盾分析的核心。对于不同性质的矛盾分析来说，有时候关键不在于能力，而在于矛盾分析的勇气。所谓矛盾分析的勇气，是指在矛盾分析的过程中，能够本着对工作和他人负责的态度，能够恰当分析矛盾的实质，对于关系到的人和事能够非常有魄力地指出。目前这个问题是矛盾分析方法运用的关键。如果我国社会能够正视矛盾分析过程中的这个问题，那么我国社会的矛盾分析将会畅通无阻。

（二）运用矛盾分析法协调利益关系的力度不够

社会主义社会并不是不存在矛盾，而是矛盾以新的形式存在。在中国特色社会主义社会，矛盾存在的形式非常之多。有个体之间的矛盾，有群体之间的矛盾，也有个体与群体之间的矛盾。这些矛盾在不同程度上阻碍了我国社会主义社会的发展进程，影响到了社会和谐。因此，对于社会发展过程中，如果能够运用矛盾分析方法客观分析不同利益群体的矛盾状态或者矛盾根源，找出矛盾的解决方法，对于我国社会的发展来说，作用无疑将是巨大的。

（三）运用矛盾分析法的载体研究不够

从以上的论述能够大致看出，对于思想政治教育来说，矛盾分析方法是一个重要的方法，需要借助于丰富多彩的载体实现。在思想政治教育活动中，方式方法的创新本质就是要寻找新的载体实现不同方式方法的教育效果。作为一种统领性的方法，矛盾分析方法需要在不同的时代寻找新颖的思想政治教育载体开展。当前的状况是传统载体运用不够充分，例如，党的民主生活会、思想政治教育的案例分析会等。这些载体要不就是没有坚持下去，要不就是流于形式。随着时代的发展，许多新的载体不断出现，例如，大众传媒、网络媒体等。对于矛盾分析来说，应该将这些新的载体应用到思想政治教育活动中，发挥其思想政治教育的作用。具体来说，对于思想政治教育工作者，应该对这些载体的应用方式进行分析，提升其具体作用，从而推进思想政治教育工作的开展。

四、矛盾分析法的当代创新

（一）转变思维方式，调整态度

从矛盾的观点来看，如果将矛盾分析方法应用到思想政治教育活动的实践之中，教育者和受教育者都会失去其原有的意义，而是转化成为思想政治教育活动矛盾的两个方面。在矛盾中，教育者和受教育者之间将会产生平等与和谐的关系。而从思想政治教育工作的现状来看，要达到这种状态就应该转变思维的发展方式，改变教育者以及受教育者的态度，开发多种多样的教育活动，使得双方的关系能够更加融洽，从而也有利于之后利用各种方式的工作手段提升思想政治教育活动的有效性。在思想政治教育活动中，教育者应利用这种融洽的关系积极了解受教育者的思想状态，了解其思想矛盾的双方，针对其思想矛盾的发展方向以及思想政治教育活动的要求，通过多种不同的渠道解决思想政治教育活动的矛盾，使得教育活动达到事半功倍的效果；同时，也是实现思想政治教育方法与时俱进和不断创新。

从社会发展的宏观角度来看，当前社会发展的大背景非常复杂，不仅要求教育者能够面向日益多变的环境，在经济全球化、世界竞争多极化以及国际科学技术日新月异的发展下，推动思想政治教育活动结合多变的宏观社会发展环境不断发展下去。如果仍旧从矛盾的过去式去看待矛盾的现在式，那么矛盾的发展将会因为教育活动的介入而变得更加复杂。因此，在思想政治教育活动中，必须将宏观环境和微观环境考虑进内，实事求是地对待社会发展过程中的不同矛盾。因此，在运用矛盾分析方法的过程中，应该从社会发展的实际出发，结合实际环境需求，踏踏实实地进行具体问题分析，不能仅仅从已经取得的成就或者经验入手进行分析。

当前，我国社会发展的最大实际情况就是我国处于社会主义新时代。这个阶段我国社会的主要矛盾已经发生了变化，宏观国际环境也有所不同。对于思想政治教育活动来说，应该结合这一新的变化对思想政治教育活动中的矛盾进行分析，推动新时代思想政治教育工作的继续开展。

（二）运用矛盾分析法要与国际国内环境相结合

从上文的论述已经可以看出，当今世界的发展趋势要求思想政治教育必须能够将国际国内环境的发展融入矛盾分析过程中。国际国内环境的发展已经深刻地影响到每一个人的生活，从而也影响到了每一个人的思想，进一步地也影响到了我国思想政治教育活动。国际国内环境的复杂性已经加重了矛盾分析的阻力。另外，对于矛盾分析方法来说，抛开环境的复杂性将会给我们的工作带来新的挑战，同时也对矛盾分析方法带来挑战。

作为一项培养人的教育活动，思想政治教育必然面临复杂的环境，如何在这些环境中提高应用，对于思想政治教育来说是一个必须思考的问题。

在当代社会中运用矛盾分析方法，必须要根据国际国内环境的变化，对矛盾分析方法进行必要的创新，以适应当前社会发展的要求。从国际活动来看，国际环境发展的变化和国内日新月异的经济环境使得人们的世界观、人生观和价值观受到深刻影响。这些影响会给教育者带来分析问题的难度，从而增加在国际国内环境分析过程中的难度，同时也增加人们如何分析环境的影响作用。在这种环境的影响下，思想政治教育工作仍要坚持一定时期和一定范围的分析，从而忽略整个大环境的影响。由此，教育的培养目标会产生巨大的变化，教育则也会影响合格人才目标的实现，从而失去教育的真正目的，而且思想政治教育工作的实践活动也告诉我们，思想政治教育工作从一入手就应该非常重视环境的影响作用。

（三）运用矛盾分析法要与其他方法协调配合

矛盾分析方法虽然拥有悠久的历史，但是在矛盾分析方法产生和发展的过程中，要经历一个不断成熟的过程，但是一些问题仅仅依靠矛盾分析方法是不能达到解决目的的，必须要和其他的方法相互配合。思想政治教育活动是一项非常复杂的工作。任何的思想问题解决都要站在受教育者的角度进行考虑，对受教育者进行全面分析。因此，矛盾分析方法应该从与其他方法配合入手，取得思想政治教育的最佳效果，实现思想政治教育模式的综合创新。

（四）运用矛盾分析法要创新载体

在思想政治教育活动中，新的社会生活要求矛盾分析方法必须进行创新。我国进入新世纪以来，人们的心理状况以及接受能力都发生了很大的变化。随着我国新的社会组织的出现，社会成员的流动范围不断扩大和变化，以往过于具体的矛盾分析方法已经不能适应当今社会的发展需求。在这种情况下，对于思想政治教育活动来说，必须要不断探索矛盾分析方法的新形式和新手段，采用新的机制和载体，与时代的发展共同进步。总体上也就是说要促进思想政治教育达到一个语气的效果，实现矛盾分析方法的丰富以及发展。

总之，通过以上的论述可以看出，矛盾分析方法在思想政治教育领域的应用应该从科学化、多样化、人性化等方面入手，形成有利于思想政治教育系统发展的目标，从而推进思想政治教育在新时代发展的利器。

第四节　环境教育法

环境教育法就是利用环境对教育对象进行教育的一种方法。从人们的思想形成来看，环境发挥着深层次的作用，在潜移默化影响着人们的思想。下面从思想政治教育活动的发展入手，分析环境教育方法及在思想政治教育之中的应用。

一、环境和环境教育法

（一）环境

人们对于环境的揭示包含两个方面，一个是主体外部的，也就是周围的情况；另一个则是主体内部的，也就是主体所管理的方面。总体上说，环境的意义应该包含上述两个方面的内容。但是在思想政治教育活动中，环境则主要是指第一个层次的含义，也就是受教育者外部的情况。

（二）环境教育法

环境教育方法是利用个体获得信息的渠道提升个体的思想认识觉悟的一种方法。就目前来看，思想政治教育活动中，环境作为一个外部的因素具有客观性、整体性和渗透性的作用。思想政治教育中的受教育者能够利用环境因素主动去发展自己的思想。因此，对于思想政治教育来说，环境的影响是客观存在的，教育者要认识到这一点，主动去接受或者利用环境对于受教育者的影响。

环境教育方法中其拿掉的环境教育客观性往往是根据人们在长期的环境改造过程中对于现实环境因素的认识。受教育者要适应环境的要求不断发展自己。因此，环境教育方法的实现对于良好的环境营造和环境教育功能的发挥具有积极作用。所谓环境营造是根据教育过程中，受教育者的思想观念特点以及接受环境认识的规律，积极构造对于思想政治教活动有利的环境，从而发挥环境对于思想政治教育的作用。环境教育方法的关键是要在营造环境的过程中，向受教育者传播思想政治教育的良好环境，发挥环境的隐性教育功能和熏陶功能，从而提高思想政治教育的实效性。

从本质上看，环境教育方法是坚持唯物史观，坚持物质世界决定精神世界的一种教育方法。环境教育方法认可环境对于广大群众的影响是直接而且明显的。党员干部和思想政治教育工作者应该坚持环境的超脱性，对于环境的发展变化有总体的认识，并且能够根据这些环境上的变化做出相应的对策，从而提升思想政治教育活动的前瞻性，引领人们在环境变换的过程之中始终坚持自己的思想认识方向不变，始终保持较高的思想认识水平。

（三）环境教育法的地位和作用

1. 马克思主义思想政治教育方法体系中的基础方法

在过去的思想政治教育活动中，人们都将思想政治教育和环境分割开，将人们所处的社会、政治和经济活动关系看作是思想政治教育活动的外部因素，忽略了这些因素的教育功能，同时也忽略了人的环境接受能力。对于人的思想变化来说，这就在一定程度上忽略了环境对人们思想认识的影响能力，同时也夸大了说服教育对人们思想作用的影响。环境，无论是何种形式，都在影响着人们的思想观念，都对思想政治教育产生了隐性的影响。如果没有环境的积极配合，思想政治教育很难产生巨大的作用，甚至是连灌输这种基本的教育方式都很难奏效。

从思想政治教育的目标来看，思想政治教育之中环境教育方法的目的是对思想政治教育开展的环境进行调整和改造，构建有利于思想政治教育发展的氛围，使人们的思想有所改变。

也正是基于这一点的考虑，思想政治教育的其他方法才能很好地配合环境教育方法。同时，这也突出了思想政治教育活动中环境教育方法的基础性。环境教育方法的基础性主要表现在，环境教育提供了一定的教育信息，帮助人们形成特定的认知导向，影响人们的思想政治教育认知水平，确定人们的思想价值取向，同时也引导人们的行为，对人们的生产生活起到规范作用。

因此，一方面，思想政治教育环境营造的方法实现人的主观能动性的积极发挥；另一方面，思想政治教育环境本身也是可以操控，可以对人们的思想进行稳定的影响。环境教育的这些特征需要人们积极主动地营造一个环境，使得环境能够纳入思想政治教育的体系之中，成为思想政治教育的一个重要方法。

2. 形成和改变受教育者思想观念、行为、习惯的有效方法

从前文的论述可以看出，在任何一个时期，任何人都要生活在一定的环境之中；环境不仅给人们的生活提供必要的物质基础，同时也影响到人们的精神生活。生活在特定环境中的人们会产生特定的思想环境。环境的发展变化必然使得人们的思想观念产生相应的变换。环境教育方法实践推动了人们对环境的深刻认识，同时也推动了人们对环境的改造。环境教育方法具有的渗透性和隐性教育功能恰恰满足了人们对于思想教育的需求，具有其他方法不可替代的作用。环境教育方法对人们思想和行为发挥隐性影响的特征，恰恰是环境教育方法的一种独特性所在。

环境无处不在，环境的影响也是无处不在。通过思想政治教育环境教育方法的实施，思想政治教育的环境能够得到教育工作者有方向性的调整和改善，同时也会对人们的生活和工作产生特定的影响，最终影响到人的行为与观念。

同时，环境教育活动中人们接受环境影响的深远性与持久性要求环境始终能够围绕人们的思维方式和认识活动进行必要的调整，从而能够顺应人们思想观念形成的需要，提升人们的思想认识水平，同时也促进人们的社会实践活动发展。

3. 环境教育方法是增强思想政治教育说服力、吸引力的直接方法

思想政治教育环境因素本身就具有一定的感染人、影响人的特质。通过对思想政治教育环境的进一步改造，这些环境的作用则能够进一步发挥。环境自然而然的影响作用能够对受教育者产生某种强大的吸引力。例如，人们观察到祖国壮丽的山河，就会联想到保卫家园、热爱祖国的感情。因此，在思想政治教育活动中，要积极引入思想政治教育中这些积极因素，发挥其作用，使得思想观念的诠释能够更加直接，更加具有针对性。

同时，在思想政治教育活动中，也要注意引入一些人文因素，从人与人之间的感情影响受教育者，加深受教育者对于某一种实践的感情，利用感情的力量提升思想认识的水平。

思想政治环境教育方法之中原有环境和新创环境的交互作用，将会给人们的思想观念产生全方位立体化的影响，使得思想政治教育活动能够更加生活化。思想政治教育也能够更加具有说服力，人们的思想认识水平也能够提高得更快。

（四）环境教育法的理论基础

环境是外力，关键作用仍旧在于人。从马克思主义的角度出发，马克思主义理论体系之中与人的发展相关的理论体现了人与环境之间的关系。概括地说，人是自然界之中的动物，同时人也是社会发展的产物。从之前关于马克思主义人学的探讨来看，马克思主义之中关于人的本质的论述说明人产生于自然环境之中，并且在社会环境之中不断发展。因此，从这一点来看，人是自然环境和社会环境交替作用产生的动物。

作为一个宏观的系统，社会环境不仅仅是物质环境的构成，同时也包括不同人相互作用产生的精神环境，也就是社会关系。社会关系产生的环境作用于人们的思想之中，因此，对于一个人来说，社会关系是其成长的一个重要环境。而作为人们成长的一个重要组成部分，社会关系的发展决定了人们只有更加适应环境的发展变化，才可以得到更好的发展与提升。当然，这种关系的作用并不是单项的，而是双向互动的关系。每一个人都能够对自己的社会关系产生影响，促进或者推迟某一种社会关系的形成。

二、实施环境教育法的基本经验

（一）马克思主义世界观方法论指导是实施环境教育法的前提

马克思主义环境理论为社会思想政治教育环境的优化与开发提供了重要的伦理指导，同时也为思想政治教育环境教育方法的实施奠定了坚实的伦理基础。马克思主义之中唯物史观的观点是思想政治教育方法形成的理论基础，同时列宁关于环境的观点也是思想政治教育环境方法的伦理准备。毛泽东、邓小平等党和国家的早期领导人对马克思主义中国化的理论认识发展了思想政治教育活动中的环境教育方法。之后，在党的一系列教育方法之中，环境教育方法一直都是思想政治教育的重要基础。

思想政治教育环境教育方法的形成与发展是马克思主义理论基础上形成的，在新时代，环境教育方法的实施也应该坚持马克思主义的指导作用。我们应该善于运用马克思主义的立场与观点，对环境教育方法进行发展，从而作用于我们的思想政治教育实践之中。

（二）实事求是是环境教育法实施的根本准则

从马克思主义中国化的理论体系入手，一切从实际出发，坚持实事求是这一基本准则，是马克思主义的基本原理。对于思想政治教育环境方法来说，实事求是就是要认真思考环境教育方法，结合具体的环境实际，尊重环境营造的基本规律，有效发挥环境营造在思想政治教育的作用。

从环境营造的角度入手，思想政治教育环境的建设应该符合社会发展的需要，只有这样才能取得良好的发展效果。因为，如果环境营造脱离社会发展的实际，环境营造的效果就会产生折扣，甚至有可能出现负面影响。

从当下的思想政治教育实际需求来看，环境营造应该立足于宏观环境，从国际环境的经济全球化、政治多极化以及信息环境国际化背景入手，从国内环境的社会主义发展新时代背景入手，联系这两个大环境下每一个小环境中人们的思想实际情况，根据社会以及人的思想发展需求，营造出对于人们的思想政治教育发展需求有利的微观环境，从而促进人的思想政治教育观念形成，同时也坚定正确的思想政治教育方向，使得思想政治教育活动能够有效进行。

（三）坚持自主性原则是保证环境教育法效果显现的关键

思想政治教育活动能否产生预期效果，关键是思想政治教育活动中具体的教育对象能否接受思想政治教育的内容。在环境教育方法之中，人们积极构造思想政治教育的环境，把思想政治教育的内容融入其中，产生思想政治教育活动的积极影响。人们的积极主动性是思想政治教育活动中环境方法发生切实效果的根源，也是思想政治教育环境教育方法能够成功的关键。

在环境教育方法的实施过程中，不仅要突出环境教育方法的营造，还要突出环境教育活动中受教育者积极主动地参与到环境建设之中。在所营造的环境中，教育者要能够让受教育者充分认识自我，充分实现自我的管理和激励，从而积极主动地塑造自己的人格，以转变被动接受的思想政治教育方式。通过思想政治教育工作者的积极引导，受教育者能够通过这些环境正确认识到自我，正确实现对自我的剖析和规划，从而激发他们敢于面对错综复杂社会环境的信心，让他们能够在多变的环境之中始终保持积极向上的态度，不断追求人格发展之中的真善美，最终实现思想政治教育的目标。

（四）坚持特殊性原则是环境教育法实施的具体策略

唯物辩证法之中的矛盾分析方法告诉我们，矛盾具有普遍性与特殊性。针对每一个矛盾的个性，对待具体的事件或者问题的时候，要能够做到具体问题的具体分析。在思想政治教育活动中，教育工作者要认识到每一个人的差异性，对差异性的表现也有清晰的认识。人们在思想活动中的差异性，也是思想政治教育的现实性。这就说明，思想政治教育活动应该追求思想政治教育目标的实现不能脱离环境的现实，不能追求教育目标的绝对平衡和教育方法的绝对一致。

在具体的教育活动中，环境教育方法要坚持从具体问题具体分析的角度入手探讨思想政治教育环境氛围的构建，最好能够做到思想政治教育环境构建的因人制宜。因人制宜要求思想政治教育环境塑造能够体现层次性和针对性。例如，在培养大学生成为合格的社会主义建设者和接班人的过程中，在层次上应该明确是针对具有一定思想认识的大学生；在具体的针对性上，应该明确是针对的某一个类型的大学生。环境的营造应该从大学生的特点以及不同类型大学生的差异入手，利用高校党委和团委组织对大学生进行有针对性地宣传教育，帮助这些大学生构建一个良好的学习环境。

总之，环境教育方法的认识要深入到思想政治教育活动的目标和思想形成方式上，针对不同类型的思想政治教育工作，从实际情况入手，营造符合时代要求和受思想政治教育对象欢迎的思想政治教育环境。

第四章　马克思主义理论在思想政治教育中的应用

从前文的论述可以看出，思想政治教育活动应该始终坚持马克思主义的基本立场，从马克思主义之中汲取能量，推动人们思想认识水平的发展。

第一节　社会历史观与思想政治教育

在社会飞速发展的现实情况下，思想政治教育必须坚持马克思主义的社会历史发展观。这样，才能在发展的道路上不迷失方向，始终坚持走中国特色社会主义道路。在如何发展的问题上，只有以科学发展观为指导，树立起以人为本的观念、人与自然和谐发展的观念、人与人和谐发展的观念，才能使社会的发展可以健康地持续下去。马克思主义社会历史发展的规律，必须和思想政治教育相结合，培养出能够坚持走中国特色社会主义道路的接班人，培养出能够顺应社会历史发展趋势所需要的人才。否则，就不能培养出对社会和国家有用的人才。由此可见思想政治教育工作的重要性。

一、树立以人为本的思想政治教育观念

马克思主义以人为本的思想，是一种对人在社会发展中的主体地位与作用予以肯定的思想。在马克思主义看来，以人为本既是一种价值取向，又是一种思维方式。人是教育的中心，又是教育的目的；人是教育的出发点，又是教育的归宿；人是教育的基础，又是教育的根本。因此，一切教育必须以人为本，这是现代教育的基本立足点和未来教育的总体趋势。体现在高校，就是要以教育对象为本。但是，由于我们在认识上存在的

某些偏颇，过去恰恰是在这一点上，在一定程度上导致了思想政治教育工作的被动局面，影响了思想政治教育的实际效果，比如，过去很多高校在思想政治教育工作中，把教育对象仅仅当成受教育的对象，没有将其看成有血有肉的人；在进行思想政治教育工作的过程中，往往只见事不见人，忽略了对教育对象本人的关注，把注意力往往集中在强制灌输和追求考试分数上。因此，在当前，要加强和改进高校的思想政治教育，就必须转变思想，坚持和树立以人为本的观念。

首先，要确立广大师生在思想政治教育工作中的双主体地位，也就是说教育者和受教育者在探讨思想政治教育问题的时候，对教育对象的考虑既要从学生出发，也要考虑到自身。广大教师在教育工作中要从自己的角度出发，对于受教育者有充分的考虑，引导人、尊重人、激励人和发展人。

其次，思想政治教育活动要坚持尊重教育对象，理解教育对象，尽量满足教育对象的合理要求。尊重、理解和满足教育对象是思想政治教育工作从教育对象出发完善思想政治教育工作的前提，也是以人为本在思想政治教育活动中的具体体现。尊重教育对象就是要尊重教育对象在思想政治教育活动中的人格尊严，尊重教育对象的基本权益，同时也尊重教育对象的价值，尊重教育对象作为人的个性发展。人的尊重需求是人较高层次的社会性需求，是当前人们进行思想政治教育工作的一个基本原则。从心理学的研究中可以看出，人的尊重需求得到满足，人们的内心之中就会得到快乐、信心这样的积极力量。从实际工作来看，尊重教育对象就是要在思想政治教育工作中坚持平等的态度和作风，坚持对教育对象的心理疏导。理解教育对象，满足他们的正当需求，就是要在充分了解教育对象的生活环境和学习状态的基础上，对他们内心的真实想法予以理解，关心他们的物质和精神需求，满足他们的正当需要。

最后，在思想政治教育活动中，应该注意教育对象的潜能，激发教育对象的创造性。无论做什么工作，人都是第一位的因素，每一个人的能力和价值都是值得开发的。在思想政治教育活动中，如果要保证各个方面工作的顺利进行，就必须逐渐实现不同类型教育对象的潜能与价值开发。

二、社会进步和思想政治教育

市场经济的发展使得思想政治教育的作用越来越突出，但是也是市场经济的负面作用使得思想政治教育的效果为人们所重视。要实现思想政治教育工作的强化，必须积极考察社会发展中不同因素和思想政治教育之间的关系，使人们认识到社会发展对于思想政治教育的正向价值与作用。

思想政治教育承担着为社会进步培养高素质人才的任务。在人的素质结构中，德、智、体、美，不可或缺。其中，思想道德素质是核心。社会要进步，必须要有高素质的人才作为支撑。就社会需要来说，当然是需要又红又专的人才。但是，如果要在红与专的人才中进行选择的话，那么，宁肯选择品德高尚的人。中国有句古话说得好，"立人德为先"。因此，高校要为社会进步培养出德、智、体、美全面发展的人才。

在思想政治教育中，一定要让受教育者理解社会进步与思想政治教育之间的相互关系问题。因为今天的受教育者，就是明天的社会进步建设者与推动者，只有加强思想政治教育，才能培养出社会所需要的德、智、体、美全面发展的人才，才能为社会传递正能量。社会的正能量集聚起来很难，而要让它消解却十分容易。一个没有信仰的民族是没有前途的，思想政治教育的责任十分重大。

市场经济的发展打破了原有的利益格局，引起了一定程度的社会震荡。在这个过程中，人们的思想也会出现新变化，会产生大量的思想问题。在这种情况下，思想政治教育要教导受教育者运用马克思主义的相关原理，研究这些问题产生的原因，探讨解决这些问题的办法。待这些掌握了马克思主义基本原理、有科学发展观正确理念的受教育者进入社会之后，就会在实践中对这些问题进行积极探索，最后予以解决，这样就会逐渐扫除社会进步中的障碍，保证改革开放和市场经济建设的顺利进行。从这个角度上看，思想政治教育就是一种生产力。思想政治教育，由于培养的是有知识、有文化的专门人才，承担着为这些人才装上人生导航仪的任务，因此，思想政治教育也是社会进步中生产力的组成部分。思想政治教育通过培养受教育者的思想道德品质，就起到了发展生产力的作用，从而带动整个生产力的快速发展。

对于新时代的社会主义建设来说，人们的精神需求发展离不开思想政治教育。正如前文所述，由于政治、经济和文化环境的发展变化，广大青年在思想政治教育观念上必然产生必要的变化，展现出大量的思想认识问题。例如，人们对贫富悬殊的错误看法，对于失业现象的偏颇认识，都会使得人们产生心理恐慌，产生认识上的模糊和不满的情绪。这些现象不断激化最终会影响到社会的和谐稳定，从而对社会进步产生阻碍作用。在这种情况下，高校作为青年人最为集中的一个场所，就需要发挥思想政治教育的特殊作用，培养出遵纪守法、善于分析问题和解决问题的受教育者。他们在毕业进入社会后，能够发挥出正能量，能够帮助协调解决一些发生在身边的社会矛盾。

三、人的价值与思想政治教育

思想政治教育的对象是人，教育的直接作用和根本目的是培养教育对象正确的世界观、人生观。人的价值就是人的存在、活动及其结果对于人自身的生存和发展需要的满足关系，是人的存在、活动及其结果对于自己和自己的群体、社会的生存和发展的意义和影响。人的价值实现活动通常意义上是把人作为价值的客体，通过实践活动满足他人、集体、社会和自我的需求，从而也逐渐发挥自身的创造作用。因此，从这个角度来看，人们的价值实现必须要对其需求进行充分挖掘，利用需求的激励作用推动人们对自我、社会、他人和集体进行重新认识。

（一）人的价值危机与思想政治教育

20世纪80年代以来，人们的经济意识就开始不断觉醒。我国社会越来越多的人认识到财富积累的方法，而且也越来越重视财富的作用。这个时期，人们精神方面的追求却相对地被忽视了。人们的精神世界变得有些空虚，从而也影响到人们对生存意义的追求。因此，从这个角度来说，人的精神追求起着人生发展的导航作用。在当前社会的发展进程之中，信息以及经济发展产生的冲击比20世纪更加激烈。这就在一定程度上影响到了人们的社会主义信念。

随着社会竞争压力的增大，以及社会发展的目标方向匮乏，人们内心之中产生的心理空虚给人们的生活造成了很大的压力。"无聊""寂寞"成为人们日常生活之中的常用词。在思想政治教育活动中，有一部分教育对象出现了无法排解的心理压力，对于生命的真意开始变得困惑，对于自身的价值变得迷茫和彷徨。

进入新世纪以来，随着市场经济的发展完善，人们的自主意识变得更强，人们的价值观逐渐变得转向自我。但是，这种转变并不意味着自我能力的全面发展，而是将自我变成了消费者和享受者。从思想政治教育的观点来看，这是自我关注的畸形发展，自我的真正关注应该是从自我的能力入手，而不仅仅是对物质的享受。

（二）加强思想政治教育，促进人的价值实现

从思想政治教育的发展来看，当前的思想政治教育目标和定位大多是和社会以及政治的发展需求相关，突出了思想政治教育的社会价值，这其中有一定的传统因素作用。而在这种目标导向下，人们对于思想政治教育活动中受教育者的关注仅仅是将其作为社会中的一员，同样突出了思想政治教育中受教育者的社会属性。这种以社会价值作为中心的价值取向使得人的价值仅仅体现为人是社会物质价值、政治价值和精神价值的承担者，并没有考虑到思想政治教育对象个人的合理需求，对于思想政治教育的全面开展来说并不是非常有利。

在思想政治教育活动之中，应该对马克思主义关于人的价值理论有充分的认识，充分考虑到社会的发展和进步，同时也考虑到教育对象的生存和发展问题。从当前思想政治教育发展的宏观环境来看，应该将社会主义核心价值观与教育对象的自我价值融合在一起，从而实现人的价值和人的全面发展。

第二节　辩证法与思想政治教育

思维方式是人们在思维活动中所运用的工具和手段，只有采取科学的思维方式，才能正确认识和把握思想政治教育方法及其本质规律。尤其是在高校的思想政治教育工作中，要注意思维方法。这有两方面的含义：一方面是要教会学生形成正确的唯物辩证的思维习惯和方法；另一方面是要将马克思主义的唯物辩证法贯穿于思想政治教育的全过程，使其成为思想政治教育的首要研究方法。

将辩证法融入思想政治教育方法当中，深度研究思想政治教育方法，具有一定的理论与实践价值。辩证法作为认识世界的方法，旨在用变化发展联系的观点看待问题、分

析问题和解决问题。从教育工作者来说，要动态分析思想政治教育这一系统，尽力实现思想政治教育静态结构与动态过程、宏观系统与微观系统的结合；从教育对象方面来讲，要努力学习和接受唯物辩证法，使之成为自己分析问题、解决问题的方法。下面主要介绍质量互变规律和否定之否定规律的运用。

一、思想政治教育工作要做到循序渐进

（一）思想政治教育中循序渐进的含义

循序渐进，即学习过程、工作过程等按照一定的步骤逐渐深入或提高。思想政治教育中的循序渐进着重强调根据教育对象的思想实际，按照教育对象思想发展的阶段性和层次性来一步一步地做思想政治工作。思想政治教育中的循序渐进还要遵循事物整体联系的规律，根据教育对象的年龄、心理，联系教育对象的社会背景、家庭背景，结合教育对象的经济状况、文化水平等不同特点，合理地设计思想政治教育的内容和方法，提高工作实效。

（二）在思想政治教育工作中运用循序渐进法的必要性

循序渐进是对教育规律的直观体现，但在思想政治教育的理论层面和实际操作中却常常被忽略，因为人们总是希望我们的思想政治教育能够立竿见影。

1.循序渐进是促进教育对象思想品德形成和发展的需要

思想政治教育是一种集塑造教育、改造教育和养成教育为一体的综合性教育，必须顺应人的思想形成和发展的规律的要求。陈万柏、张耀灿在《思想政治教育学原理》一书中指出，受教育者的思想品德形成要经历一个长期的过程，不可能期望一经教育，受教育者就发生思想品德质的飞跃。教育对象思想品德的形成是从知到行的过程，即先要知，然后才行；行深化知，知行互动，最终达到知行统一。但是，教育对象的思想品德由认知到行为是不能直接转化的，其间还必须经过情、信、意三个思想品德形成的心理阶段。这个过程是教育对象世界观、人生观等思想品德形成过程中在思想上不断调整、适应，使旧的认识转变为新的认识的过程。这一过程，是教育对象的思想从旧质到新质的循环往复、螺旋上升的矛盾运动过程。从心理学角度看，教育对象世界观、人生观的养成也需要不断重复和强化。所以，思想政治教育本身不可能一蹴而就，不能期望毕其功于一役，要尊重这一客观事实和规律，就要坚持循序渐进地做教育对象的思想政治教育工作。

2. 循序渐进是思想政治教育收到实效的需要

对教育对象进行思想政治教育需要循序渐进。教育对象的成长规律决定了思想政治教育过程是一个持续的、反复的过程。对教育对象完整的思想政治教育过程主要包括三个阶段：内化于心的阶段、外化于行的阶段、自己反馈检验的阶段。思想政治教育，就是要把外在的马克思主义世界观和方法论以及共产主义的思想品德转化为教育对象个体内在的世界观和人生观认识，转化为思想品德认识，内化于心，再由教育对象个体内在的世界观和人生观发挥作用，指导自己的行动，将内在的思想品德认识转化为个体的思想品德行为，然后再作用于社会、服务于社会。第三个阶段是自己反馈检验的阶段，是内省的阶段。在这个阶段，教育对象思想品德状况会出现不断的反复，并在这种反复中，其思想品德认识或者得到提升，或者受到怀疑，这是教育对象自身内在的思想矛盾运动，而且这些矛盾是一个不断产生、不断解决的循环往复过程。这就要求思想政治教育工作者要适应教育对象复杂的思想变化，要自觉地根据教育对象的实际情况，合理地、循序渐进地安排思想政治教育的内容和进度。

（二）在思想政治教育过程中运用质量互变规律

要尊重事物变化的量变质变规律，对于教育对象思想政治教育要由浅入深。一方面，教师要充分了解并尊重教育对象的思想政治状况，思想政治教育内容和进度的安排要注意由浅入深、由易到难；另一方面，教师要尊重教育对象思想转变的渐进性。饭要一口一口地吃，思想政治教育要一步一步地来，不能急躁。人的思想品德都是在实践和认识的互动循环中发展的，只有遵循客观规律才能事半功倍。

促进教育对象的思想转变，要抓住时机。思想政治教育工作，是针对教育对象的工作。尽管不同教育对象有一定的特殊性，但教育对象也是人。因此，思想政治教育，也是做人的工作。从教育对象成长规律和教育规律来看，没有一蹴而就的方法，需要在课堂教学、实践教学循序渐进的基础上，抓住国际国内的热点、难点问题，抓住他们切实关心的问题，择机而发，因势利导地进行教育，促进教育对象在思想上发生质的转变。

要把握教育对象主要矛盾节点和主要诉求。思想政治教育者要接近他们、了解他们，这样才能在他们思想上出现重大问题时，能够与学生们在一起切实地解决问题。同时，要将解决思想问题和实际问题相结合，这样才抓住了量变到质变的节点，并促使其发生转变。

教育对象的思想政治教育要有重点地、分层次地、有差别地进行。因为教育对象的自身素质、生活环境、经济状况各有不同，这就决定了他们每个人都有自己的性格特点和思想特点。因此，在进行思想政治教育工作时，就不能"一锅煮"，而是要针对教育对象的不同情况，分批次、分层次、有差别地对待。

循序渐进是质量互变规律的体现。思想政治教育工作要循序渐进，这是尊重事物发展客观规律的教育方法。尽管这个方法从来都不是新方法，但在思想政治教育的实际工作中却容易被人忽略，由此也往往造成了因操之过急而揠苗助长的情况，这往往是想快出成果造成的。同时，由于循序渐进是一种强调教育对象的思想转变需要一个过程，强调教师要戒骄戒躁的方法，因此，具有非常广泛的适用性。思想政治教育工作不能急于求成，也不能期望毕其功于一役，而是需要坚持循序渐进。思想政治教育工作，要从教育对象进校时就开始抓，只有长期坚持、"润物细无声"，才会让教育对象在政治思想、道德品质等多方面获得进步。

二、否定之否定规律与思想政治教育

否定之否定是事物发展的形式。从事物发展看，思想政治教育的发展遵循着否定—肯定—否定螺旋上升的过程。当下思想政治教育的内容和形式则是对之前思想政治教育的不断超越。一方面，当前的思想政治教育是站在前人成就的基础上，离不开前人思想政治教育工作方面的积累。这方面有一定的继承性；另一方面，思想政治教育发展的环境在不断变化，对思想政治教育的内容和形式提出了新的要求。思想政治教育活动应该不断地创新，实现对之前思想政治教育规律的发展和超越。这就要求新时代思想政治教育活动能够大胆扬弃之前思想政治教育的成果，不断在传承中实现理论上的弯道超车。对于一些有益的做法，思想政治教育活动应该大胆坚持下去，积极发展当代的思想政治教育活动，对于时代发展的变化能够提出新的任务，充实新的内容，实现思想政治教育的超越。

（一）思想政治教育面临环境的复杂性

从当前的思想政治教育活动来看，思想政治教育面临的环境复杂性问题宏观上是全球化和新时代。所谓全球化是指在全球不同国家思想上的相互渗透和经济上的相互依赖。具体的说全球化包括经济、政治、文化等方面的全球传播，全球不同国家之间呈现出既竞争又合作的关系。因此，总体上全球化已经成为当今世界发展的一个不可逆转的潮流。对于世界经济的繁荣来说，全球化的发展创造了新的条件，同时全球的经济发展也面临着新的挑战和困难。习近平指出："认识世界发展大势，跟上时代潮流，是一个极为重要并且常做常新的课题。中国要发展，必须顺应世界发展潮流。要树立世界眼光、把握时代脉搏，要把当今世界的风云变幻看准、看清、看透，从林林总总的表象中发现本质，尤其要认清长远趋势。"

对于思想政治教育活动来说，全球化的影响可以辩证地看待。从消极的方面来说，全球化给思想政治教育思想的传播带来了一定的可能，增加了思想政治教育的挑战，主要体现在以下两个方面。

一方面，全球经济效益最大化是人们追求的一个目标，这主要是经济因素的作用，但是在无形之中影响到了道德因素在人们心目中的地位，使得经济效益逐渐在价值构建中产生了更大的影响。对于思想政治教育来说，思想政治教育在一定程度上在社会经济发展之中被轻视。

另一方面，市场经济的发展为人们带来思想观念上的冲击。全球化的发展过程中，人们对于物质的崇拜影响到了社会主义的道德因素与政治立场，使人们出现了思想上的诱惑，甚至陷入了拜金主义的泥潭。

从积极的方面来看，社会全球化也给思想政治教育的发展和传播带来了新的可能性，能够让人们在全球化的发展过程中认识到社会主义的优势，从而在更大程度上认可社会主义、热爱社会主义，同时也壮大社会主义的力量。

（二）推陈出新，推动思想政治教育新发展

否定之否定，要求不破不立。认识影响思想政治教育的不利因素，是为了克服这些不利因素。只有在克服缺点和错误中，只有在克服困难中，高校的思想政治教育才能进

一步向前发展。针对当前思想政治教育中的不利因素，我们要有吐故纳新的意识，努力克服困难，促进思想政治教育新的发展。其措施如下。

第一，思想政治教育工作应该确立新的教育目标。从新时代社会发展来看，教育目标应该从过去单纯的看重知识转向看重知识、思想、道德等方面的全面发展。社会的发展以及进步对人才的培养提出了更多的要求，人们不仅仅要有专业的知识，更要有正确的世界观和人生观。

第二，思想政治教育活动中，应该强调"情""理"并用，利用真挚的感情启迪人，利用科学的理论去武装人。在思想政治教育活动中，教育者可以把思想政治教育工作利用浅显的道理将其植入受教育者的头脑之中，做到润物无声，实现显性与隐性教育的结合，推动思想政治教育活动的发展，才能提高思想政治教育活动的时效性，培养合格的社会主义建设者和接班人。

第三，对思想政治教育内容进行改革。社会的发展应该是要求人才能够适应，而并非是社会适应人才。因此，对于思想政治教育活动来说，应该从社会发展的需求来看，加强教育对象世界观以及人生观的改造，培养新时代教育对象对于社会的责任感，提升教育对象在政治、思想、法律和道德等方面的进步。长期以来，思想政治教育工作在内容上机械照搬上级精神，对于教育对象的需求不能够充分予以重视，使得思想政治教育的内容出现严重的滞后。当今的思想政治教育对象呈现出思想活跃和观念新颖，以及信息灵通等方面变化。

第三节　与时俱进与思想政治教育

马克思主义世界观和方法论，是我们进行思想政治教育的理论基础，我们要自觉地以马克思主义世界观和方法论指导思想政治教育。而马克思主义之中最重要的理论品质就是与时俱进。因此，思想政治教育要坚持与时俱进，有所创新。否则，思想政治教育就将落后于时代发展的需要，而所培养出来的人，在政治思想和道德品质方面，就会有明显的不足。

一、内容创新：将发展的马克思主义理论成果引入思想政治教育

在新的历史阶段，发展了的马克思主义的最新理论成果也必然进入思想政治教育领域。随着时代的发展，高校的思想政治教育也面临着新的机遇和挑战。在新形势下，以习近平同志为核心的党中央正在带领全国人民建设和谐、美丽、富强的中国特色社会主义。教育对象作为社会中的重要群体，对这个问题也十分关注，因而人际交往问题、生态问题是教育对象思想政治教育当中必须直接面对的重要问题。下面依据党的十九大中对生态文明观的提法，尝试将生态文明观念引入到思想政治教育内容之中。具体其他内容创新，还会在以后章节中介绍。

生态文明观是马克思主义世界观的一个组成部分。生态文明是人类对工业文明造成的生态危机反思的结果，马克思主义生态文明思想是我党在马克思主义生态理论的基础上，结合社会主义建设实际形成的最新理论成果，它对建设社会主义美丽中国具有重要的现实意义。

中国特色社会主义理论体系中的生态文明思想，把马克思主义生态理论与中国现代化建设实际紧密结合起来，在"以经济效益为中心"的同时，保持对自然、社会、经济之间关系的清醒认识。它在新的历史条件下发展了马克思的生态思想，最终完成了以科学发展观为基本内容，以重建新型的人与自然和谐关系为目标的理论创新。

马克思主义生态文明观是马克思主义世界观的一部分。在思想政治教育中，培养学生正确的世界观，就包含着培养学生正确的生态文明观。因此，在思想政治教育中，引进生态文明思想对教育对象进行教育，具有十分重要的意义。

第一，帮助学生树立正确的自然观。自然观是人们对待自然的总的看法和总的观点。马克思主义的自然观认为，自然界是物质的，是运动、变化、发展、联系的。人类是自然界长期进化发展的产物。人类，连同我们的思想和血肉，都是自然界的一部分。自然先于人类而存在，离开了自然，我们人类将无法生存。学生只有树立了正确的自然观，才能以正确的态度对待自然。

第二，帮助学生树立正确的生态观。人与自然是对立统一的辩证统一体，人、自然、

社会是一个有机联系的整体。工业文明向自然界的扩张已经导致自然对人类的疯狂报复。生态文明强调在资源增殖的基础上开发利用自然资源，发展经济的同时要保护自然。

进行正确的自然观、生态观的教育，是教育对象思想政治教育的一个重要组成部分。通过对马克思主义自然观、生态观的学习，可以帮助教育对象深入了解正确的生态观和自然观的方方面面，进而树立起正确的自然观和生态观。

二、形式创新：利用新的载体进行思想政治教育

在思想政治教育中，行动有时候比语言更有作用。思想政治教育课的教师，一定要率先垂范，以身作则，不能嘴上说一套，做的又是另外一套。就语言载体来说，随着科技的进步，随着时代的发展，在思想政治教育中，靠课堂讲授、口口相传的这种语言载体传授方式，已经比较落后了。以后人们又认识到，要使思想政治教育能够有效地进行，凡是与思想政治教育相关的因素都可以转化成为思想政治教育的载体。

（一）思想政治教育的载体创新

进入到思想政治教育的新时代，教育的载体不断创新，不断推进思想政治教育工作的发展。近年来，人们对于思想政治教育的新发展也变得更加关注。

首先，思想政治教育载体的创新和应用主要表现在对于传统载体的改造上。一部分传统的思想政治教育载体，例如语言载体、课堂讲授载体等，随着时代的发展，功能发挥已经非常有限，不能适应新时代的发展需求。因此，为了适应新的时代发展需求，必须将传统的载体和最新的科学技术结合在一起，随着时代的发展推动思想政治教育的进步。在传统的思想政治教育载体之中，多媒体和网络技术的应用对于思想政治教育教学工作来说能够以更加形象的方式展现思想政治教育的课程内容。

其次，新型思想政治教育载体的创新以及应用。网络技术的发展使人们发现思想政治教育载体的新可能性，例如开设思想政治教育的网站，构建思想政治教育的新媒体，等。在大数据的发展下，思想政治教育活动也可以利用大数据展开个性化的思想政治教育活动。

最后，思想政治教育载体的创新运用，还表现在整合多种载体的功能上。要加强教

育对象的思想政治教育，需要整合传媒如网络、报刊等多种载体来进行，因为进行思想政治教育，社会也具有义不容辞的责任。只有社会与传媒如网络、报刊等形成联动效应，才能增强教育对象思想政治教育的效果。如中央电视台的"感动中国"节目，通过大众传媒这一平台，采取民间推荐、网络投票、专家推选等形式，评选出在各个领域做出杰出贡献的年度人物。这些年度人物本身，就具有思想政治教育的作用，教育对象能够从他们身上感受到高尚品格和精神的力量。这就是综合运用大众传媒如报刊、网络、电视等形成的具有时代感的整合载体典型案例。这种载体整合的形式，也日益为教育对象所接受。

（二）充分利用网络载体对教育对象进行思想政治教育

网络的发展在给高校带来许多管理问题的同时，也提出了如何增强思想政治教育载体的覆盖面，提高思想政治教育实效性的问题。在思想政治教育中，要有效利用网络这一新的载体形式。可以说，如何利用好网络，这对于高校的思想政治教育来说，既是挑战，也是机遇。

1. 建立思想政治教育网站

建立、优化高校教育对象思想政治教育网站。各个机构都可以根据自己的实际情况，建立思想政治教育网站，用积极、正确、健康的政治思想、道德文化占领网络阵地。各个地方的宣传部门，还可以因地制宜、因时制宜，重点规划，打造一些在教育对象中有吸引力、有影响力的思想政治教育网站，做成品牌网站，辐射全社会。要充分利用网络，在网上开展丰富生动的思想政治宣传教育。可以将思想政治教育的内容如社会主义核心价值观融进电影、电视、故事当中以及各种知识读本当中。要利用网络，及时了解教育对象的思想动态和他们关注的热点、难点问题，有针对性地做好对教育对象的教育引导工作。要及时纠正网络上的一些重大错误信息，要利用思想政治教育网站来传递社会正能量，批评错误言论。

还可以充分利用其他网站的资源来进行思想政治教育。如可以利用娱乐网站来对教育对象进行思想政治教育，寓教于乐。另外，现在一些具有很高点击率的新闻媒体网站和商业网站也可以作为思想政治教育的平台，思想政治教育方面的专家可以在这些网站上针对社会上的热点、难点问题发表专题评论，这样可以起到引导社会舆论的作用；还可以在这些热门网站的 BBS 上进行思想政治教育方面相关问题的讨论，让这些新闻媒体网站和商业网站的高用户量带动和深化网络思想政治教育，扩大思想政治教育的影响力。

2.倡导网络道德，推动道德自律

教育对象上网，既可能成为信息污染的受害者，同时也可能是信息污染的制造者、传播者。要对教育对象进行网络思想政治教育，进行网络伦理、网络法制教育，使其具备网络政治意识、网络法制意识和网络道德意识。只有帮助教育对象树立起正确的网络政治意识、网络法制意识和网络道德意识，才能引导教育对象自觉抵制网络垃圾的侵蚀，做健康舆论的维护者和遵纪守法的文明网民，并自觉维护网络上的秩序；还可以开展丰富多彩的网络科技文化活动，提高教育对象的网络素质。例如，可以充分利用思想政治教育方面的资源优势，在教育对象中开展以思想政治教育为主题的网络知识、网络创意竞赛活动，在网络活动中全面提升教育对象的网络思想道德素质。

3.加大上网引导与教育，传播社会正能量

从教育对象对网络的实际运用情况来看，网上聊天、微信、博客和玩网络游戏成为许多教育对象上网的主要内容。因此，要引导教育对象正确上网，运用教育对象在网上的活动能力来扩大网上社会正能量的传播速度，还要充分挖掘互联网上丰富的思想政治教育资源，提高教育对象对网络有效信息的运用能力。

（三）利用传媒载体的创新

传媒载体是思想政治教育载体的一种现代形态。所谓传媒，是大众传播媒介的简称。传媒是指承载、传递信息的物理形式，包括报纸、杂志、广播、电视、电影、网络，等等。其中，电视、报纸、杂志、广播、网络对教育对象的思想影响最为深刻，是我们所要重点考察的思想政治教育载体。

1.充分利用大众媒体

大众传媒在传播信息方面具有大容量、高速度、多维度等特点，如果都能够自觉传播马克思主义的思想意识，就能够对教育对象形成正面的影响。因为现代传媒已经对人们的学习、生活和成长的环境进行了全方位的渗透，已经成为他们成长和成才最重要的

影响因素之一。有研究表明,目前教育对象对社会的基本认识、对社会现象的把握甚至教育对象的人生观和价值观的形成,很大部分的影响来自传播媒介。在高校的思想政治教育当中,要正确地利用大众媒介的作用。有研究表明,目前思想政治教育对教育对象的影响在降低,而大众传媒对教育对象思想政治品德形成和发展的影响却在提升。面对这一问题,高校不能回避,只能积极应对。一是呼吁大众传媒积极传递马克思主义的思想观念和价值观念;二是引导学生正确明辨是非;三是要善于利用好大众媒介来推进思想政治教育。对于大众传媒中有利于马克思主义思想和社会主义核心价值的观点,我们要组织学生学习;对于大众传媒中不利于马克思主义思想和社会主义核心价值的观点,我们要组织学生讨论,自觉抵制这些观点。

2. 发挥媒体的思想政治教育功能

要利用大众传播媒介对教育对象的政治思想产生积极影响的一面。大众传媒积极传播马克思主义思想意识和社会主义核心价值观,有利于教育对象极为便利地获取正面信息,提高教育对象的政治认知能力、价值判断能力和选择能力,从而加速教育对象正确世界观、人生观、道德观、价值观的形成和政治素质的提高。但一些大众传媒的商业追求,又会导致负面信息的泛滥和失真现象的发生,这对教育对象世界观、人生观的形成会带来不良影响。对此,党政部门和高校都要保持高度警惕。

利用大众传媒丰富教育对象的业余文化生活,寓教于乐,有利于教育对象的全面发展。可以说报纸、杂志、电视、网络与教育对象朝夕相伴,看视频、听音乐是很多教育对象的休闲方式,弘扬正确的世界观和人生观的电影电视作品、品格高雅的音乐,都有助于教育对象的政治思想、道德品质教育。但个别大众传媒的消费主义、功利主义、庸俗化等倾向,又容易导致教育对象价值取向发生偏离和混乱。在市场经济条件下,传媒产业为了在激烈的商业竞争中取胜,往往将商业传播放在首要地位。而商业化传播的特点是讲求经济效益和阅读快感,它助长了一些平庸、低俗的“文化快餐”的产生,这将导致青年一代急功近利思想的产生,助长青年的功利意识,如果不尽快加以纠正,就会使青年逐步丧失社会责任感。

思想政治教育工作者要有做好大众媒介“守门人”和把关人的自觉意识,要在正确思想的指引下,用马克思主义意识形态和社会主义核心价值观占领校园大众媒介这一阵地，尽量避免不良媒体进入大学校园。对于青年的培养来说，媒体是一个你争我夺的领域，在这个领域里，各种社会思潮和各种意识形态都在争夺控制权和发言权。我国是社会主义国家，全社会都要从意识形态安全的角度出发，坚持正确的思想价值导向，规范、提升大众传媒的传播导向。

三、方法创新：创造新的方法推进思想政治教育

与时俱进创新思想政治教育，除了教学内容创新、教学形式创新外，还包含教学方法的创新。近年来，在思想政治教育教学方法的创新方面，主要有探究式学习、激励式学习和讨论式学习等几种方式。

（一）探究式学习与思想政治教育

探究式学习是当前国际上比较流行的一种教育方法，主要是学生构建知识、形成科学观念、领悟科学研究方法、学习探究事物本质的各种活动。在思想政治教育活动中，要仅仅把握其基本思想特征，围绕以下几个流程开展教育。

第一步，学生要围绕问题展开探究活动。在思想政治教育中，所谓问题是针对教育对象的世界观和人生观形成而提出的问题。例如，一个人为什么要活着？人生的意义是什么？为什么要树立共产主义理想和信念？怎样树立社会主义核心价值观？怎样树立高尚的道德品质？爱国主义怎样体现？为什么要遵纪守法？怎样锻炼自己成为德、智、体、美等方面全面发展的社会主义建设者和接班人？等等。问题的提出必须与学生必学的"马克思主义基本原理概论"课程、"毛泽东思想和中国特色社会主义理论体系概论"课程、"中国近现代史纲要"课程、"思想道德修养与法律基础"课程以及"形势与政策"课程的内容和概念相联系，教师的教学必须围绕问题而展开，并且要能够引导学生进行社会实践和调查研究，引导学生收集调查数据和利用数据对一些社会现象做出解释。另外，在思想政治教育中，还要善于结合社会上的热点和难点问题提问。这样，在课堂上，一个有争议的热点或者难点问题，就足以带动（引发）学生对于世界观和人生观这类基本问题的探究，能激发教育对象的求知欲望，并能引出学生对自己人生道路的思索。

第二步，帮助学生获取解释和评价问题的证据。为什么我国要坚持走有中国特色的社会主义道路？为什么我们要坚持社会主义不动摇？为什么我们要坚持社会主义核心价

值观？这些是与我们每个中国人都息息相关的问题。思想政治教育，不能只是简单的说教，要用事实说话。例如，对于为什么我国要坚持走有中国特色的社会主义道路这一问题，要以事实证据为基础来探讨和说明中国近代以来所走过的道路和我们今天所取得的成就。学生在社会实践中也可以获得人民生活水平日益提高的证据。如果学生们还有什么疑问，还可以通过书籍阅读、资料查询和相互讨论来进行思考。因为我们承认问题是可以被质疑和进一步调查研究的。

第三步，引导学生根据事实形成对问题的回答。要以事实为依据来对问题进行解释。在此基础上，教师要引导学生分析问题并进行回答。当然，问题的答案还要接受质疑，这也是探究深化的过程。例如，对于我国为什么要走有中国特色的社会主义道路这一问题，即使有很多学生已经根据社会实践和调查研究获得了中国人民走这条道路取得胜利的数据资料和人民幸福生活的实例，已经对这个问题做出了肯定的回答，但是，有的学生可能还是不认同这一答案。我们也允许学生质疑这一答案。在学生们对答案进行质疑的时候，我们可以从反面提出问题来供学生们思考：中国如果走资本主义道路行不行？教师就要引导学生查阅历史资料，回顾中国的近现代史，孙中山先生也曾经领导中国人民进行过资产阶级革命，但是，那条路行不通。我们要在质疑答案中，让这一问题的答案变得更加清晰，让学生对中国特色的社会主义道路产生认同。

第四步，引导学生评价自己的答案，修正问题答案。探究就是要深究问题。学生通过比较其他可能的解释，来评价他们自己对问题的答案，并且对解释进行修正，甚至是抛弃。在这种比较和抛弃过程中，有的学生就可能修正自己的解释，转变自己的看法。当大量的调查研究和数据资料都在显示我们选择的正确道路的时候，对中国特色社会主义道路的认可，也可以在学生对问题的解释修正过程中得到加强。

第五步，交流和阐述问题答案。教师与学生之间、学生与学生之间要交流和阐述他们对问题的答案，相当于成果交流。在这一过程中，可以让学生们审视自己的思辨过程，让思路变得清晰。这就要求学生要清楚地阐述研究的问题、程序、证据、提出的解释和得到的结论，接受教师和学生的提问。课堂上，学生们的交流和阐述甚至争论，也使得别的学生有机会对这些问题进行思考。学生间相互讨论各自对问题的解释，还能够引发一些新的问题。这一过程，是探究式教与学的必要过程。

（二）激励法助推思想政治教育

激励法，是指运用奖励、鼓励、表扬等手段，来达到激励教育对象努力学习的方法。激励法有物质激励、精神激励和情感激励等。很多人比较看重物质激励，比较轻视精神激励和情感激励，我们认为这种做法是不对的。在一定的情况下，人的精神的力量和情感的力量也是非常强大的。激励法应该将物质激励、精神激励和情感激励结合使用。在本书中，我们重点讨论如何运用情感激励这一新方法。情感激励法，又叫非智力因素激励法。非智力因素激励法，主要是指对教育对象的非智力因素的激励。通过在思想政治理论课的教学过程中，激励教育对象的情感等非智力因素，来达到提高思想政治教育实际效果的目的。

非智力因素主要是指人的情感、意志等感情因素。激励非智力因素教学方法是比较新兴的教学方法之一，它强调在教学过程中，应重视对学生兴趣的培养和意志力的锻炼，以达到让学生主动接受知识、乐于学习、乐于应用的教学目的。对于高校的思想政治教育来讲，运用非智力因素激励法，从激发学生们对于马克思主义的情感认同出发，以达到学生们通过学习而自觉接受马克思主义、运用马克思主义的目的。这对思想政治教育而言，是十分必要的。

首先，从马克思主义普遍联系的观点来看，非智力因素是教育对象的能力构成因素中的重要组成部分。马克思主义普遍联系的观点认为，人的学习过程是由认识过程、情感过程和意志过程这三大过程构成的动态复合过程，单纯由认识过程构成的学习过程是不存在的。在学习过程中，人的认识能力起着决定性作用，它直接影响着学生对知识的掌握情况。但没有兴趣的学习活动将是枯燥乏味、使人厌倦的；没有坚强意志的支撑，也不能自觉地完成学习的全过程。目前，一些学生就反映，在上思想政治理论课程时，有时候就觉得枯燥乏味，其中的一个原因就在于学生们还没有在感情上接受这类课程。这就需要我们激发起学生们对马克思主义认同的情感、对无产阶级认同的情感。然后在有兴趣的状态下，愉快地学习马克思主义。

其次，从心理学角度来看，激励非智力因素的教学方法符合学生发展能力的客观要求。心理学认为，能力发展的心理规律有三条。第一条规律：认知水平是能力发展的基础。即以观察、记忆、想象为基本特征的思维发展水平的高低及其所掌握的知识的广度和深度等，是直接制约能力发展的基础因素。但是，认知水平的高低并不等同于能力的高低。就像一个可以背诵唐诗三百首的人并不一定就是诗人一样。第二条规律：情感是能力发展的动力。情感是指人在认识客观事物和现象时，总是带有一定的态度，或者喜欢或者讨厌，或者崇敬或者鄙视，等。人的热烈的情感追求是获取思想政治教育知识从而发展能力的巨大推动力量。学生在所学的知识当中，只有与热烈的情感相随的知识，才最具有活力、最具有价值，因而能永远铭刻在学生的记忆深处。正如列宁所说，没有人的情感，就从来没有也不可能有对真理的追求。第三条规律：坚强的意志力是发展能力的保证。意志是指人自觉地确定目的，并根据既定的目的来支配和调节自己的行为，克服重重困难达到目的的心理过程。学生各方面能力的充分发展都离不开坚强的意志力作为保证。教育对象对思想政治理论课程的学习过程，也像长跑运动一样，只有顽强意志力的支撑，才能最终跑到终点并取得胜利。因为学习总是有难度的，重视对学生意志力的培养，还有利于他们毕业后的工作和学习，使他们具备面对各种困难的勇气和心理承受能力。

最后，从人才学角度来看，激发非智力因素有利于培养学生成才。人才学的研究发现，一个成功人才的秘诀大体上可以用这样一个公式来表示：成功＝中等智力＋热烈的追求＋顽强的毅力。其中，热烈的追求和顽强的毅力均属于人的非智力因素。可见，激励非智力因素，培养学生热爱马克思主义的情感和意志，有利于教育对象成才。

通过激发教育对象的情感、意志等非智力因素参与到学习中，对于提高思想政治教育的教学效果有着重要的作用。当然，我们也要看到，情感、意志等非智力因素的激发，需要一定的方式方法，有的需要通过对学生做耐心细致的思想工作才能做到。

（三）讨论式学习助推思想政治教育

为了改变我们长期习惯的"牧师布道式"教学方法，打破学生被动学习的局面，目前很多高校在思想政治理论课程的教学中，都进行了教学方法的创新。一些学校进行了集专题表演式、讨论式、辩论式等教学方法于一体的课堂综合教学形式，取得了较好的教学效果。

集表演式、讨论式、辩论式等教学方法于一体的课堂讨论，可以说是一种课堂讨论新形式。在进行课堂综合讨论前，必须先把这一综合讨论形式向学生们做详细的介绍，使学生们能够预先熟悉其具体程序和讨论中必须遵循的原则。

选择讨论题的过程中，教师要特别注意这几个方面：一是紧扣课程内容选题，不能使选题远离教学计划和讲授内容。二是尽量选择有现实意义的讨论题目，这也就是大家常说的热门话题。热门话题的选择有利于激发学生的兴趣。三是选择那种既有较高学术价值，又能经过讨论使学生大受其益，乃至对他们世界观、人生观、价值观的培养有益，对他们今后的工作生活都有所帮助的题目。

对整个讨论的总结，是放在学生们将提纲修改好并上交给导师组批阅后进行，时间上有一定间隔。为了缩短间隔时间，在学生们对讨论还有很深的记忆时作总结，这就要求导师组抓紧时间批阅提纲。教师的总结方式可以是通过对学生们提纲的修改，参考讨论情况，结合学生们的讨论，并抽出几份在观点、立意上都比较新颖、有代表性的提纲进行典型性评讲。

从心理学角度而言，青年人有比较强的自我表现欲望，乐于参加争辩性的活动，希望自己的观点能赢得别人的赞同。这些心理特点在综合讨论形式中能得到较为充分的满足。学生们能够畅所欲言，充分阐述自己的观点，学术气氛活跃，充分展示了学生们的聪明好学，有助于培养学生们的能动学习热情。同时，有关讨论题和讨论所涉及的内容，课堂上都没有讲授，课堂讨论完全建立在学生们自学的基础上。整个讨论过程，学生要经历三个阶段：一是将自己的学习心得、观点见解以及说明和论证的方法，在头脑中加工整理。二是表达出来，同时倾听别人的见解。三是既要论证自己的观点，又要反驳他人的观点。这三个阶段都使学生大脑处于高度兴奋之中，强化了学习效果，锻炼了学生的逻辑思维能力、材料组织能力和口头表达能力。课堂综合讨论形式，比较好地达到了通过课堂讨论激发学生们的思维、培养其综合能力的目的。

课堂综合讨论对教师而言，也有锻炼提高的作用。因为教师需要努力钻研业务，精通所讲授学科的基础理论，并尽可能地多掌握一些高等教育学、青年心理学以及有关教学法等方面的知识；只有具备较宽广的知识才能驾驭课堂讨论。

组织课堂综合讨论，使教师工作量大大增加了。一是要求学生做到的，教师必须首先做到。首先教师自己应对讨论题有较多的研究，有充分准备。而且教师应当充分认识到在讨论中，自己和学生处于平等的地位，但教师又不应当等同于学生，在讨论中要起主导作用，对讨论的气氛、问题及时加以引导。二是批阅讨论提纲，工作量相当大。收上提纲后又要求能尽快进行评价，这就要求教师们抢时间、保质量，只有这样才能做出令学生们比较满意的评讲。三是锻炼了教师间的团结合作精神。因为教师们要组成导师组，由导师组来共同对学生的综合讨论结果给出评价，这样可以尽可能地降低教师个人评价的主观性，让评价更加客观。

　　总之，课堂综合讨论对教师的压力是很大的，不仅要求教师拟出恰当的有讨论价值的讨论题，而且必须做好讨论的课前辅导和讨论的课后总结。

第五章　高校马克思主义思想政治教育

第一节　高校马克思主义思想政治教育的重要意义

在我国，马克思主义是党和国家的指导思想，在意识形态上居于核心地位。坚持在高校开展马克思主义思想政治教育，是坚持无产阶级和社会主义国家意志和利益的体现，是时代赋予大学的历史责任，是我国高校坚持社会主义办学方向的根本所在，是不以大学生的个人兴趣、专业为取舍的政治行为。用马克思主义思想政治教育广大青年学生，用科学世界观武装其头脑，充分发挥先进理论的指导作用，始终是社会主义高等学校的根本任务。高校马克思主义思想政治教育的目的就是为学习、传播马克思主义服务，促使大学生不断地接受、掌握马克思主义，使科学理论更多更好地进入大学生的头脑，转化为大学生的思维方式、认识工具和行为规范，转变为巨大的精神力量和物质力量，并以此来改造客观世界和主观世界。无论在社会进步中，还是学生的发展历程中，高校马克思主义思想政治教育都有着重要的作用和功能。

一、高校马克思主义思想政治教育是大学生自身健康成长的内在需要

马克思主义思想政治教育是马克思主义理论本身的内在要求，是社会主义事业不断发展、创新的实践需求。理论尤其是正确理论的内在要求主要有两个方面：一是回到实践中去，在实践中掌握群众。马克思认为："理论一经掌握群众，也会变成物质力量。理论只要说服人，就能掌握群众；而理论只要彻底，就能说服人。"高校是培养我国社会主义建设人才的大本营，是青年成才的摇篮。青年大学生朝气蓬勃，尽管已经形成了初步的世界观、人生观和价值观，对许多问题也有自己的见解，但离成为社会主义建设

种文化观念相互交织和激荡，实用主义、功利主义、自由主义、多元主义、极端个人主义、拜金主义、享乐主义、利益至上原则等在社会上大行其道。这些变化必然导致大学生对过去较为统一的思想观念、生活方式、行为准则以及人生观、价值观，由认同走向迷惑或质疑。因此，为了使大学生能够正确把握国际国内形势，抑制腐朽思想文化对大学生的侵蚀，我们就要加强马克思主义思想政治教育，在我国意识形态领域要用它去占领大学生思想主阵地。

首先，马克思主义思想政治教育有利于大学生认清国际形势的发展。21 世纪是一个世界形势风云变幻、经济全球化浪潮日益高涨的新时期。在以和平与发展为主题的大背景下，当今国际形势的总体特征主要表现为：政治多极化在曲折中发展，经济全球化浪潮汹涌澎湃，科学技术进步异常迅猛。在这复杂的国际局势下，我们面临着长期而艰巨的国际压力，渗透与反渗透、遏制与反遏制、分裂与反分裂、颠覆与反颠覆的斗争将长期存在，并且异常尖锐。而其中意识形态领域争夺阵地的斗争则是关系到党和国家社会主义制度前途、命运的大事和要事。我们必须牢固树立全民特别是作为祖国未来、民族希望的高校大学生思想的"阵地意识"。因此，我们要粉碎西方资本主义对我国实施西化、分化的图谋，就必须坚守社会主义思想阵地不动摇；坚持和加大高校思想政治教育中对马克思主义理论的灌输力度，用马克思列宁主义、毛泽东思想、邓小平理论、"三个代表"重要思想、科学发展观、习近平新时代中国特色社会主义思想牢牢占领当代大学生意识形态的阵地。这是一项重要而又紧迫的政治任务，关系到我国高校大学生能否健康的发展。我们教育者要明确认识到马克思主义作为科学的世界观和方法论，完全可以使当代大学生明辨是非，有选择地吸收外来精华，去除糟粕，就看我们是否能实施有效的马克思主义思想政治教育，使其进入大学生的头脑，成为他们的批判武器。

其次，马克思主义思想政治教育有利于大学生把握国内转型时期的特殊环境。目前，我们正处于社会转型期，社会转型给青年大学生价值观的塑造带来客观要求。在这一转变过程中，不同文化的相互激荡、相互碰撞、相互制约和相互渗透，各种社会矛盾相对集中，同时进行着传统与现代、东方与西方、社会主义与非社会主义等思想的相互交织、相互融合，这必将给当代大学生的思想观念和内心情感带来变化，其中包括价值观念、伦理道德等方面的变化。除此，在社会上存在一些负面影响也给大学生的价值观带来冲击，具体表现为：一些大学生政治信仰模糊，功利意识严重；一些大学生价值取向扭曲，重物质利益轻无私奉献，重等价交换轻爱心付出；一些大学生知行脱节，对社会主义道德的一些基本内容虽了解，但实际行动又是另外一种表现；更有不少学生把注意力转向自我，忽视社会发展需要，缺乏强烈的社会责任感。因此，在大学生中推进马克思主义大众化，对于他们抵御各种错误思潮的影响、树立马克思主义信仰、坚定正确的政治方向、正确认识当前国内外形势具有重要意义。社会转型期也是价值观的反思、裂变、更新和塑造时期，这更使得大学生在价值观方面产生诸多迷茫、困惑和疑问，迫切需要以社会主义核心价值观加以强有力的引导。总之，当今社会纷繁复杂，在充满竞争的同时又充满各种诱惑，这对于大学生来说，很容易产生困惑，而正确的理想信念就是引导大学生走出困惑的指针。因此，为了使大学生能够正确把握社会转型这一特殊时期，抵制腐朽思想文化的侵蚀，就要加强高校马克思主义思想政治教育。唯有如此，才能保证大学生有正确的政治方向。

（三）马克思主义思想政治教育培养大学生科学的思维方式

在当今科技迅速发展的社会，面对着世界信息量的激增，科学技术和物质生产的迅猛发展，个体在提升个人的素质、不断完善自己人格的同时，还要具有科学的思维方式。科学的思维方式，即用科学的立场、观点和方法去认识与改造世界。思想政治理论课教育以马克思主义方法论为指导，以马克思主义理论的完整科学体系为其坚实的理论基础，它对人们科学思维方式的形成有重大的积极意义。在传授辩证唯物主义和历史唯物主义科学知识的过程中明确地指出，它以培养人们辩证的和历史的思维方式为目标，寓科学的思维方式于丰富的知识内容中，这使得受教育者摆脱了教条主义、本本主义的形而上学思维方式，全面地、客观地、实事求是地认识与解决问题。思想政治教育理论课不仅培养人们抽象的辩证思维方式，更重要的是它使学生养成理论联系实际、一切从实际出发的思维方式。如在钓鱼岛问题上，国家及各级有关部门和学校都对学生进行正确的舆论引导，使学生全面地看待问题，把强烈的爱国热情转化为巨大的学习动力。思维方式决定一个人的工作方式、行为方式和生存方式。随着时代的发展，新事物的不断涌现，思维方式也在不断地进行着新老交替。当前，我国社会实现科学发展迫切需要科学的思维方式。科学的思维方式不但能使我们的思维更加符合实际、更能把握客观规律、更好认识事物本质，而且能够使我们比较清晰地认识和把握经济社会发展的各个因素、各个层面之间的内在联系，从而在错综复杂的经济社会发展中认识和把握经济与社会、人与自然之间的相关联系与相互作用，并对发展中出现的问题和现象快速反应，准确判断，科学决策，及时处理。因此，科学的思维方式的培养就显得十分重要。

马克思主义理论特别是其中的马克思主义哲学十分有助于培养大学生科学的思维方式。马克思主义哲学的各部分都对人们在科学认识活动中探索未知的能力有着启迪作用。例如，马克思主义哲学中的唯物论部分，告诫人们在理论思考和创新的过程中不能从主观臆断的想当然出发，而要从物质第一性出发，做到一切从实际出发，实事求是。辩证法部分则为人们的思维创新提供了辩证思维的科学方法，它告诫人们在思维创新过程中应该坚持矛盾分析方法，把握矛盾的特殊性及其特点，做到两点论和重点论结合，反对形而上学的均衡论和一点论。而认识论部分通过对思维创新必备的物质条件——认识主体的缜密分析，告诫我们要提高人们的理论思维和思维创新能力，就必须提高主体的自身素质，正如恩格斯所说："事实上，世界体系的每一个思想映象，总是在客观上受到历史状况的限制，在主观上受到得出该思想映像的人的肉体状况和精神状况的限制。"而高校马克思主义思想政治教育正是通过影响认识主体的精神状况来最终影响大学生的思维方式。

因此，在具体教育过程中，一是坚持以实践思维为基础的理论思维方式，为大学生树立正确的理想信念提供思想方法。以实践思维为基础的理论思维方式强调，"人应该在实践中证明自己思维的真理性，即自己思维的现实性和力量，自己思维的此岸性"，全部社会生活在本质上是实践的。凡是把理论引向神秘主义的神秘东西，都能在人的实践中以及对这个实践的理解中得到合理的解决。依据这种理论思维方式帮助大学生树立和坚定正确的理想信念，最重要的是帮助大学生形成理论与实际相结合的观察和认识的思想方法。二是坚持唯物辩证的思维理性，注意引导青年学生经常进行"透过现象看本质"的思维训练，为树立正确的理想信念不断扫除思想障碍。一些学生有这样一种误解，即认为马克思主义是一百多年前的理论，现今时代已发生极大变化，仍然坚持显得"过时"；相反，资产阶级的意识形态虽然也有几百年的历史，但不断有新的代表人物出来更新理论，因而应当是"先进"理论。事实上，马克思主义虽然产生在一百多年前，但它据以产生的历史条件并未消失，因而它的基本理论思想并未过时。同时，现在运用的马克思主义显然已不是纯粹"原版"的马克思主义，而是随着时代发展而发展了的马克思主义，不能因"名字"未变而断言它"过时"。一百多年来，没有哪一种理论、学说能像马克思主义那样保持勃勃生机，对推动社会进步起那样巨大的作用，造成那样深远的影响。尽管现在世界上的情况有很多新变化，但历史发展的总趋势并没有越出马克思主义经典作家所揭示的基本规律。反之，资产阶级意识形态虽然名称在不断变化，但其基本思想却是一以贯之的，因而整体说来也根本谈不上什么"先进"。在教学中，这样的例子很多。经常通过研讨、对话等方式引导学生分析这类问题，学会透过现象看本质，加强辩证思维训练，应是进行理想信念教育的题中应有之义。

二、高校马克思主义思想政治教育是社会主义现代化建设的迫切需要

（一）是关系当前党和国家工作全局的战略任务

共产党是马克思主义政党，我国是社会主义国家，我们的指导思想当然只能是马克思主义。党和国家工作全局的战略任务的制定与部署是在马克思主义指导下进行的。如果当代大学生不具备马克思主义的一般常识，不具备马克思主义的科学世界观和方法论，就不可能具备与党和国家一致的思维方式，也就根本不可能清晰地认识和理解党和国家的工作布局，又怎么可能参与其中完成历史重任呢？因此，高校马克思主义思想政治教育能否顺利开展，能否发挥其对大学生进行思想教育的功能，使大学生树立马克思主义信仰，学会用马克思主义的世界观和方法论去认识世界、改造世界就至关重要。

1. 高校在全面建设小康社会中的重要作用

高校在全面建设小康社会中扮演着重要而不可替代的角色。作为社会发展的智力支柱和人才培养的重要阵地，高校在各个层面都对小康社会建设具有举足轻重的影响。首先，高校是人才培养的摇篮。高等教育的主要任务之一就是培养各领域的专业人才，这些人才将直接参与和推动小康社会的各个领域的建设。高校应该注重学科的结构优化，培养既有专业素养又具有跨学科综合能力的优秀人才，以更好地适应小康社会的发展需求。其次，高校在科研和创新方面发挥着引领作用。科技创新是实现小康社会的关键推

动力之一。高校作为科研机构，应当不断加强科学研究，培养具有创新精神的科研团队。通过推动前沿科技的发展，高校可以为小康社会的各行各业提供技术支持和创新动力。再次，高校还肩负着社会服务和人才输出的责任。通过开展社会实践、人才培训、技术咨询等活动，高校可以为地方社会经济的可持续发展提供智力和专业支持。高校毕业生的输送更是为各行各业提供了新鲜血液和专业技能，促进了小康社会建设的全面展开。最后，高校还是文化传承和创新的场所。文化的繁荣和传承对于构建小康社会至关重要。高校应当注重人文社会科学的研究与传承，培养具有文化素养的人才，传递中华优秀传统文化，同时推动当代文化的创新和发展。总体而言，高校在全面建设小康社会中既是人才培养的主力军，又是科研和创新的重要推动者，同时承担着社会服务和文化传承的责任。其作用不仅体现在为小康社会提供各类人才，还在于为社会经济、科技、文化等多个层面的发展提供了智力和创新的支持。通过高校的努力，小康社会的建设将更加全面、均衡和可持续。。

2. 青年学生是中国特色社会主义事业建设的重要力量

一个有远见的民族，总是把关注的目光投向青年；一个有远见的政党，总是把青年看作推动历史发展和社会前进的重要力量。青年学生是中国特色社会主义事业未来的建设者和接班人，青年学生的能力和素质决定着国家和民族未来的发展命运。加强学风建设，使终身学习、全面学习的理念得到青年学生的认同并以之为行动的指南，是高校学习型党组织建设的重要任务。要引导青年学生既关注现实世界，又经常仰望天空，学会做人，学会思考，学会知识和技能，做关心世界和国家命运的人。要培养和监督青年学生的学习习惯，既要学好课堂上的专业知识，又要积极拓展其他领域的知识获取，提高自身的综合素质。要使青年学生成长为中国特色社会主义事业的合格建设者和可靠接班人，不仅要大力提高他们的科学文化素质，更要大力提高他们的思想政治素质。只有具备了良好的品德，才有忠于社会主义事业、为人民服务的恒久动力。在青年大学生的成长过程中，高校的马克思主义思想政治教育无疑起着主导性作用。

青年大学生是人才资源中重要组成部分，是我国人才发展的后续力量，代表未来人才的发展方向。青年大学生是中国特色社会主义现代化建设的生力军。中国社会主义建设所必需的合格人才是有理想、有道德、有文化、有纪律，面向未来、面向世界、面向现代化的人，因而我们高校除了要给学生以技术知识教育外，还必须对其进行充分的马克思主义思想政治教育。

在新世纪新阶段，党中央审时度势，高度重视大学生思想政治教育。重视大学生思想政治教育工作是我们党和国家的一个具有战略意义的优良传统。大学生是宝贵的人才资源，是民族的希望，是祖国的未来。加强和改进大学生的思想政治教育，提高他们的思想政治素质，把他们培养成中国特色社会主义事业的建设者和接班人，对于全面实施科教兴国战略，确保我国在激烈的国际竞争中始终立于不败之地，确保实现全面建设小康社会、加快推进社会主义现代化的宏伟目标，确保中国特色社会主义事业兴旺发达、后继有人，具有重大而深远的战略意义。

3.国情对青年大学生的素质要求

全面建设社会主义现代化国家，需要广大青年具有较高的马克思主义理论素养，具有坚定的社会主义信念，具有强烈的爱国主义情怀，具有高尚的道德品格和健全的身心。只有这样，青年学生才能具有无限的动力刻苦学习，全身心地投入社会主义现代化建设的主战场。青年学生的素质和命运必将决定党和国家的命运。

改革开放以来，社会主义现代化建设取得了举世瞩目的巨大成就，但也面临着不少发展问题，并不同程度上影响着大学生的思想状况。城乡区域发展和收入分配差距仍然较大；群众在就业、教育、医疗、托育、养老、住房等方面面临不少难题；铲除腐败滋生土壤任务依然艰巨，等等。这些问题不同程度地影响到学生的学习热情甚至日常生活的心理。他们是否能够认识到国家所处的严峻的国际国内形势，是否有能力理解和分析国内外各种矛盾，能否把中国特色社会主义这面旗帜扛下去，能否全面、成功推进中国的改革开放，能否为所要实现的物质文明、政治文明、精神文明和生态文明的目标而努力工作、艰苦奋斗。他们的思想道德素质、科学文化素养和身心素质如何，直接关系到人才强国战略的落实。

总之，青年大学生精神需求的满足和精神生活质量的不断提升，思想道德素质、科学文化素质和健康素质的不断提高，维护、享受自己政治、经济、文化权利能力的不断增强，进而实现自己的全面发展，都离不开科学而有效的马克思主义思想政治教育。高校马克思主义思想政治教育的根本任务，就是用中国特色社会主义理论武装学生头脑，用爱国主义、集体主义、社会主义的精神，培养大学生具有民族自豪感、时代使命感和奋斗紧迫感。马克思主义思想政治教育是我们党和社会主义国家的政治优势。新时期，马克思主义思想政治教育功不可没。在这个问题上我们不能有丝毫动摇。只有切实加强高校马克思主义思想政治教育，培养造就千千万万具有高尚思想品质和良好道德修养、掌握现代化建设需要的丰富知识和扎实本领的优秀人才，使大学生能够与时代同步伐、与祖国共命运、与人民齐奋斗，才能确保党和人民的事业代代相传、国家长治久安。

（二）是应对现实严峻挑战的迫切需要

虽然党和政府一直重视高校马克思主义思想政治教育，但马克思主义思想政治教育不是一劳永逸的事情。当今世界不断发生变化，中国社会也发生着巨变，从而持续地给高校马克思主义思想政治教育提出新的挑战，迫切需要我们进一步加强高校马克思主义思想政治教育，适应新形势，克服新困难，取得新成就。

1. 社会环境的巨大变化

改革开放以来，中国经历了从封闭到开放进而全球化，从以阶级斗争为纲到以经济建设为中心进而实现社会全面协调科学发展和构建社会主义和谐社会，从计划经济向市场经济，从越大越公越好到以公有制为主体的多种所有制经济并存等一系列巨大变革。今天我们的社会主义观已经发生了极大的变化，再加上苏联、东欧社会主义国家偏离社会主义道路和中国改革开放过程中存在的一些弊端，价值观念多元化的出现，使得一些人对马克思主义理论的伟大意义认识不清，马克思主义"过时论"有一定市场，一些大学生对马克思主义理论课不感兴趣，共产主义的理想信念也出现一定危机。

如何处理好改革、发展、稳定的关系，如何在复杂的国际环境和国内形势下顺利推进社会主义现代化建设，是亿万人民群众自己的事业。人民群众的理想信念、精神状态和人心所向，最终决定建设中国特色社会主义事业的成败。但快速的社会转型往往导致新旧观念的冲突，常常是旧的观念已经失去了往日的魅力，而新的观念又难以及时成熟，以致很难完全确立其优势地位，从而导致人们面临思想混乱、信仰危机、价值观念多元而无所适从。如果此状态不能很快改善，将影响中国特色社会主义现代化建设的大局。因此，高校马克思主义思想政治教育就必须要搞好。

2. 新变化、新形势给高校马克思主义思想政治教育带来的挑战

（1）改革开放和社会主义市场经济体制的建立提出的挑战。经过多年的改革开放，我国在政治、经济、文化和社会生活等方面都取得了巨大的成就；综合国力不断增强，国际地位不断提高，这为搞好新形势下高校马克思主义思想政治教育奠定了坚实基础。但我们应清醒地看到，如何在新形势下开展马克思主义思想政治教育，在大学生中树立并坚定社会主义信仰是新世纪、新阶段高校马克思主义思想政治教育面临的新挑战。"改革是中国的第二次革命"，改革引起了各个方面深刻的变化。如在社会主义市场经济体制的建立和完善的过程中，出现了经济成分、利益主体、社会组织方式和社会生活方式、就业岗位和就业形式多样化，表现为人民群众根本利益的统一性和具体利益的差异性、主导价值观选择的统一性和个体价值观选择的多样性等。出现了许多过去计划经济条件下没有遇到的新问题，特别是社会各阶层的收入差距问题、地区发展不平衡问题、经济发展与社会发展不协调问题、生态环境问题、腐败问题等都是其中突出而又是人民普遍关心的问题。此外，封建主义残余思想，包括封建迷信在内的各种愚昧落后思想观念在一些人群中依然存在。

总之，当前中国出现了社会活力迸发、社会财富与日俱增、个性充分发挥的积极局面。但同时信仰缺欠、思想困惑、道德滑坡、行为失范等消极问题也出现了。这些都使高校马克思主义思想政治教育的外部环境发生了重大变化，极大地影响了马克思主义思想政治教育的有效性。在这种情形下，高校本身也在发生着深刻的变革：从过去政府投资的单一渠道办学向多主体投资的多渠道办学转变，从精英教育向大众教育转变，从培养专门型人才向培养复合型人才转变，从国家包分配到学生自主就业转变，从封闭式办学向开放式办学转变。高校的这些变化，使原本处于象牙塔之内的师生员工都受到了双重影响：既有积极的一面，如办学自主性增强等；又有消极的一面，如经济利益至上的市场理念喧宾夺主，在办学中大行其道，使正确的教育指向发生了偏移。这种影响当然也会对高校马克思主义思想政治教育发生作用。

此外，教育对象自身的变化也对马克思主义思想政治教育提出了挑战。高校思想政治理论教育的目的在于使大学生接受马克思主义，掌握马克思主义的基本原理，学会运用马克思主义的立场、观点和方法去分析问题、解决问题，把大学生培养成为社会主义事业的建设者和接班人。思想政治理论教育存在一对基本矛盾，即马克思主义思想政治教育目标的政治性与大学生接受马克思主义理论的选择性之间的矛盾。当代大学生知识面宽，获取信息、接受新知识的渠道较多、能力较强，具有强烈的自尊心，求新求异，思想活跃，自主意识强，有着强烈的自我实现欲望，渴望成功、成才，这是一种积极向上的人生态度和追求。但也要看到，受身心发展与社会环境的影响，大学生认识事物容易片面、偏激，易受外界干扰，特别是由于来自互联网的信息鱼龙混杂，加之开放的时代受西方的社会思潮、价值观念的影响以及我国改革开放过程中出现的一些不良现象的影响，大学生中不同程度地存在着信仰迷茫、理想模糊、诚信缺失、缺乏社会责任感、缺乏合作意识、心理脆弱等情况。受社会上消极因素的影响，一些大学生中不同程度地存在着怀疑、否定马克思主义理论的倾向，这是当前高校马克思主义思想政治教育需要重视的一个问题。

（2）全球化进程加快提出新课题。全球化的浪潮已势不可挡，作为培养人才、传播文化的重要场所，大学随全球化进程的加快而发生着深刻变化，高校德育工作也面临着新的挑战和发展机遇。在全球化背景下如何继承传统文化并发扬光大，同时吸收外国文化中优秀的文明成果，是我们高校德育工作者必须认真思考和解决的重要问题。"全球化"是一个内涵十分丰富的概念，是一个以经济全球化为核心、包含各国各民族各地区在政治、文化、科技、军事、安全、意识形态、生活方式、价值观念等多层次、多领域的相互联系、影响、制约的多元概念。当前，全球化进程加快，各国联系越来越紧密，相互依赖程度越来越高，日益融为一体。

改革开放以来，我国经济能够获得飞速的发展，与积极参与经济全球化有着直接的密切关系。但伴随经济全球化进程的加快，世界各国的人员交流、文化交流也呈不断加强之势，持续地冲击着我国主流意识形态，使意识形态斗争复杂化。全球化使我国对外开放进一步扩大，决定了我国社会主义现代化建设过程中必然伴随着各种社会思潮的产生和涌入，加剧了学生思想观念、政治态度和价值取向呈现多样化趋势。此外，全球化在一定程度上也消解着爱国主义和民族主义精神。所有这些，都可能导致一些青年大学生对社会主义和共产主义信仰的动摇，使社会主义核心价值观念受到削弱。

全球化是在全球范围内的资源有效配置，但同时它也是不以人的意志为转移的客观历史发展趋势。我们社会主义国家绝不该由于资本主义国家在全球化过程中某些方面占据优势地位而因噎废食，脱离这一过程。我们只能是勇敢地面对全球化的挑战，适应它，利用它而不可能脱离它。因此，培养当代大学生具有全球视野，是新形势下高校马克思主义思想政治教育的必要内容之一。同时，我们也必须使学生能够清楚了解国家参与全球化过程中面临的种种情形，又要使之能够深刻理解世界经济与政治格局变化的性质及其趋势，能够冷静应对这一变化过程中可能出现的各种复杂局面。全球化既不是西化，不是消灭国家和民族，也不是一切走向"趋同"。作为中国未来发展生力军的青年大学生，不仅要具有现代科学技术、世界政治、经济管理等方面的知识和素质，更要具有维护国家主权、国家利益和国家安全的政治素质，以及将爱国主义、集体主义和社会主义教育提升到人的素质的中心地位，成为高校马克思主义思想政治教育的重要任务之一。

第二节　高校马克思主义思想政治教育队伍建设与人才培养

一、高校马克思主义思想政治教育队伍建设的素质要求和路径选择

（一）素质要求

马克思主义理论课教师和思想政治工作人员，是高校进行思想政治教育的骨干力量，是贯彻党和国家的教育方针，培养德智体美全面发展的社会主义事业的建设者和接班人的重要组织保证。多年来，各地和高校采取了很多措施，努力建设马克思主义理论课教师和思想政治工作队伍，取得了明显进展。但是，目前这支队伍新老交替的任务依然繁重，来源不足、后继乏人，与面临的形势、任务还不够适应。应当采取切实措施，致力于建设一支由精干的专职人员与较多的兼职人员构成的，结构优化、功能互补、信念坚定、业务精湛的马克思主义理论课教师队伍和思想政治工作队伍。加强高校马克思主义理论队伍建设，不断提高理论队伍的素质，是推进马克思主义中国化、时代化和大众化的基础和保障。因此，对高校马克思主义理论队伍的素质要求很高，这主要表现在以下几个方面。

第一，要有坚定的政治信仰。邓小平指出："对马克思主义的信仰，是中国革命胜利的一种精神动力。"过去"在我们最困难的时期，共产主义的理想是我们的精神支柱，多少人牺牲就是为了实现这个理想"，正是靠着马克思主义的精神支柱作用，才使我们战胜了各种困难，拥有今天的幸福生活。高校马克思主义理论队伍要具有坚定的共产主义信仰，在实践中不断推进马克思主义中国化、时代化和大众化。

第二，要有明确的政治方向。政治上的先进性，是指政治上的清醒、成熟、坚定，即明确政治方向，站稳政治立场，遵守政治纪律，提高政治鉴别力，增强政治敏锐性，在大是大非面前保持清醒头脑，在关键时刻不迷失方向。在新的历史时期，面对新的形势和任务，高校马克思主义理论队伍必须坚定正确的政治方向，高举中国特色社会主义伟大旗帜，有较高的政治理论素养和高度的政治敏锐性，坚持用马克思主义中国化的最新成果武装大学生。要政治坚定，明辨是非，在关键时刻经得起考验。

第三，要有扎实的理论功底。马克思主义理论功底是指对马克思主义有深刻的理解和造诣，这就需要高校思想政治理论课教师深入研究分析马克思主义理论的发展趋势，以学术的眼光运用马克思主义理论分析当前的社会问题，并创新马克思主义理论视野。因此，高校思想政治理论课教师队伍不但要具备扎实的马克思主义理论功底，掌握中国特色社会主义理论体系、有渊博的相关知识，还需要具有综合运用多学科知识、不断充实、完善和更新教学内容，帮助大学生确立为建设中国特色社会主义而奋斗的坚定理想，增强抵制错误思想和拜金主义、享乐主义、极端个人主义等腐朽思想侵蚀的能力。

第四，要有强烈的创新意识。这就要求高校马克思主义理论队伍要有强烈的创新意识，积极投身于创新活动中去，时刻保持大脑的活跃状态，保持勤于探索的精神，多观察、多思考、多实践、多总结、养成勤奋、好学、好问的好习惯，凡事多问几个"为什么"，潜能就将被逐步开发出来。创新是科学发展观的理论品质和精神灵魂。高校马克思主义理论队伍要深入研究马克思主义理论的基本问题和当代中国马克思主义，立足于建设中国特色社会主义的伟大实践，积极推动理论创新，努力将马克思主义的理论研究成果转化为易于被当代大学生接受的生动形式和具体内容，使高校成为学习、研究和宣传马克思主义的重要阵地。

（二）路径选择

高校马克思主义理论队伍建设作为一个系统工程，通过多种路径发挥综合作用。结合当前高校马克思主义理论队伍建设的难点和重点，可从统筹协调、体制创新、机制创新、制度创新、载体创新等几方面进行路径选择。

第一，体制创新，党务、行政、社会、专家、从业者多位一体。体制创新需要总体性设计和整体性配合，不可能由一两个部门完成，因此，体制创新往往牵涉部门利益。而把自身部门利益"掺入"改革的内容之中，会导致改革与改革之间互相打架，出现政出多门的现象。为此，需要构建一个超越各部门利益的部门，专门管理综合配套改革试验区，审批改革方案，将原来分散于各部门的审批权和管理权统一归入该部门，形成体制创新的协同力量，从而使改革方案的审批能够更快速、高效，同时也有利于监督和指导各试验区改革探索的进程。高校马克思主义理论队伍的管理体制是指理论队伍的组织制度和领导制度，它主要解决高校马克思主义理论队伍管理应当由谁来负责领导、由谁来进行管理以及如何领导和管理的问题。

第二，机制创新，教育、监管、评价、培训、服务有机结合。从高校治理的视角来考虑，制度是组织运行的约束要素，而机制是激励要素。管理的有效性往往体现在制度与机制搭配的有效性上。管理机制下，不能使个体的约束压力过大，否则不能合理激发其主观能动性。高校马克思主义理论队伍建设是一个复杂的系统工程，为了使其按照科学决策和正确规划所设定的目标和任务有序、协调地发展，在运行过程中保持正确的方向，就需要创新理论队伍建设调控机制，实行目标管理、健全反馈体系、强化调控权威。总之，通过建构教育、监管、评价、培训、服务有机结合的综合跟进工作机制，增强高校马克思主义理论队伍建设的实效性，实现高校马克思主义理论队伍建设效益的最大化。

第三，制度创新，选拔、培养、使用、考核、保障跟进到位。制度的创新性是一种非常重要的特性，意指制度的创立或构建不是纯自然的历史过程，它是人们有意识构建的、人工的或人为的产物，或者说，制度是一种人类创新的产物。在人类社会的早期阶段，曾经有一个漫长的历史时期，人们相互之间的关系是一代一代自然形成的，不存在任何真正意义上的制度形式。制度形式的出现是人类对自然形成的关系认识和限定的结果。制度的产生、发展是一个从无到有、从简到繁、从少到多的创新过程。制度从诞生的第一天起，就具有明显的创新性。

第四，载体创新，实践载体、理论载体、传媒载体多样采用。教育改革给高校思想政治教育载体创新提出了新要求。近年来，高校开展了以内部管理体制和创新教育为核心的一系列改革与探索。高校马克思主义理论队伍建设的发展离不开载体创新，载体创新为高校马克思主义理论队伍建设提供了有效的方法和手段，并成为高校马克思主义理论队伍建设必不可少的重要部分。各种载体要充分发挥作用，共同促进高校马克思主义理论队伍建设创新发展。

二、实践视阈下大学生青年马克思主义者的培养

（一）实践性是马克思主义大众化的本质诉求

1. 马克思主义本身来源于实践

马克思主义本身来源于实践，是对实践的高度概括、总结和升华，并对实践有着重要的指导作用。因此，马克思主义基本原理课要注重理论与实践的结合，使马克思主义的基本理论和实践生活以及学生实际相结合，使学生能够用实践论证理论，用理论解释实践。理论只有同实践相结合才能被学生所理解和接受。实践性是马克思主义最深刻的本质属性，也是马克思主义区别于其他学说的根本标志。马克思主义作为一种以实践性为本质特征的理论学说，从实践中产生，在实践中发展，以改变现实世界为目的，并且不断被新的实践所补充、修正和完善，是具有实践精神的科学体系。

马克思主义之所以具有生命力，首先，在于正确处理理论与实践的关系问题，在于实践对于理论的决定性意义，在实践中增加新的理论内容，获得其存在的合理性、发展的可能性；其次，在于实践对于理论的需要，在理论要求转化为实践要求、实践实现理论的过程中，实践要接受理论的指导。

2. 马克思主义大众化的过程是实践的过程

马克思主义是在批判继承人类社会各种文明成果的基础上产生的，是科学的理论体系，为广大人民群众认识世界和改造世界提供了强大思想武器，天然具有大众化的价值取向。马克思主义大众化从根本上说是由马克思主义的实践性所决定的。所谓"马克思主义大众化"就是使马克思主义"说人民群众喜闻乐见的话"，而不是说人民群众"不

想听""不愿听""听不懂"的话，就是要关注人民群众的根本利益，使人民群众心悦诚服地接受马克思主义，掌握马克思主义，使马克思主义成为人民群众认识世界和改造世界的强大精神武器。马克思主义大众化的价值取向根源于马克思主义的实践性，也是体现实践性的必要途径。缺乏实践性的思想不可能有大众化的冲动和力量，而离开了大众化，实践性就失去了最为坚实的民众基础和主体力量。

马克思主义大众化的过程是源于实践、指导实践的过程。马克思主义大众化实践层面，即用当代中国马克思主义武装人民群众，把当代中国马克思主义转化为广大人民群众的思想意识与精神追求，并使它转化为人民大众的思想观念和价值观念，内化为人民大众自觉的生活方式和行为方式。推进当代中国马克思主义大众化实质上就是推进人民大众对中国特色社会主义理论体系的认同和信任。实践性是马克思主义理论最重要的特征之一：一方面，坚持马克思主义实践的大众化，就是强调大众化的主体是实践着的人民群众。马克思主义的理论既来自人民群众实践、受到实践的检验，又在人民大众的实践中创新发展，使马克思主义大众化成为一种人人参与的事业，使社会主义意识形态深入大众。另一方面，马克思主义实践大众化要显示出其理论指导大众社会实践功能，体现出社会意识的大众的意义；用大众的实践经验以及被升华的新理论来丰富和发展社会主义意识形态。

3. 注重实践才能增强马克思主义对大学生的吸引力和感召力

马克思主义不是书斋中的学问，而是用来指导实践的，是为广大人民群众解疑释惑的。当代中国马克思主义是实践经验的总结，具有很强的现实针对性。实践，且只有实践，才能强化马克思主义对大学生的话语主导权，增强马克思主义对大学生的吸引力和感召力。

在实践中学习科学方法。培养学生成长成才的视野投向更广阔的社会实践，要用科学的思想和方法论引领和指导大学生积极投身社会实践，这样才能真正培养出适应社会与时代需要的有用之才。没有理论的应用，也就无所谓理论的方法意义。学是手段，用是目的，"学以致用"的关键是要学习科学方法。掌握科学的学习方法的重要路径就是通过实践，这样使得大学生不仅能够学到理论，而且能够学会如何学理论，学会怎样用理论。

理论联系实际，是我们学习社会主义核心价值体系的根本方法，它要求对理论的学习要与目前市场经济发展、和谐社会建设和大学生思想实际相结合，要以马克思主义中国化的最新发展理论，围绕市场经济发展过程中出现的新问题，围绕当代大学生出现的思想困惑，对大学生做出有说服力的分析和引导。这也就涉及社会主义核心价值体系的实践性问题。这一体系并不是教条，而是行动的指南。它要求人们依据它的基本原则，结合不断变化着的实际，探索解决新问题的答案，从而也发展该价值体系本身。这就必须依靠大学生的主动参与，依托社会实践，把课堂的"认知"放到实践中去体验，需要引导大学生深入社会、深入市场、深入生产建设第一线，在实践中学会正确观察与分析事物，从而树立起与社会发展相一致的人生价值观。只有这样，大学生才能在实践中自觉运用所学到的科学方法去发现问题、分析问题和解决问题。

同时，坚持传承与创新相结合也是大学生学习社会主义核心价值体系的一个重要方法。价值观不仅涉及思想层面，还涉及文化和心理层面，文化传统和社会心理共识也是影响价值取向的重要因素。没有历史的传承就没有今天的创新。这就需要大学生在社会实践过程中，要坚持传承与创新相结合，在传承优秀文化传统的过程中把握新的时代内涵，如市场经济倡导的效益意识、竞争意识、开拓创新意识等，从当今社会的角度来关注人与人、人与自然的和谐，达到历史与现实的统一，实现自身的全面发展。

（二）构建培养大学生青年马克思主义者的实践育人体系

培养大学生青年马克思主义者，必须与时俱进，从大学生成长规律出发，以实践教育为突破口，系统设计、全面实施，实现大学教育由单一知识学习向综合素质提高、全面能力发展的转变。

1. 不断深化党校、团校等教学改革，强化大学生青年马克思主义者的精英意识

不断深化党校、团校等组织机构的教学改革，充分发挥党建带团建、学生党支部建设以及团员推优制度，强化青少年努力成为青年马克思主义者的精英意识。大学生骨干是大学生青年马克思主义者的重要来源。加强对他们的培训，是培养大学生青年马克思主义者的重要途径。高校党建带团建和学生党支部建设应当发挥积极作用，促进青年马克思主义者的成长，需要深入思考的是如何完成学生党支部独立工作并与学生团总支、团支部建立良性互动的制度关系。

2. 精心组织开展丰富的校园文化活动，提升大学生青年马克思主义者的综合素质

马克思曾说过："人创造环境，同样，环境也创造人。"目前，影响大学生思想政治教育的环境主要有两种，分别为宏观环境和微观环境。宏观环境是指国内外经济、政治、文化环境。而微观环境则是指存在于大学生身边的社会生活实践环境，如校园环境、家庭环境、社区环境、同辈群体环境、社会组织环境等。相比之下，宏观环境由于具有不确定性和不可控性等特征，不便于我们去把握。因此，本文主要立足于从大学生最直接、最现实的角度出发，来分析思想政治教育微观环境对大学生思想政治教育的影响，而且这一论题对于高校思想政治教育来说，现实意义和针对性都更强，同时，也有助于补充和进一步完善高校思想政治教育环境理论。

3. 切实开展志愿服务等社会实践活动，拓展大学生青年马克思主义者的实践路径

开展志愿服务和社会实践活动是大学生思想政治教育的重要途径。本项活动以理想信念教育为主题，将专业学习、政治理论教育与志愿服务和社会实践相结合，通过对活动的系统化整合和目标化管理，提高实践育人的效果，引导大学生积极投身志愿服务和社会实践，将所学的专业知识和技术回报社会，服务大众，在实践中巩固专业知识和技能，在实践中了解社会，关注民生，从而教育学生树立服务祖国、服务人民的远大志向。

（三）完善培养大学生青年马克思主义者的支撑保障体系

1. 加强组织领导。高校党组织要把开展创先争优活动作为一项重要政治任务，切实抓紧抓实抓好。要在地方党委的组织领导和教育部教育系统创先争优活动领导小组的具体指导下，结合自身实际，成立创先争优活动领导机构，制定开展创先争优活动实施方案，整体谋划部署本校创先争优活动。要以开展创先争优活动，带动工会、共青团、学生会、社团等各类基层组织建设。高校要始终坚持用马克思主义中国化的最新成果引航青年，用科学理论构筑青年的强大精神支柱；要引导青年学生把学习科学理论与深入开展社会实践活动结合起来，学会用理论指导实践，学懂弄通党的创新理论，真正信仰党的创新理论，深入实践党的创新理论，在实践中检验和发展理论，从而深刻领会马克思主义的科学本质，增强克服教条主义和辨别非马克思主义的能力。

2. 提升队伍素质。邓小平同志指出："一个学校能不能为社会主义建设培养合格的人才，培养德、智、体全面发展，有社会主义觉悟的有文化的劳动者，关键在教师。"

苏霍姆林斯基说："学校好比一种精致的乐器，它奏出一种人的和谐的旋律，使之影响到每一个学生的心灵。但要奏出和谐的旋律，必须把乐器的音调准，而这乐器是靠教师、教育者人格来调音。"高校思想政治教育工作者承担着教书育人、培养社会主义事业建设者和接班人、提高民族素质的使命。高校思想政治教育工作者在社会结构中具有特殊的地位和作用。如果说高校的专业课教师主要任务在于向学生传播科学技术知识，那么高校思想政治教育工作者的主要任务则是向学生进行社会主义核心价值体系教育。在这里，一个不争的事实是，思想政治教育工作者的思想道德素质对学生起着同质转化和定向作用。思想政治教育工作者的理想信念、道德品质等无不对学生产生深刻影响，不仅影响学生的现在，而且影响学生的将来；不仅影响一代人，甚至还会影响到几代人。从这个角度讲，高校思想政治教育工作者肩负着特殊而重大的历史使命。高校思想政治教育工作者对大学生的社会主义核心价值体系教育作用不仅要通过课堂教学来实现，而且要通过自身的人格魅力对学生的感染、熏陶来实现。融入教育者的人格力量是做好大学生社会主义核心价值体系教育工作的前提条件。中共中央 国务院《关于进一步加强和改进大学生思想政治教育的意见》（2004年）明确指出："广大教师要以高度负责的态度，率先垂范、言传身教，以良好的思想、道德、品质和人格给大学生以潜移默化的影响。"这是新时期高校思想政治教育工作者人格修养的目标和准则。

3. 健全考评体系。目前，许多高校的思想政治理论课都在进行实践教学，如何评价实践教学的质量和效果，目前也存在一些问题。由于对实践教学的要求远没有对理论教学的要求严格，许多高校不重视考核评估制度的建立。实践育人是一个复杂的过程，构建系统的考核评估制度是推进实践育人的保障。有效的评估既可反映教育的真实情况，又能表现出教育的实际与既定教学目标之间的距离。高校必须肩负使命、发挥优势，从战略高度出发，针对马克思主义大众化过程中存在的问题，结合当代大学生的思想特点、成长规律和认知规律，不断创新实践育人的内容和形式，拓宽实践育人的渠道和载体，进一步巩固、深化和提升实践育人功效，引导大学生在实践过程中不断增强对马克思主义理论的理解和信仰以及对建设中国特色社会主义的信心，使马克思主义中国化的发展后继有人，使当代中国马克思主义大众化发展到新的水平。

三、突出自身特色培养面向基层的青年马克思主义传播者

大学生是十分宝贵的人才资源，是民族的希望、祖国的未来。高等教育的根本任务在于培养和造就德、智、体、美等方面全面发展的社会主义建设者和接班人，高校作为这一光荣而艰巨任务的具体承担者，必须采取有力措施，保证这一任务顺利完成。要顺应时代对高校学生思想政治教育的要求，不断提高大学生的思想政治素质、政策理论水平、创新能力、实践能力和组织协调能力，引导广大学生用中国特色社会主义理论体系武装头脑，成为坚定的青年马克思主义者。

（一）坚持理论引领，以中国特色社会主义理论体系构筑大学生的精神支柱

2007年5月，团中央、全国学联成立了中国青少年骨干培训学校，提出通过教育培训、实践锻炼等行之有效的方式，坚持不懈地用马克思主义化成果武装青年学生，培养一大批坚定的马克思主义者。在开展"青年马克思主义者培养工程"的实践过程中，我们始终坚持系统地对大学生进行中国特色社会主义理论教育，充分发挥学校党委和共青团组织的政治优势、马克思主义理论的学科优势和学生理论学习社团的载体优势，构建了全面系统、定位合理、针对性强的理论培养体系；动员有关学科教师，成立了专门的培养教育团队，即"青年马克思主义者培养工程"导师团；精心设计了以科学发展观为统揽，以中国特色社会主义理论体系、科学发展观教育和廉政教育内容为课程主干，涵盖哲学、法学、经济学、社会学以及廉政文化教育等在内的课程建设方案；从2008年起，在教学计划中增加8学时专门讲授最新理论成果，确保党的最新理论成果第一时间进入课堂。在理论引领的基础上，我们把思想政治教育融入大学生学习的各个环节，进一步扩大了思想政治教育的影响力。

（二）完善工作机制，构建学生党建与骨干培养相结合的培养体系

建立一个能汇聚学校优势资源，体现学校人才培养特色的培养机制，并将学生骨干的选拔与培养纳入学生党建的工作体系中，实现相互促进，是我们在开展此项工作中的有益尝试：一是建立以学校党委为主导的领导机制。在开展该项工作开始，学校党委便

成立了"青年马克思主义者培养工程"指导委员会，为培养工作提供机制保障，并逐步在全校范围内形成党委指导、团委主抓、多方关怀、齐抓共管的指导管理体系。二是各学院党委将培养工作纳入基层党建工作体系。按照"分级负责、分层实施"的原则实施校、院两级培养机制，使"青年马克思主义者培养工程"在培养和树立青年学生典型、发挥学生党员先进性、选拔党员发展对象等党建工作中发挥了重要作用。三是得益于"青年马克思主义者培养工程"的平台作用，进一步丰富了学习实践科学发展观活动的成果。学生党员骨干基地以培养"具有坚定共产主义信仰的学生党员骨干"为目标，以期在学生党员中造就具有领袖魅力、社会责任、坚定信仰的学生党建骨干。四是以"青年马克思主义者培养工作"为渠道，加强对大学生骨干的廉政教育。学校从巩固党的长期执政地位出发，开展"廉政教育进课堂"活动，为大学生树立廉政意识、强化宗旨意识提供保障。经过工作实践，我们发现，"青年马克思主义者培养工程"在活跃"党员先锋工程"、增强基层学生党组织的战斗堡垒作用、加强基层学生党建工作等方面具有重要的促进作用，将其纳入党建工作体系中，又给该项工作带来政治、组织上的有力保障，使其沿着正确的轨道实现良性快速发展。

（三）弘扬优良传统，营造有利于青年成长的环境和氛围

培养学生成为青年马克思主义者，除了加强对世界观的改造之外，还要引导学生树立健全的人格、健康的身心和崇尚科学、关注人文、热爱生活、关爱他人的品质。学生思想政治教育的优良传统，早在20世纪80年代，以爱国主义教育和四项基本原则教育为主要内容的"忆、摆、比"（"忆过去，摆现在，进行改革开放前后对比"）学习教育活动，在全国范围内引起了广泛反响。通过团结和凝聚大学生的精神力量，使青年学生始终保持与时俱进、自强不息、开拓创新的精神状态。近年来，学校以三型校园建设为主要抓手，努力营造有利于青年成长的环境和氛围。具体如下：一是通过节约型校园建设，使得节约理念入脑、入心、入校园。学校利用多种手段、多种形式从一点一滴灌输，让节约真正变成习惯。不论是橱窗、宿舍、教室，还是校报、广播、网站，"节约光荣、浪费可耻"的理念处处可见、可闻，让勤俭节约贯穿衣、食、用、住、行等各种消费行为，让学生耳濡目染、感同身受，自觉地形成了科学创建节约型校园的良好氛围。二是通过关爱型校园建设，以人为本，切实加强和改进思想政治教育。学校通过培养学

生尊重生命、关爱他人、关心团队的人文素养和优良美德，把以人为本的理念真正贯穿学校管理和育人工作，使思想政治教育工作更加具体化、人性化。三是通过文化型校园建设，积淀学校的大学文化精神。大学的文化精神是从根本上回答"办什么样的大学"的根本问题。从大学融入社会以后，在一个多世纪的变迁过程中，世界大学的发展与变革并不是一帆风顺的。为解决如何保持其应有的学术价值和适应不同层次需求之间的关系，一直存在着理性与功利、学术自由与文化专制、人文与科学、多元开放与闭关自守之间激烈的冲突甚至斗争。特别是近一个时期以来，在世界范围内出现了一种以大学人文精神的滑坡和办学目标的工具化为倾向的大学的文化精神衰微现象，这已引起人们的广泛关注。只有在校园文化活动中坚持贯穿和践行校园文化价值观，才能以此为抓手促进校园文化活动更加系统化，改变校园文化活动多、散、乱的状态，推动校园文化建设向高水平的文化型校园发展。学校时刻引导青年学生践行"敦品励学，弘毅致远"的校训精神、"爱国敬业，诚信质朴，求真创新，为人师表"的追求境界、"真情、真诚、真知、真为"的行知精神，使得校园文化的核心根植在校园里，埋藏在师生心底，不断继承，不断发扬。

（四）加强实践锻炼，引导学生面向基层自觉传播马克思主义

理论的价值在于指导实践。基于师范院校培养未来教师的办学特点，确定了"大力培养以科学发展观为武装的马克思主义青年传播者"这一培养定位，充分发挥师范学子的"蒲公英效应"，将他们培养成面向基层的马克思主义青年传播者、科学发展观忠实实践者。"青年马克思主义者培养工程"培养的学员就像是蒲公英上的种子，通过实践宣讲服务环节，分散到一般学生中间和校外的社区、厂矿、农村等地方，在那里成为传播科学发展观的辐射源。经过两年多的工作实践，"青年马克思主义者培养工程"取得了良好效果，实现了思想政治教育载体与内容的创新，并产生了良好的示范效应和社会影响，中国共产党新闻网、《光明日报》《中国教育报》《中国青年报》《黑龙江日报》分别以较大的篇幅介绍了有关经验和做法。在今后的工作中，学校将进一步调研实际情况、完善培养方案、提升育人成效，在实践过程中不断深入了解学生骨干的实际需要，努力把"青年马克思主义者培养工程"不断引向深入，为更好地以改革创新精神推进党的建设新的伟大工程做出新的更大贡献。

四、高校学生骨干理论素质培养的现实途径

高校学生骨干队伍必须坚持解放思想，实事求是，反对因循守旧、不思进取；坚持理论联系实际，反对照抄照搬、本本主义；坚持密切联系群众，反对形式主义、官僚主义；坚持民主集中制原则，反对独断专行、软弱涣散；坚持党的纪律。高校作为培养社会主义建设者和接班人的重要阵地，在推动当代中国马克思主义大众化进程中有着义不容辞的责任。高校学生骨干理论素质不仅是高校开展思想政治教育工作的重要着力点，同时也是高校马克思主义大众化过程的重要环节，在尊重大学生思想变化规律的基础上对学生骨干理论素质的培养进行学理和具体对策研究，不仅丰富了当代大学生思想政治教育的理论内涵，也是新形势下推进马克思主义大众化的有益探索，具有鲜明的时代意义。

（一）大学生思想变化特点及其规律

大学生思想变化特点及其规律是大学生骨干理论素质培养的逻辑前提。从历史发展的层面来看，20 世纪 80 年代大学生的思想处于解放与迷失的历史转换阶段；20 世纪 90 年代大学生思想在社会经济要素调整的情势下实现整合，表现为多元价值取向初成、个体价值的考量开始凸显；21 世纪以来当代大学生思想逐步趋于成熟，表现为自我的实现与自由理念、务实理念与政治行为。改革开放以来，大学生思想的变化具有跨越式变革、多种扰动与导向从而呈现多元化、离散化的特点，每个具体个人的思想从原来依附于集体思想到走向独立与重建，难免出现各色纷呈的极为复杂的变化路径。尽管这样，由于总体上受制于中国社会从计划经济向市场经济的转型，大学生思想的变化必然出现一些共同的特征。从学习阶段层面来看，伴随着大学生的身心逐步成长，外在社会环境的不断变化，他们的思想在不同的学习阶段表现出不同的特点。大一学生刚刚步入一种新的环境，多数人把大学看成是自己生活的新起点，力图建立新的自我，思想认识、感情情感、价值取向在这一时期开始初步成型，可塑性很强。不过他们尚存在如何适应新环境，如何开始一种新生活的焦虑、迷茫。随着环境的熟悉，心智的发展，大学生已基本适应了大学生活，逐步形成了自己的学习方式，独立意志能力增强，情绪体验更加迅速，但理性思考能力尚不足，容易走向主观化。这个阶段是学生思想过渡阶段。随着马列主义理论知识的进一步学习和掌握，认知视野的不断开阔，认知深度的不断深化，大

三学生已初步具备了自己的世界观、人生观和价值观。而到了大学生活即将毕业的大四阶段，学生世界观、人生观和价值观一般都已成熟，具备了一定的分析问题和解决问题的能力。但是，由于面临就业，精神上又处于一种紧张状态，因此，会产生紧迫感和焦虑感。大学生在不同的学习阶段，思想变化表现出明显的特点：连续性和跳跃性的统一，有些思想随着时间的推移被强化和巩固下来，而有些思想却在一定的内外条件下才开始被接受或者被抛弃；渐进性与反复性的统一，大学生思想形成往往经历一个渐进的过程，不过大部分思想却是在被反复检验之后才可能确立；继承性与跃迁性的统一，对大学生来说，新思想的出现是在旧思想的基础上逐步建立起来的，有些思想却可能出现跨越式的发展；迅速性和隐蔽性的统一，外在环境的急剧变化往往导致学生思想迅速变化，而大部分学生思想变化是比较隐蔽的、缓慢的。

从大学生思想的变化特点可以看出，大学生思想的形成、变化和发展是遵循着一定的规律。大学生思想形成和发展的影响因素主要包括：外在因素即家庭环境、社会环境、学校环境、个体环境；内在因素即心理因素、生理因素、自我意识，大学生思想的形成是内在因素和外在因素共同作用的结果，具体表现如下。

第一，以社会实践为基础的主客体矛盾运动规律，即内外矛盾运动规律。关于思想政治工作基本矛盾是主客体矛盾，有三种表述：一是主体思想与客体认识的矛盾；二是思想政治工作主体与思想政治工作客体的矛盾；三是思想政治工作主体所掌握的、符合社会要求的思想体系和道德、法律规范，与思想政治工作客体的实际思想政治素质之间的矛盾，可简称为主体所传播的思想与客体实际思想的矛盾。人的思想意识并非天生具有，追根究底无非是以社会实践为中介的社会存在的产物，社会存在决定社会意识。外在的社会客观条件对大学生的思想有着深刻的影响，不过能否产生效果，主要在于主体的内在因素，在于主体对外在因素的选择、接受、内化和外化状况，这里外在因素是否为内在因素所需要，二者是否能够相互平衡、相互协调，也就是说是否具有同一性成为关键性的问题。如果内外不具同一性，那么外在的影响是不起作用的，如果具有同一性而且程度越大，那么对主体的影响作用就越大。可以说，大学生思想变化就是内外因素、主体与客体不断斗争、不断协调、不断趋于一致的过程。

第二，思想内在要素层次递进规律。思想的形成受到主体各种内在要素的影响，主体内在的知、情、意、行诸要素之间相互联系、相互制约、相互渗透、相互转化，形成一个有机的动态系统。思想的内在本性决定了思想突破量变实现质变，实现思想的层次跃迁、螺旋式上升。

第三，潜在的群体化选择与个体差异选择相结合的规律。在大学生群体中，有相同境遇的个体会自觉或不自觉地通过持续的互动和一定的关系结合起来组成各自的群体，共同活动。他们有着共同利益，具有明确的价值目标，不同群体面对同样现象时往往呈现不同的态度。群体构成的不同特点形成了特定的环境氛围，对学生个体的思维方式及人格形成，甚至行为习惯等方面都产生不可估量的作用，同时大学生也在不断调整自己，适应群体生活，从而完成个体的社会化。正是在群体生活中，大学生潜在的群体化选择与个体差异选择形成矛盾运动，这种运动推动了大学生思想的形成和发展。

第四，现实社会适应与虚拟生活相反相成规律。随着信息社会的到来，网络的不断普及，大学生的虚拟生活方式初步表露，却引发了虚拟与现实的矛盾。大学生无意中总在通过虚拟世界自觉培养社会适应能力，增强社会适应性。当虚拟环境和虚拟生活被内化为自我意识后，虚拟环境形成的人格特征就会被移植到现实环境中，并与现实环境中的游戏规则发生冲突，出现逃避现实或反现实的心理和行为。不过每一个大学生都有不断成长和谋求发展的愿望，为了实现这一愿望，他将充分地调动起有机体作有效的运转，发挥自己的内在潜能，积极地去选择和改变。这些手段的实现正随着校内网、开心网等社交虚拟世界的投入而被大学生获取，所以虚拟生活在另一种意义上也可以帮助大学生的社会适应呈现为一种良好的关系状态。

虚拟环境使人的交往从公共领域转向了隐蔽的私人空间，由此引发现实中以真实身份为依托的交往所形成的责任和道德规范容易在虚拟交往中失去作用，为人们放纵自我提供了可能。不少大学生沉迷于虚拟世界，荒废了学业，也荒废了自我心灵的完善。一旦他们将虚拟环境和虚拟生活内化为自我意识后，就会把虚拟环境形成的人格特征移植到现实环境中，从而与现实环境中的游戏规则发生冲突，出现逃避现实或反现实的心理和行为，从而产生异端思想和异化行为，直接影响到他们能否成为合格的社会主义建设者。

第五，自我同一与自我解离同构发生的规律。大学阶段是自我同一性确立的关键时期。但是，大学生在自我同一性形成的过程中，还面临着自我解离的困扰与矛盾，并非所有的大学生都能完全获得自我同一性，许多大学生都面临着自我同一性的扩散、延缓、早闭以及自我同一性危机等一系列的矛盾，可以说这种矛盾在大学生思想的形成发展以及变化过程中都有所发生与体现，是一个动态的自我解离与自我同一矛盾展现的过程，也是多数大学生最终战胜自我解离，实现自我同一的过程。

（二）学生骨干思想特点及培养现状

学生骨干作为大学生群体中的一个小群体，由于其能力结构、理论素质、个人品格、综合素质等多方面比较突出，决定了学生骨干在高等教育过程中既是接受培养和教育的对象，又是学生群体的排头兵和中坚力量，这种角色的双重性决定了他们是学校、教师和学生之间紧密连接和有效沟通的桥梁和纽带，是高校开展学生工作的得力助手。与学生骨干的特殊性相适应，与普通学生的思想明显区别，他们的思想内在地表现为矛盾性。

第一，个体价值与社会价值冲突的隐蔽性。由于学生骨干正处于身心发展未完全成熟的时期，加之价值多元化的影响，一部分学生骨干从自我利益的实现这个标准来衡量自己的思想和行为，参加团体活动是为了得名得利，入党是为了获得政治资本，当学生干部是为了获得走向社会的筹码等。在现实中这种个人利益倾向不会与社会集体利益发生直接冲突，而往往采取一种隐蔽的形式。

第二，理论和实践的脱节。课堂教学是学校教育的主渠道，是教育思想理念和教育实践结合的主要平台。随着我国教育改革和发展的不断深入，我们一方面不断加强引进、研究和学习欧美等国外先进的教育思想理念，另一方面更加注重我国教育自身的改革实践，在教育理论和实践上都取得了巨大成就，但教育理论与实践的研究与结合方面还存在脱节现象。在理论研究方面，对国外理论研究引进的较多，消化吸收的较少；在实践方面，立足课堂，结合现实问题并进行实证研究的少；在理论指导下开展课堂教学实践以及立足课堂实践吸取教训、总结提升经验的少。有些教师对学科教学与信息技术整合的理念认识不到位，或者对课堂教学中所需要的信息技术运用不够，或者将信息技术与学科教学进行有机融合的能力和实践不足。

第三，思想和组织的分离。学生骨干一般来说政治觉悟、理论素质比较高，愿意加入中国共产党。而成为一名合格的共产党员，必须既是思想上入党，也是组织上入党。

思想觉悟、政治素质、党性修养和现实表现达到了共产党员的要求。在实际生活中，就是要认真学习马克思列宁主义、毛泽东思想、邓小平理论、"三个代表"重要思想、科学发展观、习近平新时代中国特色社会主义思想，贯彻执行党的路线、方针、政策；就是要刻苦学习科学文化和业务知识，努力掌握为人民服务的本领；就是要在日常生活中以党员标准严格要求自己，从一点一滴做起，处处起模范带头作用；就是要正确处理个人与组织的关系，在党和人民需要的时候，不惜牺牲个人的一切。但部分学生骨干政治信仰迷茫、政治立场摇摆不定、理想信念模糊、社会责任感不强，在个人利益的驱使下（比如为了大学毕业容易找工作）也加入了党组织，在名义上他们是一名党员，甚至可能在组织上表现非常好，但是思想上却是非党员。

学生骨干作为高校思想政治教育展开的重要环节，针对当前学生骨干思想的现状及其特点，教育者从理论学习和实践锻炼两个方面开展学生骨干理论素质培养。目前，国家、地方、高校三级学生骨干培养格局已经基本建立，取得了明显效果，但仍然存在一些问题，比如培养形式有待进一步创新，资源有待进一步平衡；培养氛围需要进一步营造；教育工作者的责任心及队伍整体素质有待提高；学生骨干理论素质的配套工作尚不到位。因此，学生骨干理论素质的培养是当前思想政治教育工作中的重大任务。

（三）学生骨干理论素质培养途径的现实思量

学生骨干理论素质的培养必须建立一套完整的行之有效而又能够持续进行的培养机制，整合各方面的培养力量，塑造和利用一系列的内部和外部有利条件，有效激发学生理论骨干的学习热情，成规模地造就一批理论素质较高的青年马克思主义者。这就要求全方位地健全培养机制：建立选拔机制，把好"进口"关，要采取有效措施，培养一批有潜力的优秀学术带头人和学术骨干，让那些学术造诣高、具有领导和组织本学科梯队在其前沿领域赶超国内外先进水平的人才脱颖而出；不断探索教育方式和方法，完善教育机制；注重目标、榜样和物质激励，健全激励机制；加强教育者与受教育者的沟通，健全交流机制；注重学习效果的考察，完善考核与评价机制。同时必须注重长效运行机制的建设，包括领导与管理机制、后勤保障机制、跟踪调研机制。不同的机制共同构成了一个有机体，使得学生骨干理论素质的培养实现科学化、制度化和长效化。

在建立科学培养机制的同时，要真正探索一条有效的理论素质培养途径，针对学生骨干的思想特点，从影响学生骨干思想形成和发展的各种因素出发，综合考量，突出重点，构建以实践为基础、以思想政治理论课为主阵地、以网上网下互动为平台、以理论培训为重要途径、以提升整体效果为目的的立体式学生骨干理论素质培养体系。

第一，整合教育资源，构建思想政治教育与专业课教学相结合的教书育人体系。思想政治理论课是学生骨干理论素质培养的主阵地，必须充分有效地发挥其作用。在教学内容上，改变传统单调而又僵化的内容，教师应广泛关注学生知识背景、理解能力、思想特点，努力做到理论联系实际，让理论走向学生的生活世界；在教学方式上，除了传统的课堂上启发式、专题式、讨论式、案例式教学外，应该从多种路径着手，进行思想政治理论课多维立体化的探索；在教学方法上，积极探索课外实践教学，开展课外读书活动，建立课外教学互动网站；在教师队伍上，培养一批爱岗敬业、牢记责任、严于律己、具有良好思想政治素质和道德修养的教师队伍，培养一批"大师"级的科研教学名师；在学科建设上，加强马克思主义理论学科建设，为育人成才提供学科支撑。把马克思主义理论与思想政治教育专业作为重点学科建设，而且取得重大突破，这是新时期新阶段思想政治理论教育教学的改革和建设的显著成绩，同时要把思想政治教育延伸到专业课教学之中，努力发掘蕴涵在各门课程中的思想政治教育资源，在传授知识的过程中对大学生进行思想教育，把思想教育贯穿于教学的各个环节，融入各门课程之中，提高教书育人水平，形成育人合力。

第二，构建网上网下互动的大学生思想政治教育平台。网络信息时代的到来，极大地改变着人们的生活方式和思维方式，虽然网络技术的发展和普及对一些学生骨干提高理论素质可能会造成一定的负面影响，但同时也为大学思想政治教育提供了新的渠道和手段。因此，高校应尝试建设形式多样的理论素质培养网站，通过网络互动学习，改变传统的理论学习方式，建设立体化信息平台，使网站成为具有鲜明特色的集理论学习、思想交流、教育服务于一体的大学生思想政治教育新阵地。学校还应广泛建立各种形式的理论学习班、理论素质培养班、中国特色社会主义理论研究等社团组织，由学生骨干自主管理，定期或不定期举办学习和交流活动，调动学生参加理论学习的积极性和主动性。

第三，规范保障制度，建立健全学生骨干理论素质培训机制。首先，培训形式要实现多样化。各个高校可以根据具体情况定期开展各种形式的专题讲座、辅导班和短期培训班，请具有较高学术造诣，或者具有丰富社会阅历，或具有较高社会声望的党政领导、专家学者主讲，使学生骨干在理论学习的过程中深刻体会到"大师"的魅力。其次，加强学生党建工作。高校应以此为契机，把一批综合素质过硬的优秀学生骨干吸收并团结在党组织周围，积极要求，严格把关，认真做好党员考察和发展工作。最后，建立健全科学培训机制。在政策指导、资金配套、资源共享、人才培养及使用等方面给予条件保障，实现培训工作的系统化、科学化和可持续性。

第四，知、信、行统一，构建实践育人体系。我国高校应在借鉴国外研究经验的基础上，总结和提炼实践教学经验，形成实践育人思想，构建实践育人体系，推动理论教育和实践教育的融合，是我国高校实践育人的重要任务。理论的主要目的并不是仅仅在理性思维的领域中自我陶醉，不仅仅是"解释世界"，而更重要的是掌握群众，"改变世界"，只有如此理论才能称其为理论。马克思主义理论是实践的、革命的，中国特色社会主义理论体系亦是如此。实践是理论的基础，高校必须把理论素质的培养和实践锻炼紧密结合起来。在理论学习的同时，开展形式多样的社会实践，以此帮助学生深化理论认识，巩固理论成果。首先，拓展课程教学，活跃课内实践。改变以讲授为主的传统教学方式，通过讨论、沟通等方式调动学生参与教学互动的积极性和主动性。其次，丰富校园实践活动。在充分发挥各种社团组织作用的基础上，积极开展知识竞赛、歌唱比赛等健康向上的实践活动，让学生骨干在实践活动中践行知性统一。再次，强化社会实践活动。建立各种各样的"爱国主义教育基地"，对学生骨干进行红色教育，坚定建设有中国特色社会主义的信念；组织学生骨干深入社会基层、了解国情，增强历史使命感和社会责任感；鼓励和支持学生骨干到艰苦的环境中进行社会挂职锻炼，磨炼意志、锻炼品质，增加社会阅历。

第五，善于系统运行，延伸、扩大接受群体的整体教育效果。学生骨干作为学生群体中特殊部分，与学生有着千丝万缕的联系。学生骨干不仅影响着学生群体的思想、行为，反过来，学生群体对学生骨干的思想和行为也有着深刻的影响。学生骨干理论素质的提高不仅仅依赖于外在体系，而且依赖于学生群体的理论素质和思想面貌。马克思主义教育与传播在关注受众个体特性的同时，也要注重受众群体共性，提升整体的教育效果，通过整体效果来提升学生骨干的理论素质。思想教育要提升整体效值，就要找准重点教育对象，着眼于改善整体结构，才能达到优化整体秩序、培养整体新质、强化整体能量的理想效果。

总之，对于高校而言，应该了解学生骨干的思想特点，把握学生骨干的思想变化规律。坚持"以人为本"的理念，从增强政治素质、提升思想境界、优化能力结构、锤炼个人作风等方面着手，在科学发展观的指导下，实现"教育、管理、服务"三位一体，形成育人合力，努力构建高校马克思主义大众化的传播体系，不断提高学生骨干的思想政治理论素质和实践创新能力，努力使其成长为"政治坚定、素质全面、模范表率、堪当重任"的中国特色社会主义事业的合格建设者和可靠接班人。

第六章　习近平新时代中国特色社会主义思想的理论创新与历史贡献

以习近平同志为核心的党中央，把马克思主义基本原理同新时代中国具体实际结合起来，形成了马克思主义中国化的最新理论成果，创立了习近平新时代中国特色社会主义思想。习近平新时代中国特色社会主义思想，是新时代中国共产党的思想旗帜，是国家政治生活和社会生活的根本指针，是当代中国马克思主义、21世纪马克思主义。党的十九大把习近平新时代中国特色社会主义思想确立为党必须长期坚持的指导思想并庄严地写入《中国共产党章程》，实现了党指导思想的与时俱进。第十三届全国人民代表大会第一次会议通过的《中华人民共和国宪法（修正案）》，郑重地把习近平新时代中国特色社会主义思想载入宪法，实现了国家指导思想的与时俱进。

第一节　新时代党和国家的历史方位与时代课题

党的十九大指出："经过长期努力，中国特色社会主义进入了新时代，这是我国发展新的历史方位。"历史方位的变化，是关系全局的历史性变化，对党和国家工作提出了许多新要求。习近平总书记强调："做出这个重大政治判断，是一项关系全局的战略考量，我们必须按照新时代的要求，完善发展战略和各项政策，推进和落实各项工作。"做出这个战略考量，是基于对中国特色社会主义发展主题的深刻把握和战略定力，表明了我们党坚持既不走老路，也不走邪路的坚定意志；做出这个战略考量，反映了我们党善于运用马克思主义认识论的科学思想武器，对中国社会历史进程中不断变化的阶段性新特点及其目标任务的变化，以及社会矛盾运动内在逻辑演变的高度政治敏锐性和深刻洞察力；做出这个战略考量，意味着党的创新理论高瞻远瞩，善于站在时代的高度，透过世界浪潮的流变，来准确定位中国在时代大潮中的航向和在世界舞台上位置的政治判断力。深刻把握了新时代坚持和发展什么样的中国特色社会主义、怎样坚持和发展中国特色社会主义这个重大时代课题，科学判明了新时代历史方位的政治内涵和理论价值。

一、新时代的历史标定和科学内涵

时代性是马克思主义的鲜明特征，它是要随着时代的发展而不断发展的。党的十九大报告强调："时代是思想之母，实践是理论之源。"一个伟大的思想，从来不是凭空产生的，它总是一定时代的理论产物，实践是其根本的思想来源。但是科学的思想、理论一经产生，它对于时代的进步和实践的发展又具有巨大的引领和指导作用，是时代发展进步的旗帜，这就是马克思主义的科学认识论和辩证法，是马克思主义真理的力量和价值所在。习近平新时代中国特色社会主义思想，准确标定党和国家发展新的历史方位，阐明新时代的科学内涵，推动中国特色社会主义进入新时代。

首先，新历史方位的重大政治判断，彰显了当代中国共产党人敏锐的时代洞察力，标明了新时代的历史使命和政治方向。习近平总书记强调："这个新时代是中国特色社会主义新时代，而不是别的什么新时代。党要在新的历史方位上实现新时代党的历史使命，最根本的就是要高举中国特色社会主义伟大旗帜。"

我们党坚持以马克思主义的宽广眼界观察世界，"端起历史规律的望远镜去细心观望"，不被乱花迷眼，不畏浮云遮眼，认清世界大势，顺应时代大潮，"争做时代弄潮儿"党的十九大报告指出："面对世界经济复苏乏力、局部冲突和动荡频发、全球性问题加剧的外部环境，面对我国经济发展进入新常态等一系列深刻变化。"① 身处世界百年未有之大变局，洞察时代风云，切准时代脉搏，审时度势，科学认识时代进步的历史进程和发展规律，不失时机地深入进行全局性的战略考量，准确标定党和国家发展新的历史方位。习近平指出，坚持和发展中国特色社会主义是一篇大文章，进入新时代，"我们这一代共产党人的任务，就是继续把这篇大文章写下去"。这是基于对中国特色社会主义发展大逻辑的深刻把握，表明了我们党在新时代坚持"既不走封闭僵化的老路，也不走改旗易帜的邪路"，坚定不移地沿着中国特色社会主义方向继续奋勇前进的战略定

---

① 贾广东,李晓东,陈艳丽,高可心.贯彻重中之重思想 实行优先发展方针 ——新时代党对"三农"工作的领导方略 [J]. 中国领导科学，2021（2）38-44.

力和坚强意志，准确定位中国特色社会主义的伟大航船在历史发展的长河和时代进步的大潮中正确的前进航向。

其次，党的十九大报告"三个意味着"，清晰标定了新时代的历史内涵，深刻阐述了历史方位新变化的历史意义、理论价值和世界贡献。第一，"意味着近代以来久经磨难的中华民族迎来了从站起来、富起来到强起来的伟大飞跃，迎来了实现中华民族伟大复兴的光明前景"。这标志着中华民族从1949年建立新中国取得民族独立和解放，中国人民从此站起来，到1978年实行改革开放开始，国家和人民快速地富起来，再到进入新时代国家经济科技和国防外交等综合实力越来越强起来，历史新方位就是一座里程碑，清晰地标明了中国近代历史发展的逻辑阶段。第二，"意味着科学社会主义在二十一世纪的中国焕发出强大生机活力，在世界上高高举起了中国特色社会主义伟大旗帜"。这标志着中国特色社会主义的理论和实践，终结了所谓的"历史终结论"等谬论，开创了世界社会主义运动的历史新阶段和广阔前景，为科学社会主义在21世纪的发展提供了优秀样本和典型经验，是对科学社会主义理论的重大贡献，增强了世界各国共产党人对科学社会主义的理论信念和实践鼓舞。第三，"意味着中国特色社会主义道路、理论、制度、文化不断发展，拓展了发展中国家走向现代化的途径，给世界上的那些既希望加快发展又希望保持自身独立性的国家和民族提供了全新选择，为解决人类问题贡献了中国智慧和中国方案。"这标志着，中国特色社会主义道路不仅是适合中国现代化的特殊道路，同时具有世界性的普遍意义，尤其是中国作为世界上最大的发展中国家，它的经验和理论包含了对于发展中国家实现现代化规律的科学认识，对于世界上所有发展中国家具有借鉴意义；同时，中国面临和解决的许多问题，也是人类共同面对的挑战，所以其成功经验和解决方案，就是对人类的重大贡献。

再次，党和国家发展的历史方位新变化，是时代脉搏跳动的新脉象。党的十九大关于新时代五个科学内涵的阐述，就是对历史方位的准确定位：一是准确地定位了新时代在中国特色社会主义发展进程中承载着承前启后、继往开来的历史使命；二是准确地定位了新时代决胜全面建成小康社会，在实现"两个一百年"的奋斗目标和全面建成社会主义现代化强国中的目标追求；三是准确地定位了新时代在体现社会主义的本质特征和逐步实现全体人民共同富裕中的价值含义；四是准确地定位了新时代在实现中华民族伟大复兴中国梦新征程中的历史作用；五是准确地定位了新时代迎来强起来的中华民族在世界舞台上的战略地位和应有贡献。

最后，新历史方位的标定，激励着当代中国共产党人以强烈的时代担当和时代引领意识，切实履行时代赋予的使命职责。习近平指出："时代是出卷人，我们是答卷人，人民是阅卷人。"并多次庄严承诺"努力向历史、向人民交一份合格的答卷""交出新的更加优异的答卷!"新时代，以习近平同志为核心的党中央领导全党全国人民迎难而上、开拓进取，革故鼎新、励精图治，以巨大的政治勇气和强烈的责任担当，进行具有许多新的历史特点的伟大斗争，提出一系列新理念新思想新战略，解决了许多长期想解决而没有解决的难题，办成了许多过去想办而没有办成的大事，推动党和国家事业发生深层次的变革，取得历史性的成就。这"标志着我国发展站到了新的历史起点上"。这就是我们党向时代、向人民、向历史交出的合格的、优异的答卷。这足以证明，中国特色社会主义进入新时代，既是我们党长期努力的结果，也是党的十八大以来的伟大实践和历史性变革加速推动的。《中国共产党章程》明确："在习近平新时代中国特色社会主义思想指导下，中国共产党领导全国各族人民，统揽伟大斗争、伟大工程、伟大事业、伟大梦想，推动中国特色社会主义进入了新时代。"所以，习近平新时代中国特色社会主义思想，是引领中国特色社会主义进入新时代的强大思想武器，是我们党奉献给新时代最宝贵的精神礼物。

二、时代课题与社会主要矛盾的历史性变化

当代中国正经历着我国历史上最为广泛而深刻的社会变革，也是正在进行着人类历史上最为宏大而独特的实践创新和理论创新的时代。这是一个需要理论而且一定能够产生理论的时代，是一个需要思想而且一定能够产生思想的时代。理论与时代的关系，正如马克思所言："任何真正的哲学都是自己时代精神的精华"一样，真正科学的理论，总是紧紧围绕着时代的主题去回答时代的问题，从而成为引领时代进步的旗帜。

（一）改革开放以来的理论实践主题与新时代的时代课题

关于主题，习近平明确指出："中国特色社会主义是改革开放以来党的全部理论和实践的主题，全党必须高举中国特色社会主义伟大旗帜，牢固树立中国特色社会主义道

路自信、理论自信、制度自信、文化自信，确保党和国家事业始终沿着正确方向胜利前进。"这一主题，实质上决定和宣示了新时代我们党和国家"举什么旗、走什么路、以什么样的精神状态、担负什么样的历史使命、实现什么样的奋斗目标"等一系列重大问题。这一主题要求我们必须续写好中国特色社会主义这篇大文章，以"不断丰富中国特色社会主义的实践特色、理论特色、民族特色、时代特色"。

对于时代的课题。改革开放以来，我们党在不同历史阶段，每一代中国共产党人都有侧重地回答了相应的重大课题，形成了一脉相承，又与时俱进的马克思主义中国化的理论成果——中国特色社会主义理论体系及其相关组成部分。

以邓小平同志为主要代表的中国共产党人，深刻总结我国社会主义建设正反两方面经验，借鉴世界社会主义历史经验，第一次比较系统地回答了"什么是社会主义、怎样建设社会主义"这个重大课题和根本问题，深刻地揭示了社会主义的本质，确立社会主义初级阶段基本路线，明确提出走自己的路，开创了中国特色社会主义道路，创立了邓小平理论。

以江泽民同志为主要代表的中国共产党人，在建设中国特色社会主义的伟大实践中，加深了对什么是社会主义、怎样建设社会主义的认识，深刻回答了建设什么样的党、怎样建设党这个重大课题，积累了治党治国新的宝贵经验，形成了"三个代表"重要思想，在国内外形势十分复杂、世界社会主义出现严重曲折的严峻考验面前，捍卫了中国特色社会主义，成功地把中国特色社会主义推向 21 世纪。

以胡锦涛同志为主要代表的中国共产党人，根据新的发展要求，深刻认识和回答了实现什么样的发展、怎样发展等重大问题，形成了科学发展观。抓住重要战略机遇期，在全面建设小康社会进程中，促进社会公平正义，推动建设和谐世界，推进党的执政能力建设和先进性建设，成功在新的历史起点上坚持和发展了中国特色社会主义。

党的十八大以来，以习近平同志为主要代表的中国共产党人，全面审视国际国内新的形势，顺应时代发展，从理论和实践结合上系统回答了新时代坚持和发展什么样的中国特色社会主义、怎样坚持和发展中国特色社会主义这个重大时代课题，这个重大时代课题包含了改革开放以来我们党对社会主义问题、党的建设问题和中国发展问题的理论认识及其创新成果，是在新的历史条件下对三大时代问题认识的深化、理念的创新和战略的完善，紧密结合新的时代条件和实践要求，以全新的视野深化对共产党执政规律、社会主义建设规律、人类社会发展规律的认识，进行艰辛理论探索，取得重大理论创新成果，"创立了习近平新时代中国特色社会主义思想"，形成了坚持和发展中国特色社会主义丰富、系统、完整、开放的理论体系。

（二）我国社会主要矛盾的历史性变化

人类社会是在矛盾运动中不断向前发展的，在现实社会的矛盾运动中存在着复杂多样的社会矛盾。社会主要矛盾是各种社会矛盾的主要根源和集中反映，在社会矛盾运动中居于主导地位。它是一个国家生产力发展水平和社会发展阶段的客观反映，人们不可能主观任意选择。但对其的发展变化必须做出准确认识和及时判断，任何的超前或滞后都会干扰影响社会的发展进步，甚至会阻碍社会生产力发展。因此，社会主要矛盾理论是我们在研究社会历史发展时一个十分重要的方法论工具，也是我们制定正确的路线方针政策的重要现实依据。

关于我国社会主要矛盾的提法，1956年党的八大报告指出："我们国内的主要矛盾，已经是人民对于建立先进的工业国的要求同落后的农业国的现实之间的矛盾，已经是人民对于经济文化迅速发展的需要同当前经济文化不能满足人民需要的状况之间的矛盾。"这个论断，是符合当时我国实际的。但是后来发生"左"的错误，背离了党的八大关于我国社会主要矛盾的正确判断。

改革开放以后，我们党在对历史经验和我国国情做出科学分析的基础上，对党的八大关于社会主要矛盾的提法作了进一步概括，提出我国社会的主要矛盾是"人民日益增长的物质文化需要同落后的社会生产之间的矛盾"。我们党根据这一论断制定和坚持了正确的路线方针政策，推动中国特色社会主义事业取得了巨大成就。

随着改革开放的深入推进和中国特色社会主义的深入发展，我国稳定解决了十几亿人的温饱问题，人民美好生活需要日益广泛，不仅对物质文化生活提出了更高要求，而且在民主、法治、公平、正义、安全、环境等方面的要求日益增长。同时，我国社会生产力水平总体上显著提高，社会生产能力在很多方面进入世界前列，更加突出的问题是发展不平衡不充分，这已经成为满足人民日益增长的美好生活需要的主要制约因素。从辩证法角度看，不平衡不充分是绝对的，平衡是相对的，但当发展到了一定阶段后不平衡不充分成为社会主要矛盾的主要方面时，就必须下功夫去认识它、解决它，以达到相对的平衡，以更好地促进全局的发展，就需要对主要矛盾的定位变化做出新的符合实际的判断。因此，党的十九大报告不失时机地指出："中国特色社会主义进入新时代，我国社会主要矛盾已经转化为人民日益增长的美好生活需要和不平衡不充分的发展之间的矛盾。"指明了解决当代中国发展主要问题的根本着力点，丰富发展了马克思主义关于社会矛盾的学说。

我国社会主要矛盾的变化是关系全局的历史性变化。习近平指出，要"深刻学习领会我国社会主要矛盾发生变化的新特点"。这就清晰地告诉我们，一方面，它会对党和国家工作提出许多新要求，所以我们要适应新要求，研究新特点，要有新作为；另一方面，由于发展不平衡不充分问题已经成为主要矛盾，所以要着力解决好发展不平衡不充分问题，加强统筹协调，避免失衡现象。必须坚持以人民为中心的发展思想，大力提升发展质量和效益，更好满足人民在经济、政治、文化、社会、生态等方面日益增长的美好生活需要，不断促进人的全面发展、社会全面进步，全体人民共同富裕。同时，必须认识到，我国社会主要矛盾的变化，没有改变我们对我国社会主义所处历史阶段的判断，我国仍处于并将长期处于社会主义初级阶段的基本国情没有变，我国是世界最大发展中国家的国际地位没有变。全党要牢牢把握社会主义初级阶段这个基本国情，牢牢立足社会主义初级阶段这个最大实际，始终坚持党的基本路线不动摇，坚持既不落后于时代，也不脱离实际、超越阶段。

三、新时代闪耀着马克思主义真理光辉的思想旗帜

习近平新时代中国特色社会主义思想，是对马克思列宁主义、毛泽东思想、邓小平理论、"三个代表"重要思想、科学发展观的继承和发展，是马克思主义中国化最新成果，是党和人民实践经验和集体智慧的结晶，是中国特色社会主义理论体系的重要组成部分，是全党全国人民为实现中华民族伟大复兴而奋斗的行动指南，是新时代闪耀着马克思主义真理光辉的思想旗帜，是我们党必须长期坚持并不断发展的指导思想。习近平总书记是习近平新时代中国特色社会主义思想的主要创立者，为这一思想的创立发挥了决定性作用、做出了决定性贡献。

（一）习近平新时代中国特色社会主义思想的核心内容

习近平新时代中国特色社会主义思想的核心内容是"八个明确"和"十四个坚持"。"八个明确"，就是"明确坚持和发展中国特色社会主义，总任务是实现社会主义现代化和中华民族伟大复兴，在全面建成小康社会的基础上，分两步走在本世纪中叶建成富强民主文明和谐美丽的社会主义现代化强国；明确新时代我国社会主要矛盾是人民日益增长的美好生活需要和不平衡不充分的发展之间的矛盾，必须坚持以人民为中心的发展思想，不断促进人的全面发展、全体人民共同富裕；明确中国特色社会主义事业总体布局是"五位一体"、战略布局是"四个全面"，强调坚定道路自信、理论自信、制度自信、文化自信；明确全面深化改革总目标是完善和发展中国特色社会主义制度、推进国家治理体系和治理能力现代化；明确全面推进依法治国总目标是建设中国特色社会主义法治体系、建设社会主义法治国家；明确党在新时代的强军目标是建设一支听党指挥、能打胜仗、作风优良的人民军队，把人民军队建设成为世界一流军队；明确中国特色大国外交要推动构建新型国际关系，推动构建人类命运共同体；明确中国特色社会主义最本质的特征是中国共产党领导，中国特色社会主义制度的最大优势是中国共产党领导，党是最高政治领导力量，提出新时代党的建设总要求，突出政治建设在党的建设中的重要地位。"

"十四个坚持"：坚持党对一切工作的领导。坚持以人民为中心。坚持全面深化改革。坚持新发展理念。坚持人民当家做主。坚持全面依法治国。坚持社会主义核心价值体系。坚持在发展中保障和改善民生。坚持人与自然和谐共生。坚持总体国家安全观。坚持党对人民军队的绝对领导。坚持"一国两制"和推进祖国统一。坚持推动构建人类命运共同体。坚持全面从严治党。

"八个明确""十四个坚持"在指导思想和行动纲领的不同层面上回答了新时代坚持和发展什么样的中国特色社会主义、怎样坚持和发展中国特色社会主义这个重大时代课题，同时又是有机融合、有机统一，凝结着我们党坚持和发展中国特色社会主义的宝贵经验，反映了以习近平同志为核心的党中央对中国特色社会主义规律性认识的深化、拓展、升华，体现了理论与实际相结合、认识论和方法论统一的鲜明特色。

（二）习近平新时代中国特色社会主义思想

习近平新时代中国特色社会主义思想是科学的理论体系。习近平新时代中国特色社会主义思想是体系严整、逻辑严密、内涵丰富、博大精深、创新开放的科学理论体系。这一思想贯通马克思主义哲学、政治经济学、科学社会主义，贯通历史、现实和未来，贯通改革发展稳定、内政外交国防、治党治国治军等各领域，既坚持了"老祖宗"，又讲了很多新话，使我们党对共产党执政规律、社会主义建设规律、人类社会发展规律的认识达到了新高度，为发展马克思主义做出了原创性贡献。

习近平新时代中国特色社会主义思想，是以马克思主义的辩证唯物主义和历史唯物主义的基本原理为指导的，贯穿着马克思主义的科学世界观和基本立场观点方法；解放思想、实事求是、与时俱进，是马克思主义的活的灵魂，也是习近平新时代中国特色社会主义思想活的灵魂。这一思想植根于坚持和发展中国特色社会主义新的伟大实践，坚持理论指导和实践探索相统一，在指导实践、推动实践中展现出强大真理力量和独特思想魅力，体现了"我们党的基本思想方法、工作方法、领导方法"。这一思想具有丰富的文化底蕴，包含了对中华优秀传统文化的创造性转化和创新性发展，对党的优良传统作风和政治文化的继承发展，对人类文明积极成果和思想文化营养的积极吸纳。

习近平新时代中国特色社会主义思想充满着对马克思主义的坚定信仰，充满着对社会主义和共产主义的坚定信念，充满着对中国特色社会主义共同理想、实现中华民族伟大复兴中国梦的坚定信心，展现了当代中国共产党人坚定自信、担当勇毅、务实亲民、开明睿智的政治品格、价值追求和精神风范。这一思想坚守中国共产党人为人民谋幸福的初心，坚持人民主体地位，彰显了人民是历史的创造者、人民是真正英雄的唯物史观；彰显了以人为本、人民至上的价值取向；彰显了立党为公、执政为民的执政理念。这一思想承载着中国共产党人为民族谋复兴的历史使命，高扬中华民族伟大创造精神、伟大奋斗精神、伟大团结精神、伟大梦想精神，为实现中华民族伟大复兴提供了强大精神力量。这一思想担当着中国共产党人为世界谋大同的责任，饱含对人类发展重大问题的睿智思考和独特创见，为解决人类问题提供了中国智慧和中国方案，为推动构建人类命运共同体、促进人类共同发展做出了重要贡献。习近平新时代中国特色社会主义思想是不断发展的创新开放理论，必将在指导中国特色社会主义新的伟大实践中持续发展、不断丰富、更加完善。

（三）开辟当代中国马克思主义、21世纪马克思主义的新境界

一是开辟了马克思主义发展的新境界。习近平新时代中国特色社会主义思想，是马克思主义基本原理与新时代具体实际相结合的伟大理论成果，全面系统地发展了马克思列宁主义、毛泽东思想和中国特色社会主义理论体系，在许多重要领域和重要方面做出了独创性、原创性贡献，具有深远的历史意义。比如，关于坚定共产主义远大理想与中国特色社会主义共同理想辩证关系的论述，关于社会主要矛盾变化的判断，关于中国传统文化中知行合一思想的新阐述，都是对马克思主义哲学观点的丰富和发展。尤其是党的十八大以后，在实践中已经形成了习近平新时代中国特色社会主义经济思想、生态文明思想、强军思想、外交思想、法治思想等，丰富发展了马克思主义的政治经济学、马克思主义关于人与自然关系思想、马克思主义的军事理论和军事学说、马克思主义的世界历史理论和新中国外交思想。

二是开辟了社会主义发展的新境界。党的十八大以来，党领导人民在中国特色社会主义道路上，不断地"解放思想、解放和发展社会生产力、解放和增强社会活力"，激发起中国人民巨大的积极性和创造性，推动和促进了中国特色社会主义事业的全面蓬勃发展。中国特色社会主义"不是简单延续我国历史文化的母版，不是简单套用马克思主义经典作家设想的模板，不是其他国家社会主义实践的再版，也不是国外现代化发展的翻版"。中国独创的社会主义理论和实践，开辟了社会主义发展的新境界，极大地丰富和发展了科学社会主义的理论和实践。

三是开辟了我国治国理政的新境界。以习近平同志为核心的党中央提出了一系列治国理政的新理念新思想新战略，构建起治国理政系统完备、科学规范、运行有效的制度体系；为加快发展社会主义的经济、政治、文化、社会、生态建设，整体谋划和全面部署了科教兴国、人才强国、创新驱动发展、乡村振兴、区域协调发展、可持续发展、军民融合发展等重大战略，以及建设现代化经济体系，加快建设制造强国、科技强国、质量强国、航天强国、网络强国、交通强国、海洋强国等强国举措。开启了全面建设社会主义现代化国家新征程，做出了坚持和发展中国特色社会主义的战略安排，标志着我们

党治国理政的能力水平达到了全新的历史高度。

四是开辟了加强党的全面领导和全面从严治党的新境界。党的十八大以来，党中央坚持问题导向，推动全面从严治党向纵深发展。"党在革命性锻造中更加坚强，焕发出新的强大生机活力。"其深刻揭示了党的伟大自我革命同党领导人民进行的伟大社会革命的辩证关系；把中国共产党的领导，概括为中国特色社会主义最本质的特征和中国特色社会主义制度的最大优势。坚持把党的政治建设摆在首位，要求全党牢固树立"四个意识"，坚定"四个自信"，做到"两个维护"，把坚持党中央权威和集中统一领导作为政治建设的首要任务；创造性提出党内政治文化建设范畴，强调思想建党和制度治党紧密结合的理念；在党的历史上第一次对党的组织路线做出了完整表述，拓展完善了党的路线体系；强调建设伟大工程，要不断增强党的政治领导力、思想引领力、群众组织力和社会号召力。党的基层组织，要以提升组织力为重点等一系列新观点、新战略、新部署，丰富发展了马克思主义建党学说。

第二节　实现民族伟大复兴和治国理政的战略架构

"大时代需要大格局，大格局需要大智慧。"党的十八大以来，以习近平同志为核心的党中央，以"谋大势，讲战略、重运筹"的大智慧，高瞻远瞩，纵横捭阖，为实现中华民族伟大复兴中国梦的总任务、总目标，描绘了治国理政的宏伟战略蓝图，全面开启建设社会主义现代化强国的新征程，中华民族伟大复兴展现出令人鼓舞的光明前景，彰显了当代中国马克思主义、21世纪马克思主义理论智慧的鲜明中国特色和深厚文化底蕴。

一、以实现民族伟大复兴的中国梦为治国理政的总目标

中国共产党一经成立，就义无反顾地肩负起实现中华民族伟大复兴的历史使命。一百年来，我们党初心不改、矢志不渝，团结带领人民历经千难万险，付出巨大牺牲，进行了艰苦卓绝的斗争，创造了一个又一个彪炳史册的人间奇迹，谱写了气吞山河的壮丽史诗。中国特色社会主义进入新时代，实现中华民族伟大复兴展现出无比灿烂的光辉

前景。"今天，我们比历史上任何时期都更接近、更有信心和能力实现中华民族伟大复兴的目标。"

习近平总书记在中共十八届中央政治局常委参观《复兴之路》展览时，将近代以来中国人民为摆脱苦难、渴望自由、追求幸福、实现民族独立和解放、国家富强和复兴的强烈愿望和梦想精神，同党的十八大确定的中国特色社会主义的总任务相结合，创造性地提出"中国梦"的概念，并深刻地阐述了中国梦的时代内涵。他指出，中国梦的"核心内涵是中华民族伟大复兴，可以适当拓展，但不能脱离中华民族伟大复兴这个主题，要紧紧扭住这个主题激活和传递正能量"。

首先，中国梦归根到底是人民的梦。中国梦，凝聚了几代中国人的夙愿，是十四亿人民的共同梦想，是海内外全体中华儿女的共同期盼，体现了中华民族和中国人民的整体利益。中国梦视野宽广、内涵丰富、意蕴深远：一是"中国梦"的本质是实现国家富强、民族振兴、人民幸福，"是中国各族人民的共同愿景"，是每一个中国人的梦想，是"一种形象的表达，是一个最大公约数，是一种为群众易于接受的表述"。二是"中国梦"是历史的、现实的，也是未来的，是我们这一代的，更是青年一代的。中华民族伟大复兴的中国梦终将在一代代青年的接力奋斗中变为现实。所以，"全党要关心和爱护青年，为他们实现人生出彩搭建舞台。广大青年要坚定理想信念，志存高远，脚踏实地，勇做时代的弄潮儿，在实现中国梦的生动实践中放飞青春梦想"。三是中国梦与世界各国人民的美好梦想是相通的。中国梦是追求和平的梦，奉献世界的梦。实现中国梦给世界带来的是和平，不是动荡；是机遇，不是威胁。中国梦是和平、发展、合作、共赢的梦，是同世界各国人民寻求国家发展振兴、人民富裕幸福的梦想相接相通的。

其次，习近平强调，实现中国梦，必须走中国道路、弘扬中国精神、凝聚中国力量。道路决定命运。中国特色社会主义道路，是一条符合中国国情、富民强国的正确道路，要实现中华民族伟大复兴，必须坚定不移地沿着这条道路走下去；一个没有精神力量的民族难以自立自强。中国精神，就是凝心聚力的兴国之魂、强国之魂。"全国各族人民一定要弘扬伟大的民族精神和时代精神，不断增强团结一心的精神纽带、自强不息的精神动力，永远朝气蓬勃迈向未来。"中国力量，就是中国人民的力量。我们要把党内外、国内外一切积极因素充分调动起来，用十四亿人的智慧和力量汇集起不可战胜的磅礴力量。

最后，必须统揽推进"四个伟大"，即伟大梦想、伟大斗争、伟大工程、伟大事业。实现伟大梦想，绝不是轻轻松松、敲锣打鼓就能实现的。我们党要团结带领人民有效应对重大挑战、抵御重大风险、克服重大阻力、解决重大矛盾，就必须进行伟大斗争。实现伟大梦想，必须推进伟大事业。中国特色社会主义伟大事业是改革开放以来党的全部理论和实践的主题，是党和人民历尽千辛万苦、付出巨大代价取得的根本成就。实现伟大梦想，必须建设伟大工程。历史已经并将继续证明，没有中国共产党的领导，民族复兴必然是空想。只有不断深入推进党的建设新的伟大工程，始终保持党的先进性和纯洁性，不断增强党的政治领导力、思想引领力、群众组织力、社会号召力，确保我们党永葆旺盛生命力和强大战斗力，才能带领人民实现伟大梦想。应该强调，"四个伟大"是"紧密联系、相互贯通、相互作用，其中起决定性作用的是党的建设新的伟大工程"，因为党是中国特色社会主义的坚强领导核心。

二、中国特色社会主义事业的总体布局和"四个自信"

党的十八大以来，我们党观大势，谋大局，围绕实现中华民族伟大复兴中国梦这个总任务、总目标，精心设计了新时代治国理政的大格局、大战略。这就是坚持统筹推进"五位一体"总体布局、协调推进"四个全面"战略布局、坚持"稳中求进"的工作总基调，坚定中国特色社会主义的道路自信、理论自信、制度自信和文化自信"四个自信"。深刻领会和把握这个治国理政的战略构架，有助于我们深刻领会和把握中国特色社会主义的真谛和要义。

（一）统筹推进"五位一体"总体布局

党的十八大以来，我们党形成并统筹推进经济建设、政治建设、文化建设、社会建设、生态文明建设"五位一体"总体布局。强调总布局，是因为中国特色社会主义是全面发展的社会主义。这是我们党对社会主义建设规律认识不断深化的重要成果。改革开放以来，随着经济社会的发展和治国理政经验的积累，我们从物质文明、精神文明"两个文明"，到经济、政治、文化建设"三位一体"，经过经济、政治、文化、社会建设"四位一体"，再到"五位一体"，这是重大理论和实践创新，更带来了发展理念和发展方式的深刻转变。这个总布局，一是坚持统筹推进经济、政治、文化、社会和生态文明五个方面的建设，按照"五位一体"总体布局的整体性目标要求，坚持以经济建设为中心，促进五个方面建设统筹协调，全面进步。二是 2015 年 10 月，在党的十八届五中全会上，我们党在历史上第一次创造性地提出了以创新、协调、绿色、开放、共享为内容的五大新发展理念，以引领推进总布局。习近平强调，理念是行动的先导，"发展理念是否对头，从根本上决定着发展成效乃至成败"。以转变发展理念为抓手，统一全党思想，推动经济发展方式的战略转型。三是生态文明建设的地位和作用更加凸显。习近平强调："绿水青山就是金山银山。"这个新发展理念和重大战略，体现了我们党对经济发展与环境资源问题和人民健康的高度重视，进一步丰富发展了马克思主义的发展理论。

（二）坚定道路自信、理论自信、制度自信和文化自信

自信心，是源于内心深处的一种强大力量，是主体对于自己以往成功实践的自我肯定，是建立在主体对客观规律正确认识基础上的自由和自觉。这种自信的力量一旦产生，会形成一种毫无畏惧、战无不胜的感觉，成为走向未来克服前进道路上种种艰难困苦的精神勇气和内在动力。

改革开放以来，我们取得一切成绩和进步的根本原因，归结起来就是：开辟了中国特色社会主义道路，形成了中国特色社会主义理论体系，确立了中国特色社会主义制度，发展了中国特色社会主义文化。习近平指出："坚持不忘初心、继续前进，就要坚持中国特色社会主义道路自信、理论自信、制度自信、文化自信。"

"四个自信"统一于中国特色社会主义伟大实践，服务于中华民族伟大复兴的总任务。我们坚信，中国特色社会主义道路是实现社会主义现代化、创造人民美好生活的必由之路；中国特色社会主义理论体系是指导党和人民沿着中国特色社会主义道路实现中华民族伟大复兴的正确理论；中国特色社会主义制度是当代中国发展进步的根本制度保障。习近平强调："文化自信，是更基础、更广泛、更深厚的自信。"因为中国特色社会主义文化，是在五千多年文明发展中孕育的中华优秀传统文化，在党和人民伟大斗争中孕育的革命文化和社会主义先进文化，积淀着中华民族最深层的精神追求，蕴含着以爱国主义为核心的民族精神和以改革创新为核心的时代精神，代表着中华民族独特的精神标识，是我们实现民族伟大复兴的精神底气和强大力量。

三、全面深化改革，推进国家治理体系和治理能力现代化

改革开放是我们党的一次伟大觉醒，是中国人民和中华民族发展史上一次伟大革命，正是这个伟大觉醒孕育了我们党从理论到实践的伟大创造。40多年的改革开放取得了巨大成就、积累了宝贵经验。习近平从理论高度深刻地指出："中国40年改革开放给人们提供了许多弥足珍贵的启示，其中最重要的一条就是，一个国家、一个民族要振兴，就必须在历史前进的逻辑中前进、在时代发展的潮流中发展。"

（一）不走封闭僵化老路，不走改旗易帜邪路

改革开放是决定当代中国命运的关键一招。1978年12月，以党的十一届三中全会为标志，中国开启了改革开放历史征程。从农村到城市，从试点到推广，从经济体制改革到全面深化改革，中国人民用双手书写了国家和民族发展的壮丽史诗。35年后的2013年11月，习近平在党的十八届三中全会上指出："改革开放以来历次三中全会都研究讨论深化改革问题，都是在释放一个重要信号，就是我们党将坚定不移高举改革开放的旗帜，坚定不移坚持党的十一届三中全会以来的理论和路线方针政策。说到底，就是要回答在新的历史条件下举什么旗、走什么路的问题。"

关于这个在新的历史条件下举什么旗、走什么路的问题，习近平强调："我们的改革开放是有方向、有立场、有原则的。""我们的改革是在中国特色社会主义道路上不断前进的改革，既不走封闭僵化的老路，也不走改旗易帜的邪路。"这个方向、立场和原则：一是坚持社会主义的政治方向和发展道路；二是"坚持社会主义市场经济改革方向，核心问题是处理好政府和市场的关系，使市场在资源配置中起决定性作用和更好发挥政府作用"；三是要牢牢把握必须以促进社会公平正义、增进人民福祉为出发点和落脚点的价值导向。

（二）以推进国家治理体系和治理能力现代化为总目标

习近平多次强调，全面深化改革要牵住"牛鼻子"。全面深化改革最大、最重要的"牛鼻子"，就是完善和发展中国特色社会主义制度，推进国家治理体系和治理能力现代化这个总目标。总目标的本质和核心是国家制度体系的坚持、完善和发展。1992年，

邓小平在南方谈话中指出："恐怕再有三十年的时间，我们才会在各方面形成一整套更加成熟、更加定型的制度。"党的十四大提出："到建党一百周年的时候，我们将在各方面形成一整套更加成熟更加定型的制度。"党的十五大、十六大、十七大都对制度建设问题提出明确要求。党的十八大后，我们党把制度建设摆到更加突出的位置，习近平多次强调制度建设的重要性，决心通过全面深化改革，加快部署落实在各方面形成一整套更加成熟、更加定型的制度。

党的十八届三中全会，把全面深化改革的总目标正式确定为"完善和发展中国特色社会主义制度，推进国家治理体系和治理能力现代化"。这次全会在改革开放历史进程中具有划时代意义的根本标志，也是新时代党中央推进改革开放继续前进的政治大战略、大手笔，并且通过十九届三中、四中全会及其相关决定，进一步对"形成一整套更加成熟、更加定型的制度"的目标，做出了理论的和实践的重大创新和突破。一是坚持制度自信，以坚持和完善新中国成立 70 多年来创建发展的基本制度框架体系为政治前提和现实基础。二是科学系统地总结了我国社会主义制度和国家治理体系多方面的显著优势。党的十九届四中全会将其归纳为十三个方面的显著优势。三是坚持和完善国家治理制度的体系化与现代化。四是彰显了制度体系建构的创新性、治理能力与治理体系的匹配性及制度执行的有效性三者之间的有机统一。在党的历史上第一次提出了建立"不忘初心、牢记使命"的制度等党的领导制度体系。

（三）坚持正确的改革方法论

习近平明确指出："改革开放是前无古人的崭新事业，必须坚持正确的方法论。"首先，他强调全面深化改革，必须坚持历史唯物主义的世界观和方法论。坚持人民群众是历史创造者的观点，紧紧依靠人民推进改革。其次，必须运用马克思主义的唯物辩证法和中国化马克思主义的矛盾法则指导改革。"要坚持'两点论'和'重点论'的统一，善于厘清主要矛盾和次要矛盾、矛盾的主要方面和次要方面，区分轻重缓急，在兼顾一般的同时紧紧抓住主要矛盾和矛盾的主要方面，以重点突破带动整体推进，在整体推进中实现重点突破。"

一是摸着石头过河和加强顶层设计的辩证统一。习近平强调："摸着石头过河，是富有中国智慧的改革方法，也是符合马克思主义认识论和实践论的方法。"二是解放思想、统一思想、凝聚力量的辩证统一。解放思想，实事求是，是改革开放的逻辑起点和思想法宝，也是我们党领导改革开放的基本历史经验和发挥党的思想引领力，统一全党思想的中心环节。三是目标导向、问题导向和结果导向的辩证统一。扭住关键，精准发力，严明责任，狠抓落实，确保各项改革取得预期成效。四是重点突破和系统集成，整体协调的辩证统一。习近平指出："注重系统性、整体性、协同性是全面深化改革的内在要求，也是推进改革的重要方法。"同时要"以重点带动全局，把各项改革任务落到实处"。五是战略性和操作性的辩证统一，体现了虚实相生的辩证智慧。六是勇气和智慧的辩证统一。要有"明知山有虎，偏向虎山行"的英雄气概，但不能蛮干，要巧干，"既敢于出招又善于应招，做到'蹄疾而步稳'"。这些具有丰富科学内涵和时代特点的辩证智慧，是对马克思主义哲学方法论的创新和发展。

不忘初心，牢记使命。习近平指出："改革开放已走过千山万水，但仍需跋山涉水。"我们要坚持方向不变、道路不偏、力度不减，"逢山开路，遇水架桥，将改革进行到底"。这就是当代中同共产党人对改革开放始终不渝的信念、坚定不移的信心和铿锵有力的誓言。

四、建设世界一流军队——中国梦，也是强军梦

富国、强军，是中华民族实现伟大复兴的两大基石。习近平指出："强国梦，对军队来讲，也是强军梦。"建设一支听党指挥、能打胜仗、作风优良的人民军队，是党在新形势下的强军目标。习近平强军思想是马克思主义军事理论中国化时代化的新飞跃，是人民军队的强军之道、制胜之道。

（一）铸牢军魂：坚持党对军队的绝对领导

党对军队的绝对领导是人民军队的优良传统和本质特征。党对人民军队的绝对领导是建军之本、强军之魂。历史告诉我们，党指挥枪是保持人民军队本质和宗旨的根本保障，这是我们党在血与火的斗争中得出的颠扑不破的真理。习近平强调："人民军队必须牢牢坚持党对军队的绝对领导，把这一条当作人民军队永远不能变的军魂、永远不能丢的命根子。"

坚持党对军队绝对领导是有一整套制度作保证的。经过长期发展，其制度日臻完善，形成了包括坚持军队最高领导权和指挥权属于党中央、中央军委，中央军委实行主席负责制，实行党委制、政治委员制、政治机关制，实行党委统一的集体领导下的首长分工负责制，实行支部建在连上等在内的一整套制度体系。坚持党对军队绝对领导，首先全军对党要绝对忠诚，这是马克思主义建党建军的一条基本原则，是我们党长期以来建军治军经验教训的深刻总结。深入开展军魂教育，"要始终扭住听党指挥这个强军之魂"，确保我们人民军队在"任何时候任何情况下都坚决听从党中央、中央军委指挥"。

（二）强军号令：向着建设世界一流军队目标奋进复兴之路

承载着一个伟大民族的深沉梦想。强军之路，谱写着一支英雄军队的铁血荣光。在新中国成立前夕，毛泽东在筹建新中国时就发布了第一号强军号令："我们将不但有一个强大的陆军，而且有一个强大的空军和一个强大的海军。"1981年邓小平发出了"必须把我军建设成为一支强大的现代化、正规化的革命军队"的第二号强军号令。习近平在庆祝中国人民解放军建军90周年为主题的阅兵式上发出了第三号强军号令："把我们这支英雄的人民军队建设成为世界一流军队。"其开启了历经90载风雨历程的人民军队，迈向世界一流军队的新征程。

建设世界一流军队，首先要准确认识和科学把握世界军事发展大势，增强全面实施改革强军战略的自觉性和政治紧迫感。当今世界，新军事革命迅猛发展，未来战争的形态和作战方式正在发生重大变化。习近平强调："世界新军事革命对我们既是机遇，也是挑战。"我军"只有与时俱进、大力推进军事创新，才能尽快缩小差距、实现新的跨越""坚持政治建军、改革强军、科技强军、人才强军、依法治军"，全面推进强军战略，才能真正担当起党赋予的历史重任。

（三）锻造胜战之师：仗怎么打兵就怎么练

推进军事训练实战化，是党的十八大后人民军队军事训练领域一场深刻变革和恢宏实践。习近平提出了"实战化训练"的理念，强调"要坚持仗怎么打兵就怎么练"，要"在近似实战的环境下摔打锻炼部队"。

军队首先是一个战斗队。人民军队是执行党的政治任务的武装集团，既要政治过硬，也要本领高强，这个本领就是指能打仗、打胜仗的能力。必须牢固树立战斗力这个唯一的根本的标准。习近平强调："要牢记，能打仗、打胜仗是强军之要，必须按照打仗这个标准搞建设抓准备，确保军队能够做到招之即来、来之能战、战之必胜。"要"不断强化官兵当兵打仗、带兵打仗、练兵打仗思想，坚持从实战需要出发从难从严训练部队"。

为贯彻军事训练实战化原则，中央军委先后印发了《关于提高军事训练实战化水平的意见》《加强实战化军事训练暂行规定》和新一代《军事训练大纲》。在 2018 年 1 月的全军开训动员大会上，习近平身穿迷彩服在训练场向全军发布训令：要坚定不移把军事训练摆在战略位置，提高军事训练实战化水平，"全面加强实战化军事训练，全面提高打赢能力"。

（四）军事辩证法帅军：能战方能止战

军事辩证法，是研究军事领域各种矛盾运动的一般规律的学科，是军事科学的理论基础和方法论。习近平在帅军、治军、强军的领导实践中，创造性地丰富发展了党的军事辩证法思想。

1. 战争与和平的辩证关系。习近平指出："能战方能止战，准备打才可能不必打，越不能打越可能挨打，这就是战争与和平的辩证法。"这一论述，科学地揭示了战争与和平相互联系、相互转化的辩证关系，为我们认识新的时代条件下战争与和平问题提供了方法论指导，是对马克思主义战争观、和平观的丰富和发展。

2. 军事与政治的关系。战争是政治的继续，这是马克思主义战争理论的一个基本观点。毛泽东讲过，战争是政治的特殊形式的继续，政治是不流血的战争，战争是流血的政治。习近平指出："筹划和指导战争，必须深刻认识战争的政治属性，坚持军事服从政治、战略服从政略，从政治高度思考战争问题。"这一论断深刻阐明了战争与政治的辩证关系，明确了战争指导的根本原则。

3. 经济建设与国防建设的辩证关系。军民融合发展是兴国之举、强军之策。习近平指出："实现强军目标，必须同心协力做好军民融合深度发展这篇大文章。"其实质，就是经济建设和国防建设协调发展的问题。习近平强调："把军民融合发展上升为国家战略，是我们长期探索经济建设和国防建设协调发展规律的重大成果，是从国家发展和安全全局出发做出的重大决策，是应对复杂安全威胁、赢得国家战略优势的重大举措。"这是对我国长期以来经济建设和国防建设协调发展辩证关系的正确认识和科学总结。

五、全面建设社会主义现代化强国的战略安排

建设社会主义现代化强国，实现中华民族伟大复兴，是中国人民的最高利益和根本利益，不仅在中华民族发展史上具有里程碑意义，也是人类历史上前所未有的大变革，必将对人类社会的发展产生重大而深远的影响。

新中国成立以后，以毛泽东同志为代表的中国共产党人对社会主义现代化建设进行了艰辛探索，提出了实现"四个现代化"的战略目标，即建设国家现代化工业、现代化农业、现代化科学技术和现代化国防。改革开放后，以邓小平同志为代表的中国共产党人，根据新的实际和历史经验，按照"专心致志地、聚精会神地搞四个现代化建设"的要求，提出"三步走"战略目标，加快了我国实现社会主义现代化的进程。党的十六大、十七大、十八大在新的起点上提出了全面建成小康社会的各项要求，提出了"两个一百年"的奋斗目标，即"到建党一百年时建成经济更加发展、民主更加健全、科教更加进步、文化更加繁荣、社会更加和谐、人民生活更加殷实的小康社会""到新中国成立一百年时，基本实现现代化，把我国建成现代化社会主义国家。"

党的十九大明确，要紧扣我国社会主要矛盾变化，统筹推进经济建设、政治建设、文化建设、社会建设、生态文明建设，把到2020年，作为全面建成小康社会的决胜期。从2020年到21世纪中叶，再分两个阶段来安排。"第一个阶段，从2020年到2035年，在全面建成小康社会的基础上，再奋斗十五年，基本实现社会主义现代化。""第二个阶段，从2035年到本世纪中叶，在基本实现现代化的基础上，再奋斗十五年，把我国建成富强民主文明和谐美丽的社会主义现代化强国。到那时，我国物质文明、政治文明、精神文明、社会文明、生态文明将全面提升，实现国家治理体系和治理能力现代化，成为综合国力和国际影响力领先的国家，全体人民共同富裕基本实现，我国人民将享有更加幸福安康的生活，中华民族将以更加昂扬的姿态屹立于世界民族之林。"这就是从全面建成小康社会到基本实现现代化，再到全面建成社会主义现代化强国，实现民族伟大复兴的战略路线图、时间进度表，它规定和指导着一系列强国战略的节奏和进度。比如，

中国特色的强军之路："确保到 2020 年基本实现机械化"，"力争到 2035 年基本实现国防和军队现代化，到本世纪中叶把人民军队全面建成世界一流军队。"党的十九届四中全会明确：到我们党成立一百年时，在各方面制度更加成熟更加定型上取得明显成效；到 2035 年，基本实现国家治理体系和治理能力现代化；到新中国成立一百年时，全面实现国家治理体系和治理能力现代化，使中国特色社会主义制度更加巩固、优越性充分展现。

第三节　坚持党的全面领导和全面从严治党的理论

党的十九大报告指出："明确中国特色社会主义最本质的特征是中国共产党领导，中国特色社会主义制度的最大优势是中国共产党领导，党是最高政治领导力量"。贯彻新时代党的建设总要求，必须"坚持和加强党的全面领导，坚持党要管党、全面从严治党"。坚持以党的政治建设为统领，"全面推进党的政治建设、思想建设、组织建设、作风建设、纪律建设，把制度建设贯穿其中"。"把党建设成为始终走在时代前列、人民衷心拥护、勇于自我革命、经得起各种风浪考验、朝气蓬勃的马克思主义执政党。"

一、中国共产党领导是中国特色社会主义最本质的特征

毛泽东在 1948 年就讲过，"既要革命，就要有一个革命党"，一个"按照马克思列宁主义的革命理论和革命风格建立起来的革命党"。这个党，就是伟大的中国共产党。1954 年，毛泽东在第一届全国人民代表大会上庄严宣布："领导我们事业的核心力量是中国共产党，指导我们思想的理论基础是马克思列宁主义。"历史告诉我们，没有共产党，就没有新中国，就没有改革开放和中国特色社会主义，就没有中国特色社会主义新时代。

中国特色社会主义，是科学社会主义理论逻辑和中国社会发展历史逻辑的辩证统一，是中国共产党人把马克思主义基本原理同中国改革开放的具体实际相结合的产物，中国共产党是中国特色社会主义的开创者、领导者和推动者。所以，党的领导这个本质特征从发生学意义上说，首先，体现在：一是坚持党的领导符合科学社会主义理论逻辑，体

现了马克思主义政党学说关于社会主义必须由无产阶级政党领导的本质要求；二是中国特色社会主义符合中国社会发展的历史逻辑，党的领导是历史的选择，反映了中国历史发展的必然要求，是中国共产党对社会主义建设规律认识的深化；三是中国特色社会主义是党领导人民开创和发展起来的，党的领导是人民的选择，民心所向，坚持党的领导体现了中国共产党对自身执政规律认识的深化，反映了人民的意志。

其次，中国共产党领导是中国特色社会主义最本质的特征不是抽象的，它落实和体现在中国特色社会主义制度体系的各领域和各方面。比如，在政治上，坚持和完善党的领导制度体系，提高党科学执政、民主执政、依法执政水平。坚持和完善党的领导、人民当家做主和全面依法治国有机统一的人民代表大会根本制度和中国共产党领导的多党合作和政治协商制度等基本制度。坚持走中国特色社会主义政治发展道路和法治道路。在经济上，坚持和完善社会主义基本经济制度，推动经济高质量发展。在文化上，坚持和完善繁荣发展社会主义先进文化的制度，尤其是坚持马克思主义在意识形态领域指导地位的根本制度，坚持以社会主义核心价值观引领文化建设制度等。在社会建设上，坚持和完善统筹城乡的民生保障制度，满足人民日益增长的美好生活需要，以充分体现增进人民福祉、促进人的全面发展是我们党立党为公、执政为民的本质要求。在军队和国防建设上，坚持和完善党对人民军队的绝对领导制度，确保人民军队忠实履行新时代使命任务。在外交上，坚持以维护党中央权威为统领加强党对对外工作的集中统一领导，以中国特色大国外交，推动构建新型国际关系，推动构建人类命运共同体，等等。最重要的是体现在坚持党的领导是实现中华民族伟大复兴中国梦的根本保证之政治原则。

最后，中国共产党领导是中国特色社会主义最本质的特征，在党的法规和国家法律层面上已经得到正式确认，充分体现了它应有的政治合法性。党的十九大审议通过的《中国共产党章程》的总纲部分，已经明确地写上了："中国共产党的领导是中国特色社会主义最本质的特征，是中国特色社会主义制度的最大优势。党政军民学，东西南北中，党是领导一切的。"第十三届全国人民代表大会第一次会议通过的《中华人民共和国宪法（修正案）》，已经将"中国共产党领导是中国特色社会主义最本质的特征"写入第一章总纲的第一条第二款。

二、坚持党对一切工作的领导

坚持党的全面领导，必须"坚持党对一切工作的领导"的基本方略，贯彻好"党政军民学，东西南北中，党是领导一切的"这个重大政治原则。应该强调，坚持党对一切工作的领导，是党和国家的根本所在、命脉所在，是全国各族人民的利益所在、幸福所在。

首先，党对一切工作领导的政治原则是历史地形成的。早在 1942 年，我们党为了应对残酷的战争环境和克服党内出现的山头主义和分散主义倾向，就明确强调：党是无产阶级先锋队和无产阶级组织的最高形式，党要"领导一切其他组织，如军队、政府与民众团体"。新中国成立后，毛泽东同志进一步阐发了"党领导一切"的思想。1954 年他明确指出："领导我们事业的核心力量是中国共产党。"1962 年 1 月，毛泽东在扩大的中央工作会议上指出："工、农、商、学、兵、政、党这七个方面，党是领导一切的。党要领导工业、农业、商业、文化教育、军队和政府。"1973 年 12 月，毛泽东在中共中央政治局会议上又重申："政治局是管全部的，党政军民学、东西南北中。"并明确"党领导一切"，是强调党对政权、军队、民众团体等组织的政治领导，是指对大政方针的领导，而绝不是包揽一切具体事务。1975 年，邓小平同志在谈到领导班子建设和一、二把手的培养选拔时曾经强调，县委和县委书记很重要，因为要"对东西南北中、党政军民学各方面的工作都能抓得起来"。

党的十八大以来，针对党的领导淡化、弱化的突出问题，习近平总书记多次强调"党领导一切工作"的政治领导原则。首次明确提出这一原则，是在 2016 年 1 月 7 日中央政治局常委会听取全国人大常委会、国务院、全国政协、最高人民法院、最高人民检察院党组工作汇报，听取中央书记处工作报告后的讲话中，从制度化、规范化的高度突出强调："党中央集中统一领导要实现制度化、规范化。党政军民学，东西南北中，党是领导一切的。"并先后将这项政治原则写入《中国共产党章程》《关于新形势下党内政治生活的若干准则》和《中共中央政治局关于加强和维护党中央集中统一领导的若干规定》等，从制度上保证落实党的全面领导。

其次，党的领导必须是全面的、系统的、整体的。国家治理体系是由众多子系统构成的复杂系统，包括了人大、政府、政协、监委、法院、检察院、军队，各民主党派和无党派人士，各企事业单位，工会、共青团、妇联等群团组织，以及改革发展稳定、内政外交国防、治党治国治军等各领域各方面各环节。这个体系的核心是中国共产党。坚持党是领导一切的基本方略，意味着各个系统、各个领域、各个方面都必须自觉坚持中国共产党的领导，突出党的核心领导地位，发挥好党的领导核心作用。习近平形象地比喻说：这就像"众星捧月"，这个"月"就是中国共产党。在国家治理体系的大棋局中，党中央是坐镇中军帐的"帅"，车马炮各展其长，一盘棋大局分明。2017年10月，在党的十八届七中全会上，习近平要求这盘大棋局，通过完善各项领导制度以及相应的体制机制，以确保得到有效的执行和落实。他明确指出"必须坚持党的领导，坚持和完善民主集中制，坚持党领导各项工作的体制机制，确保党对一切工作的领导，确保党总揽全局、协调各方"。

再次，坚持党对一切工作的全面领导，巩固发挥党的领导的政治优势，必须牢固树立"四个意识"，坚定"四个自信"，做到"两个维护"。一是树立"四个意识"。政治意识、大局意识、核心意识、看齐意识是有机统一的。政治意识是统领、贯穿其中的。政治意识，作为政党的一种自我意识，是政党对于自身的性质宗旨、信念使命、路线方针以及纪律制度的自觉认识与集体认同，是对于党和国家重大政策部署的正确认识和把握。对党员干部来说，政治意识的强弱和自觉程度的高低，是其政治觉悟的重要标志。政治意识，最重要的是要落实到增强核心意识、看齐意识。这是强化政党成员集体认同的重要精神机制，也是党的凝聚力、战斗力、影响力所在。毛泽东在党的七大预备会上说过，要知道，一个队伍经常是不大整齐的，所以就要常常喊看齐。"看齐是原则，有偏差是实际生活，有了偏差，就喊看齐。"习近平在2015年12月召开的中共中央政治局专题民主生活会上强调："中央政治局的同志必须有很强的看齐意识，经常、主动向党中央看齐，向党的理论和路线方针政策看齐。"《关于新形势下党内政治生活的若干准则》明确规定："党的各级组织、全体党员特别是高级干部都要向党中央看齐，向党的理论和路线方针政策看齐，向党中央决策部署看齐，做到党中央提倡的坚决响应、党中央决定的坚决执行、党中央禁止的坚决不做。"二是坚定"四个自信"，即道路自信、制度自信、理论自信和文化自信。"四个自信"归结到一句话，就是我们党、国家和民族的政治自信。其中，文化自信是一个国家、一个民族发展中更基本、更深沉、更持久的力量。理论自信，说到底是对马克思主义世界观方法论、科学思维方式的充分自信和自觉运用。三是做到"两个维护"，这是党的十八大以来我们党的重大政治成果和宝贵经验，是我们党最重要的政治纪律和政治规矩。"两个维护"是落实核心意识、看齐意识的必然要求和政治规矩，这是马克思主义建党学说的一个基本观点。在我们这样一个有着十四亿人口的大国，必须有一个众望所归的领袖；我们这样一个有着9000多万名党员和500多万个基层党组织的大党，必须有党中央的权威和一个坚强的领导核心，否则就会导致各自为政，那就什么事情都干不成。坚持和加强党的全面领导，最重要的是坚决维护党中央权威和集中统一领导；最关键的是坚决维护习近平总书记党中央的核心、全党的核心地位。坚决做到"两个维护"，就要"不断增强拥护核心、跟随核心、捍卫核心的思想自觉政治自觉行动自觉……要以党章为根本依据，不断完善保障'两个维护'的制度机制。"

最后，党的十九届四中全会是坚持完善党的全面领导制度体系，把党的领导落实到国家治理各领域各方面各环节的重要标志。全会从建立不忘初心、牢记使命的制度，完善坚定维护党中央权威和集中统一领导的各项制度，健全党的全面领导制度，健全为人民执政、靠人民执政各项制度，健全提高党的执政能力和领导水平制度，完善全面从严治党制度六个方面，具体化了党的领导制度体系的框架结构和政治原则，为坚持和完善，丰富和发展党的领导制度奠定了坚实、完整的制度基础。

三、坚持全面从严治党理论

党的十九大报告强调："全面从严治党永远在路上。"因为我们党面临的执政环境是复杂的，影响党的先进性、弱化党的纯洁性的因素也是复杂的，党内存在的思想不纯、组织不纯、作风不纯等突出问题尚未得到根本解决。要深刻认识党面临的"四大考验""四种危险"的长期性。习近平指出："全面从严治党，核心是加强党的领导，基础在全面，关键在严，要害在治。""全面"就是管全党、治全党，面向全体党员、党组织，覆盖党的建设各个领域、各个方面、各个部门，重点是抓住"关键少数"。"严"就是真管真严、敢管敢严、长管长严。"治"就是从党中央到地方各级党委，从中央部委、国家机关部门党组（党委）到基层党支部，特别是各级党组织的主要领导，都要肩负起主体责任；各级纪委要担负起监督责任，勇于执纪问责。全党要坚持问题导向，保持战略定力，坚定不移推动全面从严治党向纵深发展。

（一）把党的政治建设摆在首位

加强党的政治建设，以党的政治建设为统领，把党的政治建设摆在首位，是党的十九大提出的重大命题。习近平强调："党的十九大提出党的政治建设这个重大命题，是有很深的考虑的。"因为党的政治建设决定党的建设方向和效果。"党内存在的很多问题都同政治问题相关联。"不从政治上认识问题、解决问题，就无法从根本上解决问题。习近平反复强调："全面从严治党首先要从政治上看""政治问题要从政治上来解决"。所以，这是从历史经验和理论战略高度，从解决党的建设实践中存在问题的需要，从党和国家长治久安的百年大计出发提出的重大命题，是从发扬我们党旗帜鲜明讲政治的优良传统，坚持和完善党的领导这个中国特色社会主义最本质特征和最大制度优势，党要经受长期执政的严峻考验，厚植党的政治根基，警惕防范执政风险，提高执政能力，改善执政方式等多维度多层次深远考虑的战略命题，体现了我们党不断提高长期执政的理论自觉性和政治坚定性。

加强党的政治建设，目的是坚定政治信仰，坚守政治方向，站稳政治立场，强化政治领导，提高政治能力，净化政治生态，实现全党在思想上、政治上、行动上的团结统一。把党的政治建设摆在首位，就要突显党的政治建设的根本性地位，聚焦党的政治属性、政治使命、政治目标、政治追求的持续发力。以党的政治建设为统领，就要以坚定理想信念宗旨为根基，把政治标准和政治要求贯穿党的政治建设、思想建设、组织建设、作风建设、纪律建设以及制度建设、反腐败斗争的始终。

党的十八大以来，党中央推出了一系列加强党的政治建设重大举措。比如，颁布《关于新形势下党内政治生活的若干准则》，从规范党内政治生活入手，营造风清气正的政治生态；印发《中共中央关于加强党的政治建设的意见》，全面阐述了加强政治建设的理论根据、战略举措和组织实施要求，进一步深化了党对政治建设规律、党的执政规律的认识，开创了党的政治建设理论和实践的新境界。

（二）贯彻新时代党的组织路线

正确的政治路线要靠正确的组织路线来保证。习近平指出："组织路线对坚持党的领导、加强党的建设、做好党的组织工作具有十分重要的意义。"新时代党的组织路线是：全面贯彻习近平新时代中国特色社会主义思想，以组织体系建设为重点，着力培养忠诚干净担当的高素质干部，着力集聚爱国奉献的各方面优秀人才，坚持德才兼备、以德为先、任人唯贤，为坚持和加强党的全面领导、坚持和发展中国特色社会主义提供坚强组织保证。新时代党的组织路线的提出，是在党的历史上对党的组织路线的第一次完整表述，进一步丰富发展和优化了党的路线体系，是对马克思主义建党学说的重要贡献。

党的力量来自组织。党的全面领导、党的全部工作要靠党的坚强组织去实现。习近平指出"我们党是按照马克思主义建党原则建立起来的，形成了包括党的中央组织、地方组织、基层组织在内的严密组织体系。这是世界上任何其他政党都不具有的强大优势"。党的基层组织是党的肌体的"神经末梢"，是党执政大厦的地基。加强基层党组织建设，要以提升组织力为重点，突出政治功能。要探索加强新兴业态和互联网党建工作，扩大党在新兴领域的号召力和凝聚力。

（三）坚持党管干部和党管人才，建设高素质专业化干部队伍

"育才造士，为国之本。"全面从严治党，不断提高党的执政能力和领导水平，建设一支宏大的忠诚干净担当的高素质干部队伍是关键。习近平提出了"关键少数"的概念，并强调坚持抓"关键少数"和管"绝大多数"相统一，是党的十八大以来，全面从严治党取得的宝贵经验。

建设高素质的干部队伍，首先，要从确立好干部的标准抓起。在 2013 年全国组织工作会议上，习近平指出："好干部的标准，大的方面说，就是德才兼备。"当前概括起来说，好干部要做到信念坚定、为民服务、勤政务实、敢于担当、清正廉洁"，同时突出强调了两条：一条是"理想信念坚定，是好干部第一位的标准"。共产党人如果没有信仰、没有理想，或信仰、理想不坚定，就必然导致政治上变质。必须用科学理论武装头脑，把理想信念建立在理性认识的基础之上；另一条是"坚持原则、敢于担当是党的干部必须具备的基本素质。""担当大小，体现着干部的胸怀、勇气、格调，有多大

担当才能干多大事业。"其次，要重点抓好干部培育、选拔、管理、使用的制度体系建设。坚持正确选人用人导向，匡正选人用人风气，突出政治标准，培养造就一支具有铁一般信仰、铁一般信念、铁一般纪律、铁一般担当的干部队伍。要大力发现储备年轻干部，注重在基层一线和困难艰苦的地方培养锻炼年轻干部。再次，习近平强调："全面从严治党要注重正上梁。"要抓好高级干部、党政机关和各级主要领导干部的率先垂范作用，做到信念过硬、政治过硬、责任过硬、能力过硬、作风过硬。

最后，建设高素质的干部队伍，还要抓好干部身边人员和家教、家风。这既是对党员、干部的严格要求，也是对党员、干部的关心、爱护。

要坚持党管人才原则，聚天下英才而用之，加快建设人才强国，努力建设一支矢志爱国奉献、勇于创新创造的优秀人才队伍，最大限度把广大人才的报国情怀、奋斗精神、创造活力激发出来。

（四）刮骨疗毒、正风肃纪，扎牢制度的笼子

"打铁必须自身硬。"一是以零容忍态度惩治腐败，正本清源。因为"人民群众最痛恨腐败现象，腐败是我们党面临的最大威胁"。党的十八大以来，以习近平同志为核心的党中央以强烈的历史责任感、使命忧患意识和顽强的意志品质，以力挽狂澜的气魄和胆识，以猛药去病、重典治乱的决心，以刮骨疗毒、壮士断腕的勇气，正风肃纪、反腐惩恶，以零容忍态度"打虎""拍蝇""猎狐"，坚持标本兼治，消除了党和国家内部存在的严重隐患，反腐败斗争取得压倒性胜利。二是持之以恒正风肃纪。党的作风是党的形象，作风问题核心是党同人民群众的关系问题，是党的生命力所在。党的作风问题关系人心向背，关系党的执政基础，关系党的生死存亡。习近平指出："加强作风建设，必须紧紧围绕保持党同人民群众的血肉联系，增强群众观念和群众感情，不断厚植党执政的群众基础。"党的十八大后，通过制定和落实中央八项规定精神整饬"四风"，坚决反对形式主义、官僚主义、享乐主义、奢靡之风。将集中教育和经常性教育相结合，在全党开展以为民务实清廉为主要内容的党的群众路线教育实践活动，"三严三实"专题教育，推进"两学一做"学习教育常态化、制度化，"不忘初心、牢记使命"主题教育等途径，推动党风政风建设取得显著实效，党心民心为之大振。作风问题具有顽固性和反复性，是攻坚战、持久战，必须锲而不舍、持之以恒地抓常、抓细、抓长。实践证

明，只要真管真严、敢管敢严，党风建设就没有什么解决不了的问题。习近平告诫全党，要牢记："贯彻群众路线没有休止符，作风建设永远在路上。"三是严明纪律，扎牢制度的笼子。无产阶级政党是具有严明纪律的政党。"党要管党，从严治党，靠什么治？就要靠严明纪律。"严明纪律是我们党的光荣传统和独特优势，是维护党团结统一的根本保证。党的纪律是多方面的，首先，要严格遵守党章。党章是党的根本大法。"凡是违反党章和党的纪律特别是政治纪律、组织纪律、财经纪律的行为，都不能放过，更不能放纵。"其次，"政治纪律是最重要、最根本、最关键的纪律，遵守党的政治纪律是遵守党的全部纪律的重要基础。"再次，遵守党的纪律是无条件的，各级党组织要敢抓敢管，使纪律真正成为带电的高压线。最后，全面从严治党，制度事关根本，关乎长远。要"把权力关进制度的笼子里"，扎牢制度的笼子。制度建设"要搞配套衔接，做到彼此呼应，增强整体功能"。要健全党和国家监督体系，形成纪律监督、监察监督、派驻监督、巡视监督等全覆盖的权力监督格局。制定制度很重要，更重要的是抓落实，坚决维护制度的严肃性和权威性，广大党员干部牢固树立法治意识、制度意识、纪律意识，自觉地尊崇制度、遵守制度、捍卫制度，建设和形成富有制度约束力的党内政治文化。

四、"两个革命"相促进的理论

习近平指出："要把新时代坚持和发展中国特色社会主义这场伟大社会革命进行好，我们党必须勇于进行自我革命。"同时强调，"在新时代，我们党必须以党的自我革命来推动党领导人民进行的伟大社会革命"。这意味着，一方面，勇于进行党的自我革命是坚持和发展中国特色社会主义伟大社会革命的客观要求，所以是伟大的社会革命客观上要求和推动着党进行自我革命；另一方面，必须不断地进行党的自我革命，才能更好地推动党领导人民进行的伟大社会革命，所以是党的自我革命推动着伟大社会革命的前进。这就是习近平提出的"两个革命相互促进的理论"。毫无疑义，新时代党领导人民进行的伟大社会革命，集中体现为全面深化改革这场深刻的社会变革。邓小平早就明确指出："改革是中国的第二次革命。"而全面从严治党，就是新时代党的自我革命的集中表现。因此，习近平同志提出的两个伟大革命相互促进的理论，是对全面深化改革政治动力机制的创造性开发，也是对全面从严治党、党的自身建设理论内涵的创新深化。

马克思说过："革命是历史的火车头。"世界历史证明，每一次真正的社会革命，客观上都在不同程度上推动了社会历史的进步，西方的资产阶级革命是如此，以十月革命为标志的社会主义革命更是如此。历史同样证明，近代以来世界上的每一次伟大社会革命，都是由政党来领导的。所以，如果要将其领导的社会革命持续推进、进行到底，那么，这个政党必须具有和保持强大的自我革命的政治品格，才能始终保持领导资格，否则已经进行的社会革命必然会遭遇夭折或停顿，最后党的生命也会终止。苏联共产党的兴亡史及第一个社会主义国家苏联解体的教训就是一部深刻的反面教材。习近平指出："勇于自我革命，是我们党最鲜明的品格，也是我们党最大的优势。"我们党成立至今的百年历史进程中，经历了遵义会议、延安整风、十一届三中全会、全面从严治党等多次成功的重大自我革命和自我超越，保证了党领导人民进行的新民主主义革命、社会主义革命和改革开放这场伟大社会革命不断取得新的胜利。历史深刻地昭示我们，只要不断进行党的自我革命，实现党的自我净化、自我完善、自我革新、自我提高，党就能不断焕发出新的强大生机活力，为推进党领导的伟大社会革命提供不竭的动力。实践反复证明，两个伟大革命是紧密相连、相互促进的。习近平特别强调，党的自我革命对于党领导的社会革命的决定性作用，是矛盾的主要方面。坚持我们党勇于自我革命的鲜明政治品格，"这既是我们党领导人民进行伟大社会革命的客观要求，也是我们党作为马克思主义政党建设和发展的内在需要"。

党领导人民进行的伟大社会革命与党的自我革命相互促进，或者说，新时代全面深化改革与全面从严治党的相互促进，具有内在的精神机制，这就是改革创新精神与党的自我革命精神这两种革命精神的辩证统一、相互促进。习近平指出："不忘初心，牢记使命，就不要忘记我们是共产党人，就不要忘记我们是革命者，不要丧失了革命精神。"新时代的革命者，要发扬两种革命精神，一种是领导进行伟大社会革命的改革创新精神，另一种是全面从严治党的"彻底的自我革命精神。"

新时代的改革创新精神。它蕴含着中华民族独立自主、自强不息的民族精神的文化基因；流淌着中国共产党人一往无前，永不懈怠的革命奋斗精神血脉；洋溢着改革开放时代敢想、敢闯、敢干的开拓创新精神和生命意识的律动。特别是把握大势、主动求变、攻坚克难的历史机遇意识和抢占先机的战略进取精神；敢为天下先的首创精神、革命胆略和"积极探索适合自身发展需要的新道路、新模式"的探索创造精神。

全面从严治党的"彻底的自我革命精神"。从根本上说,这种彻底自我革命精神是由马克思主义政党的性质和本质特征所决定的党的基本品格和政治优势,是马克思主义政党的高尚品格和精神标志。一是把实现不断增强党的"自我净化、自我完善、自我革新、自我提高"作为党自身建设的重要目标;二是坚持把党的政治建设摆在首位,思想建党和制度治党同向发力的精神保障机制;三是彻底的大无畏精神,零容忍态度惩治腐败的顽强意志品格;四是严以修身律己,闻过则喜的高尚精神和人格境界;五是始终保持"永在赶考路上"的强烈忧患意识。

总之,"我们要坚持用时代发展要求审视自己,以强烈忧患意识警醒自己,以改革创新精神加强和完善自己"。以时代发展要求为价值坐标,将党的自我革命精神和改革创新精神辩证地统一起来,有效地推动两个革命的持续发展。

第四节 以人民为中心理论的科学内涵与价值维度

坚持以人民为中心,是新时代坚持和发展中国特色社会主义的根本立场。马克思主义是人民的理论,归根到底就是一句话,为人类求解放。习近平指出:"马克思主义之所以具有跨越国度、跨越时代的影响力,就是因为它植根人民之中,指明了依靠人民推动历史前进的人间正道。"坚持以人民为中心的理论,集中回答了共产党同人民群众关系的三个重大问题:为了谁,依靠谁,我是谁。充分体现了人民群众是历史创造主体唯物史观的基本立场、观点和方法。不忘初心,方得始终。为中国人民谋幸福,是中国共产党人的初心使命。习近平强调:"以百姓心为心,与人民同呼吸、共命运、心连心,是党的初心,也是党的恒心。"这是对马克思主义人民理论的创造性丰富发展。

一、不忘初心,以百姓心为心——人民至上的党性价值立场

不忘初心,为中国人民谋幸福,为中华民族谋复兴,必然要求"以百姓心为心"。2014 年 9 月 30 日,习近平在庆祝新中国成立 65 周年招待会上的讲话中指出:"我们要坚持'以百姓心为心',倾听人民心声,汲取人民智慧,始终把实现好、维护好、发

展好最广大人民根本利益作为一切工作的出发点和落脚点，让发展成果更多更公平惠及全体人民。""以百姓心为心"典出老子《道德经》第四十九章，意思是圣人要把老百姓的心愿作为自己的意愿。所以，古人讲的"以百姓心为心"，同我们党的全心全意为人民服务的精神具有内在的一致性，当然我们党的根本宗旨，习近平总书记讲的"以百姓心为心"，其政治内涵更加丰富、理论境界更高。以百姓心为心，就是强调我们共产党人没有自己的私心，一切以人民的利益为中心。《中国共产党章程》明确："党除了工人阶级和最广大人民群众的利益，没有自己特殊的利益。党在任何时候都把群众利益放在第一位。"习近平常常告诫全党要"坚持以百姓心为心，努力解民忧、办实事，为推动党和国家事业发展汇聚强大力量。""以百姓心为心"，是对唯物史观关于人民群众是历史的主体之观点富有中国文化气派的生动表达，蕴含着对各级领导干部必须尊重历史主体，服务历史主体的价值要求和殷切期望。用心、用情地去体察群众疾苦，了解群众期待，化解群众忧虑，满足群众需要。习近平说过："'治政之要在于安民，安民之道在于察其疾苦。'古人议政的这句话，今天依然值得借鉴。"

不忘初心，以百姓心为心，首先，要坚持"以民为天"，即"把人民放在心中最高位置"，坚持人民至上的政治原则和党性立场。习近平曾清晰地阐述过我们党的以民为天思想，他指出："'人在做、天在看'。'天'是什么？'天'就是党和人民。"他讲过："老百姓是天，老百姓是地。忘记了人民，脱离了人民，我们就会成为无源之水、无本之木，就会一事无成。"我们知道，中国老百姓民间也流传着"人在做、天在看"的口头语。其实中国传统文化具有深厚、浓郁的"以民为天"的思想。《管子》中有："王者以民为天，民以食为天，能知天之天者，斯可矣"的记载。王者"能知天之天者"，就是强调执政者要了解老百姓心中的天，即他们的基本生活需要和心中的期待和向往。显然，习近平强调的"以民为天"，已经上升到党性和人民性高度统一的理论境界，是对中华优秀传统文化中民本思想的创造性转化和创新性发展，也是对群众通俗化语言的理论升华。"以民为天"，就是人民至上，就要敬畏人民，顺从民意，赢得民心，否则就是有违天意。所以，"以民为天""以百姓心为心"，就是以人民为中心，充分体现了我们党的根本宗旨、价值立场和执政理念，也是对全心全意为人民服务宗旨具有中国文化底蕴和人民群众通俗易懂语言的形象表达。

其次，不忘初心，以百姓心为心，就要对人民始终保持赤子之心，怀有仁爱之心、关爱之心。习近平指出："我们要永远保持建党时中国共产党人的奋斗精神，永远保持对人民的赤子之心。"强调"保持对人民的赤子之心，坚持工作重心下移，扑下身子深入群众，面对面、心贴心、实打实做好群众工作，着力解决群众反映强烈的突出问题"。习近平曾在不同场合多次引用过郑板桥的著名诗句"衙斋卧听萧萧竹，疑是民间疾苦声。些小吾曹州县吏，一枝一叶总关情"，强调"我们共产党人对人民群众的疾苦更要有这样的情怀，要有仁爱之心、关爱之心，更多关注困难群众，不断提高全体人民生活水平"，充分显现了他时刻牵挂人民群众疾苦的为民情怀。强调要把心贴近人民。习近平曾在引用唐太宗李世民和大臣们总结国家治理"必须先存百姓，若损百姓以奉其身，犹割股以啖腹，腹饱而身毙"的典故后强调："古代封建统治者尚能认识到存养百姓的重要性，我们党的各级领导干部更应自觉坚持全心全意为人民服务的根本宗旨，保持同人民群众的血肉联系。"

最后，不忘初心，以百姓心为心，就要永远对人民怀有敬畏之心。习近平强调："各级领导干部要牢固树立正确权力观，保持高尚精神追求，敬畏人民、敬畏组织、敬畏法纪。"敬畏人民，一是守护人民的生命安全和身体健康。在 2020 年春节前后，我国暴发了一场新中国成立以来传播速度最快、感染范围最广、防控难度最大的重大突发公共卫生事件——新冠肺炎疫情。习近平对此高度重视，亲自主持中共中央政治局常委会、中央政治局会议专题研究，党中央迅速作出部署，全面加强对疫情防控的集中统一领导。习近平多次做出重要指示，反复强调"要把人民群众生命安全和身体健康放在第一位，坚决遏制疫情蔓延势头"。他亲自到北京市调研指导疫情防控工作，视频连线湖北和武汉抗疫前线，听取前方中央指导组、湖北指挥部工作汇报。主持召开中央全面依法治国委员会等多个委员会会议，从不同角度对做好疫情防控工作提出要求。会见世界卫生组织负责人，连续同各国元首、政要通电话，保持良好国际沟通。2020 年 2 月 23 日，他在统筹推进新冠肺炎疫情防控和经济社会发展工作部署会议上的讲话中真情告白："我时刻关注着疫情防控工作，每天都做出口头指示和批示。"3 月 10 日，当疫情防控斗争进入关键阶段、关键时刻，习近平又亲临武汉实地考察、现场指导，看望慰问奋战在一线的干部群众，为打赢这场疫情防控战指明方向，传递必胜信心，为全党同志守护人民群众的生命安全和身体健康树立了榜样。二是敬畏人民赋予的权力。"水能载舟，亦能覆舟"，民心是最大的政治。敬畏人民，就要对人民群众赋予的权力心存敬畏，坚持公正用权、依法用权、为民用权、廉洁用权、从严用权、谨慎用权，自觉地接受人民群众对权力运行的监督。习近平强调，在"对待人民赋予权力上始终保持敬畏之心"。三是怀着对人民的敬畏之心去服务人民。群众的事，再小也是大事，要像孝敬父母那样，去满足人民群众对美好生活的需要。坚持把人民群众的小事当作自己的大事，从人民群众关心的事情做起，从让人民群众满意的事情做起。四是敬畏人民群众对我们工作的认同、评判和检验。金碑银碑，不如老百姓的口碑。"让群众满意是我们党做好一切工作的价值取向和根本标准。"习近平强调："我们党的执政水平和执政成效都不是由自己说了算，必须而且只能由人民来评判。人民是我们党的工作的最高裁决者和最终评判者。"

二、以人民为中心的发展思想——发展为人民的价值取向

党的十八届五中全会首次提出着力践行以人民为中心发展思想的新观点，这是对马克思主义的发展思想和党的发展理念、发展理论以及中国优秀传统文化中"民本思想"的传承、创新和发展，是对发展是执政兴国的第一要务价值取向的进一步强调，突出了发展为人民的价值目标，深化了为谁发展、靠谁发展的重大理论问题。习近平强调："'治国有常，而利民为本。'以人民为中心的发展思想，不是一个抽象的、玄奥的概念，不能只停留在口头上、止步于思想环节，而要体现在经济社会发展各个环节。"

第一，要充分体现在坚持人民是推动历史发展的根本力量的唯物史观理论贯彻上。首先，坚持人民是历史创造者的观点，尊重和发挥人民群众的历史创造精神。习近平指出："如何认识人民群众在历史上的作用，是社会历史观的重大问题。同历史唯心主义英雄史观相对立，历史唯物主义群众史观第一次彻底解决了这个重大问题，提出人民是历史的创造者。"人民是真正的英雄，是决定着党和国家前途命运的根本力量。列宁曾说过，马克思最重视的是人民群众的历史主动性。毛泽东的著名论断是："人民，只有人民，才是创造世界历史的动力。"改革开放取得成功的根本原因和最宝贵的经验之一，就是充分尊重人民群众的首创精神，争取和获得人民群众对改革开放的衷心拥护、积极参与和热情支持。习近平指出："没有人民支持和参与，任何改革都不可能取得成功。

无论遇到任何困难和挑战，只要有人民支持和参与，就没有克服不了的困难，就没有越不过的坎。"全面深化改革，"为了人民而改革，改革才有意义；依靠人民而改革，改革才有动力"。我们要"把人民对美好生活的向往作为奋斗目标，依靠人民创造历史伟业"。其次，坚持人民立场和党性立场的统一，坚定地站稳党性立场，增进对人民群众的感情。充分调动和发挥广大人民群众积极性、主动性、创造性，不断把为人民造福事业推向前进。最后，坚持政治立场与思想方法论的统一。马克思主义的唯物史观既是世界观，也是方法论。同样，以人民为中心的发展思想，既是关于发展的价值理念和政治立场，也是党领导人民推进发展的科学思想方法论。这个方法论，就是我们党的从群众中来，到群众中去以及领导与群众相结合的工作路线和工作方法。习近平强调："时代变化了，但从群众中来、到群众中去的工作方法不能变。"这个方法，就是坚持"先做学生，然后再做先生"的领导原则和工作方法，领导干部要在人民面前永远保持谦虚好学的真诚态度，要牢记"我们永远是小学生，必须自觉拜人民为师，向能者求教，向智者问策"。

第二，要充分体现在坚持全心全意为人民服务的根本宗旨和执政理念上。习近平在接受俄罗斯电视台记者专访的提问时明确回答："我的执政理念，概括起来说就是：为人民服务，担当起该担当的责任。"这个该担当的责任，已经有效地落实和体现在形成更有效的制度安排上。因为制度建设更带有根本性、全局性、稳定性、长期性。通过全面深化改革，"让制度更加成熟定型"。其包括坚持和完善体现人民当家做主的人民代表大会根本制度，不断发展社会主义协商民主制度，基层群众自治制度，以保障和改善民生为重点的制度，加大收入分配调节力度，等，使改革发展成果更多更公平惠及全体人民。

第三，要充分体现在使全体人民有更多获得感、幸福感和稳定感的工作效果上。抓住人民最关心最直接最现实的利益问题，既尽力而为，又量力而行，一件事情接着一件事情办，一年接着一年干。"使人民获得感、幸福感、安全感更加充实、更有保障、更可持续。"旨在让人民群众能够在现实生活中实实在在、真真切切地感受到改革成果的共享，使我们各项工作必须更加贴近民生、顺应民意、多谋民利、善解民忧。要从转变领导干部的思维方式开始，必须善于运用人民群众的思维方式和评价标准观察处理问题。

一是"检验我们一切工作的成效,最终都要看人民是否真正得到了实惠"。二是要创新方式方法。要多用会用善用多予少取、放活普惠的办法,让群众得到具体的、可感的实惠。"要大力做好保障和改善民生工作,注重关心生活困难群众,让群众得到看得见、摸得着的实惠。"三是要以钉钉子精神抓好落实、抓出成效。要持之以恒、锲而不舍,"做到件件有着落、事事有回音,让群众看到变化、得到实惠"。四是获得感应该是真实的,而不是虚假的。必须谨防让群众得假实惠,坚决杜绝"面子工程""政绩工程",更不允许打着民生工程旗号,以替群众办实事为名,行以权谋利之实,中饱私囊。

三、逐步实现人民共同富裕——决胜全面小康的价值目标

带领人民不断创造美好生活,逐步实现共同富裕,这是中国共产党人不变的初心和使命,是实现共产主义理想的题中应有之义,也是中华民族长期追求的美好理想,是中国特色社会主义的本质特征和显著优势。首先,共同富裕是马克思主义学说的一个基本目标和共产主义的远大理想。共产主义不仅是一种学说和理想,更是一种现实的运动,从社会主义道路的开辟到共产主义理想的最终实现,是一个漫长的历史实践过程。我们坚信这个目标一定能实现,并要在坚持和发展中国特色社会主义的伟大实践中,积小胜为大胜,逐步实现"不断促进人的全面发展、全体人民共同富裕。"其次,共同富裕也是几千年来中华民族所始终不懈追求和向往的大同世界和理想社会。然而,农民运动领袖洪秀全,资产阶级改良派康有为都"没有也不可能找到一条到达大同的路"。伟大的革命先驱孙中山先生,也未能带领人民跨进共同富裕的门槛。历史已经证明,在中国共产党的领导下,中国人民经过新民主主义革命建立了新中国和社会主义制度,已经开启了在社会主义道路上逐步走向共同富裕的历史征程。最后,共同富裕是社会主义的本质特征和最大优越性。1990年,邓小平就指出:"共同致富,我们从改革一开始就讲,将来总有一天要成为中心课题……社会主义最大的优越性就是共同富裕,这是体现社会主义本质的一个东西。"他在1992年初春的南方谈话中又强调:"社会主义的本质,是解放生产力,发展生产力,消灭剥削,消除两极分化,最终达到共同富裕。"习近平指出:"消除贫困、改善民生、实现共同富裕,是社会主义的本质要求。"新中国成立后,我们党充分发挥社会主义的政治优势和制度优势,带领人民持续向贫困宣战,成功

全国先进生产者、北京掏粪工人时传祥时，握着他的手说："你掏大粪是人民勤务员，我当主席也是人民勤务员，这只是革命分工不同。"1958年，周恩来总理到基层同人民公社社员一起吃饭，看到大家非常激动，就语重心长地说："我知道大家心情激动，我的心情更激动！人民是我们的衣食父母，我们是人民的勤务员。我这个勤务员，今天能和衣食父母同桌进餐，心情怎能不激动呢！"现在我们有些领导干部中存在的官僚主义、形式主义等不良作风，其中一个重要的原因就是同人民群众关系角色定位的错位。因此，必须使我们党的干部都弄清楚这个关系，人民群众才是国家真正的主人。党的十八大后，习近平在纪念周恩来同志诞辰120周年座谈会上说，周恩来同志把自己看成是人民的"总服务员"，他用自己的实际行动，为全党树立了全心全意为人民服务的光辉榜样。

习近平同志身体力行地传承发扬这个党的优良传统，始终把自己的政治角色定位于"我是人民的勤务员"，同时也反复要求全党同志，"无论在哪个方面、哪个部门、哪个地方工作的党员干部，首先要明白自己的第一身份是共产党员，第一职责是为党工作，第一目标是为民谋利，始终把党和人民放在首位"。他告诫全党，共产党员都要永远牢记"我是人民的勤务员"这个我们共产党人同群众关系的价值定位和不变的身份，忠实履行为党工作，服务人民的第一职责。要时刻不忘："我是人民的勤务员，让人民过上好日子是我们共产党人的初心、宗旨。"

第五节　构建人类命运共同体与中国特色大国外交理论

综合国力是一国外交的基础和后盾，自古"弱国无外交"，近代中国的外交史，就是一部屈辱史。中华民族迎来了从站起来、富起来到强起来的新时代，屈辱外交的年代已经一去不复返。当代中国已是一个经济、政治、文化大国，"大要有大的样子"，中国不会像有的大国那样大而无义、欺凌弱小，而是大而有义、大而有情。党的十九大提出："明确中国特色大国外交要推动构建新型国际关系，推动构建人类命运共同体。"其阐明了中国特色大国外交两条宗旨：一是推动构建新型国际关系，创造有利于中国发展的国际环境，服务于实现民族伟大复兴的中国梦；二是推动构建人类命运共同体，促进人类进步和世界共同发展。充分体现了大国担当的责任自觉和"天下为公"的人类正义。历史已经证明，坚持推动构建人类命运共同体的理念和实践，是当代中国共产党人和中国人民为解决世界问题，促进人类进步贡献的中国智慧。

一、大道之行，天下为公，彰显大国担当和历史责任

大道之行，天下为公。这是中华民族优秀传统文化历来推崇的价值理念，也是中国共产党人始终坚持的马克思主义信念和对人类肩负的历史责任。

"大道之行也，天下为公"，最早出自儒家经典文献《礼记·礼运》篇，是孔子在阐述自己的社会政治理想时提出的，几千年来，一直成为中国人所熟知和追求的"大同"理想，是一种远大而美好的社会愿景，也是中华民族长期以来愿意共同为之不懈努力奋斗的远大而崇高的理想目标。"天下为公"，也是马克思主义追求的理想境界。马克思主义是以解放全人类为己任的，正如恩格斯所说："被剥削被压迫的阶级（无产阶级），如果不同时使整个社会一劳永逸地摆脱一切剥削、压迫以及阶级差别和阶级斗争，就不能使自己从进行剥削和统治的那个阶级（资产阶级）的奴役下解放出来。"习近平在纪念马克思 200 周年诞辰大会上言简意赅地强调："马克思主义博大精深，归根到底就是一句话，为人类求解放。"当然，马克思主义具有与时俱进的理论品格，它是要随着时代的进步和实践的发展而发展的，坚持马克思主义的理论精髓，在实践中发展马克思主义，"是当代中国共产党人责无旁贷的历史责任"。

中国共产党自诞生以来，始终坚持把为人类谋利益作为最崇高的理想和价值追求。毛泽东在 1956 年就提出："中国应当对于人类有较大的贡献。"1985 年，邓小平明确强调："到下世纪中叶……社会主义中国的分量和作用就不同了，我们就可以对人类有较大的贡献。"习近平强调："为人类不断做出新的更大的贡献，是中国共产党和中国人民早就做出的庄严承诺。"习近平在两次会见联合国秘书长古特雷斯时分别强调："中国在国际上磊落坦荡。中国人民不仅要自己过上好日子，还追求天下大同。""我们所做的一切都是为人民谋幸福，为民族谋复兴，为世界谋大同。"

世界进入 21 世纪，人类面临着许多新的重大课题，中国共产党就是要在解决人类面临的新的重大课题中做出历史新贡献，从而进一步丰富发展自己。习近平在中共十九届中央政治局常委同中外记者见面时就向全世界庄严宣告："中国人民自信自尊，将坚

定维护国家主权、安全、发展利益，同时将同各国人民一道，积极推动构建人类命运共同体，不断为人类和平与发展的崇高事业做出新的更大的贡献。"因此，以马克思主义为指导，迎接、应对 21 世纪人类面临的各种新的机遇和挑战，中国在实现民族伟大复兴的同时，也为人类做出更大的贡献，这是中国人民和中国共产党人的时代担当和历史责任。

二、走和平发展道路，实现民族复兴和促进人类进步

中国始终不渝走和平发展道路，是我们党根据时代发展潮流和国家根本利益做出的战略抉择，并愿同世界各国一道维护世界和平，共同走和平发展道路，为实现民族伟大复兴提供良好的国际环境，也为世界的共同繁荣发展携手共进。这是因为以下三点。

第一，走和平发展道路，"是中国人民对实现自身发展目标的自信和自觉。这种自信和自觉，来源于中华文明的深厚渊源，来源于对实现中国发展目标条件的认知，来源于对世界发展大势的把握"。虽然当前世界形势错综复杂，但世界发展的总体趋势是和平，而不是战争，我们要顺应时势，善于把握历史发展和人类进步的规律。中国已经迎来了强起来的新时代，但中国"不接受'国强必霸'的逻辑。任何人、任何事、任何理由都不能动摇中国走和平发展道路的决心和意志"。针对国际上某些人所谓"国强必霸"的思维定式，中国明确，强国只能追求霸权的主张不适用于中国，中国没有实施这种行动的基因。2015 年 9 月访美时，习近平强调："世界上本无'修昔底德陷阱'，但大国之间一再发生战略误判，就可能自己给自己造成'修昔底德陷阱'。"他坚定而明确地昭告世界："中国已经多次向国际社会庄严承诺，中国将坚定不移走和平发展道路，永远不称霸，永远不搞扩张。'君子一言，驷马难追。'我们说话是算数的，实践已经证明中国是说到做到的。"

第二，走和平发展道路，建构中国特色大国外交新布局的重要任务是，推动建设新型国际关系。"大国是关键、周边是首要、发展中国家是基础、多边是重要舞台"，这是中国重要的外交方针。"大国是关键"，把切实运筹好大国关系，构建稳定健康的新型大国关系，扩大同新兴大国和发展中大国的合作为重点和关键。中美关系是当今世界最重要的双边关系之一。我们坚定主张以不冲突、不对抗，相互尊重、合作共赢的理念

推进以协调、合作、稳定为基调的中美关系。中俄全面战略协作伙伴关系成熟、稳定、牢固，是互信程度最高、协作水平最高、战略价值最高的一对大国关系。要深入开展各领域合作，共同积极参与全球治理；欧洲是多极化世界的重要一极，积极打造中欧和平、增长、改革、文明为四大内涵的伙伴关系，以推动构建总体稳定、均衡发展的大国关系框架。"周边是首要"，党中央在我国外交史上首次召开党的周边外交工作座谈会，全面部署、切实改善周边关系，打造周边命运共同体。"按照亲诚惠容理念和与邻为善、以邻为伴周边外交方针，加强同周边国家睦邻友好关系。"欢迎周边国家搭乘中国发展快车，让中国发展成果更多惠及周边。"发展中国家是基础"。毛泽东曾提出"三个世界划分"的理论，我国属于第三世界，这个第三世界，就是发展中国家的代名词。邓小平在联合国大会第六届特别会议上明确指出："中国是一个社会主义国家，也是一个发展中的国家。中国属于第三世界。"长期以来，我们根据这个角色定位，坚定支持广大发展中国家争取民族独立和解放、谋求和平与发展，积极促进南南合作和南北对话，得到了广大发展中国家的高度认同和支持，中国恢复在联合国合法地位问题上，就是一个很好的说明。毛泽东曾风趣地说："中国恢复在联合国的合法席位，是非洲兄弟把我们抬进去的。"党的十九大指出，中国特色社会主义"拓展了发展中国家走向现代化的途径，给世界上那些既希望加快发展又希望保持自身独立性的国家和民族提供了全新选择"。"多边是重要舞台"，中国积极倡导和践行多边主义，维护多边主义和以规则为基础的国际秩序，反对保护主义、单边主义，推进多边关系，增加我国和广大发展中国家的代表性和话语权。此外，还切实加强务实合作关系，努力寻求利益的汇合点，弘义融利，促进合作共赢；坚持不结盟原则，广结朋友关系，形成遍布全球的伙伴关系网络；探索建立新型政党关系，搭建多种形式和层次的国际政党交流合作网络；等。

第三，中国坚持走和平发展道路，推动构建人类命运共同体，我们创造了丰富多样的外交工作新战略、新平台和新方法。一是高度重视，精心谋划和推进具有重要战略意义的"元首外交"，习近平明确强调，要"发挥元首外交对两国关系的战略引领作用"。元首外交是国际交往的最高形态，有着其他交往无法替代的战略引领作用和价值意义。二是创新设计和成功举办一系列重大主场外交活动，成为中国特色大国外交的新亮点。例如，高质量办好亚太经合组织领导人非正式会议、二十国集团领导人会晤以及金砖国家领导人峰会等国际性主场外交；首倡举办"一带一路"国际合作高峰论坛、中国共产党与世界政党高层对话会、中国国际进口博览会等多个论坛或会议等。三是充分利用重要国际组织及其有影响力的国际论坛等场合，讲好中国故事，传播中国声音。四是善于运用中华文明的文化优势等种种方法、手段营造国际交往的友好氛围，为民族的复兴，为世界的发展，不断书写新时代中国特色大国外交的崭新篇章。

三、坚持合作共赢，建设包容普惠、文明互鉴的全球化

世界本来就是多元、多样的，只有承认并且发展这种多样性，世界才是美好的。习近平多次强调，世界之大容得下大家共同发展，要坚持互相尊重，合作共赢，"努力让经济全球化更具包容性"。努力促进文化和文明的多样化与交流互鉴，让世界更加丰富多彩。首先，坚持以辩证的思想方法，正确认识经济全球化。当今世界，一方面，物质财富不断积累，科技进步日新月异，人类文明发展到历史最高水平；另一方面，地区冲突频繁发生，恐怖主义、难民潮等全球性挑战此起彼伏，贫困、失业、收入差距拉大，世界面临的不确定性上升。于是有人把世界乱象归咎于经济全球化，并出现了反全球化的观点和思潮。习近平指出："把困扰世界的问题简单归咎于经济全球化，既不符合事实，也无助于问题解决。"恰恰相反，"反全球化的呼声，反映了经济全球化进程的不足"。他指出，经济全球化进程的不足和世界经济困境的主要原因在于：一是全球增长动能不足，难以支撑世界经济持续稳定增长；二是全球经济治理滞后，难以适应世界经济新变化；三是全球发展失衡，难以满足人们对美好生活的期待。所以，必须辩证地看待全球化："经济全球化是一把双刃剑，既为全球发展提供强劲动能，也带来一些新情况新挑战，需要认真面对。""正确的选择是，充分利用一切机遇，合作应对一切挑战，引导好经济全球化走向。"

其次，经济全球化和区域一体化是大势所趋，面对逆全球化、反全球化和贸易保护主义倾向，中国主张各方，要"巩固开放、包容、透明、非歧视、以规则为基础的多边贸易体制，反对任何形式的贸易保护主义"。要顺应大势、结合国情，正确选择融入经济全球化的路径和节奏；要讲求效率、注重公平，让不同国家、不同阶层、不同人群共享经济全球化的好处；要认识和把握自身发展和外部环境的互动变化，捕捉新机遇，定

位新角色，创立新优势。"让经济全球化进程更有活力、更加包容、更可持续，增强广大民众参与感、获得感、幸福感。""要顺应历史大势，坚持合作共赢、创新引领、包容普惠。"党的十九大报告昭告世界：中国共产党人认为，"我们生活的世界充满希望，也充满挑战。我们不能因现实复杂而放弃梦想，不能因理想遥远而放弃追求"。各国人民要同舟共济，"推动经济全球化朝着更加开放、包容、普惠、平衡、共赢的方向发展"。国际社会和媒体因此盛赞中国正引领"包容普惠的全球化"。

最后，全球化和世界的繁荣发展，不仅是经济的包容、普惠和共享，还应该有文化文明的交流和互学互鉴。习近平强调："要尊重世界文明多样性，以文明交流超越文明隔阂、文明互鉴超越文明冲突、文明共存超越文明优越。"中国特色大国外交从不同维度阐述了"更加包容普惠全球化"的文化内涵。一是中国理念。中国人看待世界、看待社会、看待人生，有自己独特的价值体系，先贤们提出"和而不同"的价值理念，就是中国文化贡献给人类的大智慧。二是中国观点。文明因交流而多彩，文明因互鉴而丰富，交流互鉴是推动人类文明进步和世界和平发展的重要动力。习近平指出："在21世纪人类文明的大家园中，各国虽然历史、文化、制度各异，但都应该彼此和谐相处、平等相待，都应该互尊互鉴、相互学习，摒弃一切傲慢和偏见。唯有如此，各国才能共同发展、共享繁荣。"三是中国态度。"中国愿意以开放包容心态加强同外界对话和沟通，虚心倾听世界的声音。"各国应该加强对话和交流，"在相互借鉴中实现共同发展，惠及全体人民。同时，要倡导和而不同，允许各国寻找最适合本国国情的应对之策"。四是中国做派。中华民族创造的博大精深灿烂文化，是中国的，也是世界的，中国愿意"以人们喜闻乐见、具有广泛参与性的方式推广开来，把跨越时空、超越国度、富有永恒魅力、具有当代价值的文化精神弘扬起来，把继承传统优秀文化又弘扬时代精神、立足本国又面向世界的当代中国文化创新成果传播出去"，从而为开放包容、多元互鉴的全球化做出中国贡献。

四、秉持共商共建共享原则，推动"一带一路"建设

2013年9月和10月，习近平先后提出共同建设"丝绸之路经济带"和"21世纪海上丝绸之路"的重大倡议。坚持以共商共建共享为原则推动"一带一路"建设，已经成

为习近平外交思想的重要内容，也是我国促进全球共同发展繁荣、推动构建人类命运共同体的中国方案。习近平指出："事实证明，共建'一带一路'不仅为世界各国发展提供了新机遇，也为中国开放发展开辟了新天地。""一带一路"就像一对腾飞的翅膀，正飞向和平、发展、合作、共赢的远方。

"一带一路"作为构建人类命运共同体的实践平台，已经取得了多重实践效应。首先，在共建"一带一路"的大道上，文化的播撒日益频繁，文明的对话日益深入，"一带一路"倡议在与各国发展战略对接时，打破了中心与边缘的迷思，也不带任何文明优越感。不同文化和文明系统的互联互通，为构建人类命运共同体注入了丰富的人文内涵，处在不同文化圈的国家和人民，从身走近向心走近前进，正绘就民心相通的美好画卷。

其次，为解决当前全球治理的失灵、失衡和失序，推进全球治理变革进行了有益的探索，积累了实践经验。习近平指出："共建'一带一路'不仅是经济合作，而且是完善全球发展模式和全球治理、推进经济全球化健康发展的重要途径。"诚然，共建"一带一路"倡议源于中国，更属于世界。共建"一带一路"，这是从我国改革开放和长远发展出发提出来的，符合中华民族历来秉持的天下大同理念，符合中国人怀柔远人、和谐万邦的天下观，顺应时代要求和各国加快发展的愿望，占据了国际道义的制高点。

再次，"一带一路"建设秉持的是共商、共建、共享原则，因此，"不是封闭的，而是开放包容的；不是中国一家的独奏，而是沿线国家的合唱"。不是搞地缘政治联盟或军事同盟，不是要关起门来搞小圈子或者"中国俱乐部"，不以意识形态划界，不搞零和游戏；是努力推进政策沟通、设施联通、贸易畅通、资金融通、民心相通，是实现中国同世界共享机遇、共谋发展的阳光大道。所以，"一带一路"建设受到国际社会的高度评价和许多国家、组织的欢迎和参与。

最后，"一带一路"倡议的成功实践，具有重要的理论方法论启示和贡献。第一，历史是最好的教师。不忘本来，开辟未来，历史会告诉我们如何走向未来。"一带一路"倡议根植历史，更面向未来。倡议源自 2000 多年前古丝绸之路上中国与人类文明的交往史。我们提出"一带一路"倡议，就是要在新的历史条件下继承和发扬丝绸之路精神，并赋予古代丝绸之路以全新的时代内涵。我们相信，只要尊重历史，学习历史，总结历史经验，善于从历史中寻找、发现、打造开启走向未来大门的钥匙，我们就能不断创造人类新的更加光明美好的未来。第二，观大势、因势而谋，顺势而为则成。习近平指出："这项倡议源于我对世界形势的观察和思考。"当今世界，从历史维度看，人类社会正处在一个大发展大变革大调整时代。各国之间的联系从来没有像今天这样紧密，世界人民对美好生活的向往从来没有像今天这样强烈，人类战胜困难的手段从来没有像今天这样丰富。从现实维度看，我们正处在一个挑战频发的世界。和平赤字、发展赤字、治理赤字，是摆在全人类面前的严峻挑战。习近平强调："这是我一直思考的问题。"所以，紧紧抓住世界大变革大调整的有利时机，依托中国已经发展成为世界第二经济大国的综合国力以及历史文化的丰厚积淀，可以共建人类命运共同体理念为引领，引领世界破解发展中的难题。"一带一路"倡议正是观大势，顺潮流，应民心的成功之道。第三，重运筹，理念化行动，行胜言则胜。"一带一路"建设逐渐从理念转化为行动，从愿景转变为现实。从理念维度看，包含了两个具有原创性的重要理念：一是"一带一路"倡议本身；二是构建人类命运共同体。这两个理念，都已经获得国际社会的高度认同。从行动上说，为落实推进"一带一路"倡议，我们采取了发起成立亚洲基础设施投资银行（亚投行）等一系列举措和行动。现在这个倡议已经从"大写意"，到"工笔画"，逐步聚焦重点、精雕细琢，越来越精谨细腻。习近平强调："路是走出来的，事业是干出来的。美好的蓝图变成现实，需要扎扎实实的行动。"第四，讲战略，"知其事而不度其时则败，附其时而不失其称则成"。在"一带一路"倡议推进中，中国始终坚持以和平合作、开放包容、互学互鉴、互利共赢为核心的丝路精神和共商、共建、共享的原则为指导方针及其运作机制。坚持在开放中合作，在合作中共赢，不画地为牢，不设高门槛，不搞排他性安排，反对保护主义。恪守《联合国宪章》宗旨原则，遵守世界贸易组织等国际现有多边框架规则，起到了对现有国际机制的有益补充和完善的作用，成为各国这既是"一带一路"倡议获得成功的有效保障和宝贵经验，也是推动构建人类命运共同体的重要思想方法论。

五、坚持公平正义理念，引领推进全球治理体系变革

当今世界，随着国际力量对比消长变化和全球性挑战日益增多，加强全球治理、推动全球治理体系变革，符合世界各国的普遍需求，是大势所趋。"抓住机遇、顺势而为，

推动国际秩序朝着更加公正合理的方向发展"，就要坚持公平正义理念"不断寻求最大公约数"，推动改革全球治理体系中不公正不合理的安排。"寻求最大公约数"，就是要找到国家间的利益共同点，思想共鸣点、观点共识点。习近平指出："世界上的事情越来越需要各国共同商量着办，建立国际机制、遵守国际规则、追求国际正义成为多数国家的共识。"

第一，全球治理体制变革离不开理念的引领，要树立正确的义利观。正确义利观坚持"以义为先、义利并举，不急功近利，不搞短期行为"。它承继了中国外交的优良传统，体现了中国特色社会主义国家的国家理念和外交风范，是新时代中国特色大国外交的一面旗帜。义，反映的是我们的一个理念，共产党人、社会主义国家的理念。我们希望全世界共同发展，特别是希望广大发展中国家加快发展。利，就是要恪守互利共赢原则，不搞我赢你输，要实现双赢。当前，经济全球化、区域一体化快速发展，不同国家和地区结成了你中有我、我中有你、一荣俱荣、一损俱损的关系。这就决定了我们在处理国际关系时必须摒弃过时的零和思维。习近平强调："只有义利兼顾才能义利兼得，只有义利平衡才能义利共赢。""以利相交，利尽则散；以势相交，势去则倾；惟以心相交，方成其久远。"提出坚持正确的义利观，表明了中国坚持走和平发展道路和维护世界和平的决心，以及促进全球逐步向各国以制度规则协调关系和利益方式演进的价值意愿和责任担当，是推进全球治理体系变革的价值定向器。

第二，秉持共商共建共享原则和公平正义的全球治理理念推进全球治理体系变革。一是以平等为基础。国家不论大小、强弱、贫富，都应该平等相待，增加新兴市场国家和发展中国家代表性和发言权，确保各国在国际经济合作中权利平等、机会平等、规则平等。二是以开放为导向。坚持理念、政策、机制开放，充分听取社会各界建议和诉求，鼓励各方积极参与和融入，不搞排他性安排，防止治理机制封闭化和规则碎片化。三是以合作为动力。合作是必然选择，各国要加强沟通和协调，照顾彼此利益关切，共商规则，共建机制，共迎挑战。四是以共享为目标。提倡所有人参与，所有人受益，不搞一家独大或者赢者通吃，而是寻求利益共享，实现共赢目标，关键"要找到利益的共同点和交汇点"。

第三，坚持多边主义原则。当前，世界多极化、经济全球化在曲折中前行，地缘政治热点此起彼伏，恐怖主义、武装冲突的阴霾挥之不去。单边主义、保护主义愈演愈烈，多边主义和多边贸易体制受到冲击，严重影响全球格局稳定，拖累世界经济增长。所以，我们要坚持"以维护公平正义、推动互利共赢为宗旨，以国际法和公认的国际关系基本准则为基础，倡导并践行多边主义。要维护联合国宪章宗旨和原则，维护以联合国为核心的国际体系，反对霸权主义和强权政治，建设性参与地缘政治热点问题解决进程"。人类历史是一幅不同文明相互交流、互鉴、融合的宏伟画卷。推进全球治理体系变革，需要思想的引领和文化力量的推动。一些人固守意识形态偏见和冷战思维，继续鼓吹所谓"文明优越论"，推行单边主义、保护主义陈旧观念，成为全球治理体系变革的文化障碍。习近平强调：文明是多彩的，人类文明因多样才有交流互鉴的价值；文明是平等的，人类文明因平等才有交流互鉴的前提；文明是包容的，人类文明因包容才有交流互鉴的动力等观点，传播世界应该多样、交流、协商、平等、包容的文化观念，在推动文明文化交流互鉴的同时，以独特的视角化解全球治理体系变革的文化障碍，以文化文明力量凝聚广泛共识，引领各国应对共同挑战、迈向美好未来。当代中国共产党人开辟了一条合作共赢、共建共享的文明发展新道路。这是前无古人的伟大创举，也是改变世界的伟大创造。

第四，中国表明了在推进全球治理体系变革中的国家使命和任务。一是坚持以经济发展为中心，集中力量办好自己的事情，不断增强我们在国际上说话办事的实力。主动承担国际责任，但也要尽力而为、量力而行。二是继续向国际社会阐释我们关于推动全球治理体系变革的理念，"坚持要合作而不要对抗，要双赢、多赢、共赢而不要单赢，不断寻求最大公约数、扩大合作面，引导各方形成共识，加强协调合作，共同推动全球治理体系变革。"三是要提高中国参与全球治理的能力，着力增强规则制定能力、议程设置能力、舆论宣传能力、统筹协调能力。促进提高新兴市场和发展中国家在全球治理体系变革中获得更多的话语权和更大的影响力。四是要加强全球治理人才队伍建设，突破人才瓶颈，储备一批能够熟悉党和国家方针政策、了解我国国情、具有全球视野、熟练运用外语、通晓国际规则、精通国际谈判的专业人才。五是"我们将从世界和平与发展的大义出发，贡献处理当代国际关系的中国智慧，贡献完善全球治理的中国方案，为人类社会应对 21 世纪的各种挑战做出自己的贡献"并庄严承诺，中国无论发展到什么程度，都会坚持大小国家一律平等，坚持尊重不同文明体制，反对以大欺小，反对恃强凌弱，为弱小国家主持公道，帮助欠发达国家实现发展。

第六节　当代中国马克思主义的思想方法和活的灵魂

马克思主义哲学方法论是习近平中国特色社会主义思想的根本思想方法和看家本领，以中华文明为底蕴的传统思维朴素辩证法同中国化马克思主义的矛盾法相结合的当代中国辩证智慧，是其独具特色的思想方法论，解放思想、实事求是、与时俱进是当代中国马克思主义活的灵魂。

一、马克思主义哲学是看家本领

马克思主义哲学包括辩证唯物主义和历史唯物主义，是世界观、价值观和方法论的统一，是马克思主义立场观点方法的集中体现。习近平指出："马克思主义哲学深刻揭示了客观世界特别是人类社会发展一般规律，在当今时代依然有着强大生命力，依然是指导我们共产党人前进的强大思想武器。"各级领导干部要发扬我们党"学哲学、用哲学"的好传统，"努力把马克思主义哲学作为自己的看家本领"。

当代中国马克思主义把历史逻辑、理论逻辑和实践逻辑，科学性、党性和人民性，真理力量、人格力量和制度力量，理念引领、战略性和操作性辩证地统一起来，形成了富有时代特征的理论思维方式和思想方法、工作方法，丰富和发展了马克思主义哲学的世界观、价值观和方法论。

（一）历史逻辑、理论逻辑与实践逻辑的统一

党的十九大指出，中国特色社会主义道路，是近代以来中国人民长期奋斗的历史逻辑、理论逻辑、实践逻辑的必然结果，是坚持党的本质属性、践行党的根本宗旨的必然要求。

科学社会主义理论逻辑的首要含义是人类社会历史发展客观逻辑的理论反映，它一经产生，作为科学的世界观和方法论，作为指导无产阶级认识和改造世界的强大思想武

器，又必须回到现实中去，与各国的具体实际相结合，因为"一个国家实行什么样的主义，关键要看这个主义能否解决这个国家面临的历史性课题"。所以，理论逻辑的第二层意思，就是科学社会主义理论要与不同国家社会发展的历史逻辑相符合。近代以来，中国人民和无数仁人志士上下求索、顽强奋斗的历史教训表明，要取得民族独立和人民解放，必须寻找和遵循中国近代社会自身发展的逻辑。"十月革命一声炮响，给我们送来了马克思列宁主义"，走俄国人的路，是中国近代社会历史发展的逻辑结果和必然选择。同时，"中国人苦苦寻找适合中国国情的道路。君主立宪制、复辟帝制、议会制、多党制、总统制都想过了、试过了，结果都行不通。最后，中国选择了社会主义道路。"这一实践逻辑进程表明，它同科学社会主义的理论逻辑和中国社会历史发展逻辑是完全一致的。

（二）科学性、党性和人民性的统一

科学性是马克思主义的本质内涵和根本特征。习近平指出："马克思主义是科学的理论，创造性地揭示了人类社会发展规律。"中国道路历史逻辑、理论逻辑与实践逻辑的统一，进一步丰富了马克思主义科学性的逻辑内涵。"马克思主义是人民的理论，第一次创立了人民实现自身解放的思想体系。"人民性是马克思主义最鲜明的品格。马克思主义具有鲜明的阶级性和党性，是无产阶级及共产党人认识世界和改造世界的强大思想武器。习近平指出："党性和人民性从来都是一致的、统一的。"三者的辩证统一就在于：一是中国共产党坚持人民是历史的创造者，是推动历史前进根本力量的科学历史观。坚持党"既通过提出并贯彻正确的理论和路线方针政策带领人民前进，又从人民实践创造和发展要求中获得前进动力"的党性与人民性统一原则。二是坚持全心全意为人民服务的根本宗旨和执政理念，永远把人民对美好生活的向往作为奋斗目标，这是对共产党执政规律的科学认识和党性立场的正确把握。三是坚持把党的群众路线贯彻到治国理政全部活动之中。习近平多次强调："群众路线是我们党的生命线和根本工作路线。"群众路线既是认识论，又是方法论，更是共产党人的价值观。其哲学基础就是马克思主义的认识论；同时，习近平指出，科学地贯彻群众路线还要符合科技进步与社会发展的趋势和规律。

（三）真理力量、人格力量和制度力量的统一

习近平指出："我们党作为马克思主义执政党，不但要有强大的真理力量，而且要有强大的人格力量；真理力量集中体现为我们党的正确理论，人格力量集中体现为我们党的优良作风。"同时，他还反复强调制度的力量和重要性。他指出："改革开放以来，我们党开始以全新的角度思考国家治理体系问题，强调领导制度、组织制度问题更带有根本性、全局性、稳定性和长期性。"要"让法规制度的力量充分释放"。所以，高度重视和强调真理力量、人格力量和制度力量的统一，是当代中国马克思主义思想方法论的又一重要鲜明特征。

所谓真理的力量，就是思想的力量。马克思主义是科学的真理，具有无比强大的思想力量，它不仅改变着客观世界，也改变着人类自身。我们党坚持把马克思主义基本原理同中国实际和时代特点紧密结合起来，推进马克思主义中国化时代化大众化，始终保持着马克思主义的旺盛生命力和强大的思想力量。

中国共产党历来重视人格的力量、榜样的力量。习近平指出："榜样的力量是无穷的"，广大党员干部要"用自己的模范行为和高尚人格感召群众、带动群众"。共产党人的人格力量，一方面"集中体现为我们党的优良作风"，另一方面，人格"是领导干部人品、气质、能力的综合反映，也是党的干部所应具备的公正无私、以身作则、言行一致优良品质的外在表现"。所以，人格力量，包括党的集体人格和领导干部个人人格影响力，两者相辅相成，不可分割，共同构成了我们党在群众心中的深刻印象和实际影响力，对党具有生死存亡的重大意义。集体人格就是我们中国共产党人所共同具有的政治品格，就是党性和党的优良作风。

关于制度的力量，党的十九届四中全会公报强调，"实践证明，中国特色社会主义制度和国家治理体系是以马克思主义为指导、植根中国大地、具有深厚中华文化根基、深得人民拥护的制度和治理体系，是具有强大生命力和巨大优越性的制度和治理体系"，是能够确保中华民族实现"两个一百年"奋斗目标进而实现伟大复兴的强大力量。全会总结了坚持党的集中统一领导、坚持人民当家做主和集中力量办大事等十三个方面制度的显著优势，彰显了这个制度体系的强大力量，是新中国七十多年来所创造的世所罕见的经济快速发展奇迹和社会长期稳定奇迹的制度保障。坚定制度自信，就是要坚信和发

挥这个制度体系的强大力量。我们要"推动中国特色社会主义制度更加成熟更加定型",就是意味着要不断地充实、增强和发挥制度的力量。同时,"制度的生命力在于执行",制度的力量就在于严格的执行。进入新时代,我们党要切实推动制度优势、制度能量更好地转化为治理效能,以释放出制度蕴含的全部力量。

（四）理念引领、战略性与操作性的统一

马克思主义认为意识具有能动性。理念,对于人们的行动具有先导性。习近平指出:"发展理念是发展行动的先导。发展理念不是固定不变的,发展环境和条件变了,发展理念就自然要随之而变。如果刻舟求剑、守株待兔,发展理念就会失去引领性,甚至会对发展行动产生不利影响。"我们党坚持将治国理政的新理念、新思想转变为新战略,构建与时代相适应的大格局,形成战略部署和战略执行的正确思想方法。因此,把理念引领、战略性和操作性有机地结合起来,是新时代治国理政的重要思想方法论。

理念本身不具有操作性,从理念到行动,需要有战略或规划作为中介,有了好的战略或规划,最终的落实关键在操作。习近平强调,在战略创新或规划制定的时候,就要做到"坚持战略性和操作性相结合,既强调规划的宏观性、战略性、指导性,又突出规划的约束力和可操作、能检查、易评估,做到虚实结合"。从战略的实施和落实上看,既要在方向上、全局上以及相互关系上保持战略意图不走样,更要从操作维度上抓落实,要善于"找准关键、把准方向、精准施策",确保各项举措落实、落细、落稳。"要防止徒陈空文、等待观望、急功近利,必须有时不我待的紧迫意识和夙夜在公的责任意识抓实、再抓实。"

二、当代中国马克思主义的思想方法和辩证智慧

习近平新时代中国特色社会主义思想创造性地把马克思主义科学辩证法与中国传统思维的朴素辩证法以及中国化马克思主义的矛盾法进行有机结合,形成了具有丰富时代内涵、理论特色的当代中国马克思主义思想方法和辩证智慧。它以中华文明为深厚的历史文化底蕴,并具有更加宽阔的马克思主义的全球视野,更加鲜明的时代特征和价值立场,更加广泛的现实基础和务求实效的实践品格。其主要内容简要地概括为以下八个方面。

（一）历史思维——贯通古今，历史与逻辑相统一

历史的方法与逻辑的方法相统一，是马克思主义的基本方法论。习近平运用这一方法，对世界社会主义五百年极其丰富复杂的历史发展进程，用非常简洁的六个逻辑阶段加以概括；对中国特色社会主义道路历史发展的逻辑进程，用"五个得来的"涵盖；对新中国成立以来的七十年历史，用改革开放前和改革开放后"两个三十年"来概括分析两者之间的辩证关系，体现了马克思主义关于历史是连续性与阶段性相统一的重要方法论。习近平强调："历史、现实、未来是相通的。历史是过去的现实，现实是未来的历史。"强调要端起历史的望远镜细心观察，把握世界发展的大势，深刻地认识把握人类发展历史规律，不忘本来、鉴往知来，在对历史的深入思考中汲取智慧、开创未来。

（二）创新思维——守正创新，传承与创新相融合

守正创新，作为一种文化自觉，首先表现为坚定中国特色社会主义的文化自信。习近平强调，坚定"四个自信"，"文化自信是更基本、更深沉、更持久的力量"。文化自信和自觉，包含着对于自身文化传统的自我觉醒，自我反省，自我超越，是传承与创新的融合：一是表现为古为今用，"努力实现传统文化的创造性转化、创新性发展，使之与现实文化相融相通，共同服务以文化人的时代任务"。二是自觉倡导、培育和践行社会主义核心价值观。将深厚的传统文化底蕴、先辈的价值取向和思想追求、共产党人的理想信念以及人民群众的文化需要相结合，以体现文化自觉的历史性、时代性、创新性和群众性。三是用传承与创新相融合的方法建设党内政治文化。坚持忠诚老实、光明坦荡、公道正派、实事求是、艰苦奋斗、清正廉洁的共产党人价值观。四是从思维维度看，首先，要打破思维定势，坚持理念引领，以此"创新党领导经济社会发展的观念、体制、方式方法"。其次，"要坚持守正和创新相统一，坚守党的性质宗旨、理想信念、初心使命不动摇，同时要以新的理念、思路、办法、手段解决好党内存在的各种矛盾和问题"。最后，是坚持问题导向，力求原创性突破。因为"坚持问题导向是马克思主义的鲜明特点。问题是创新的起点，也是创新的动力源"。

（三）辩证思维——矛盾法则

主要与次要相兼顾。习近平强调："在任何工作中，我们既要讲两点论，又要讲重

点论，没有主次，不加区别，眉毛胡子一把抓，是做不好工作的。""要学习掌握唯物辩证法的根本方法，不断增强辩证思维能力。"首先，要坚持物质与精神的辩证关系原理，在承认物质第一性的前提下，充分肯定意识具有巨大的反作用。习近平指出，我们党强调""'革命理想高于天'，就是精神变物质、物质变精神的辩证法"。其次，"我们要学会运用辩证法，善于'弹钢琴'，处理好局部和全局、当前和长远、重点和非重点的关系，在权衡利弊中趋利避害、做出最为有利的战略抉择。"再次，坚持矛盾法则，辩证地观察处理复杂问题，切忌片面性。习近平指出："面对复杂形势和繁重任务，首先要有全局观，对各种矛盾做到心中有数，同时又要优先解决主要矛盾和矛盾的主要方面，以此带动其他矛盾的解决。"最后，坚持矛盾法则，就要增强问题意识，坚持问题导向。"问题就是事物的矛盾。"要敏于发现问题，敢于直面问题，坚持不回避问题，始终把握解决问题的主动权。这种理念和做法，曾被毛泽东称为是一条马克思列宁主义的路线。

（四）法治思维——德法兼治，德治与法治相结合

法治思维，就是要增强尊法学法守法用法意识，自觉在法治轨道上运用法治方式观察和处理问题。"全面依法治国必须正确处理政治和法治、改革和法治、依法治国和以德治国、依法治国和依规治党的关系。"这是中国特色社会主义法治道路的基本特征。一是社会主义法治必须坚持党的领导，同时党的领导必须依靠社会主义法治。二是"改革与法治如鸟之两翼、车之两轮"，要坚持在法治下推进改革，在改革中完善法治。三是要坚持依法治国和以德治国相结合，使两者相辅相成、相得益彰。四是要发挥依法治国和依规治党的互补性作用，确保党既依据宪法法律治国理政，又依据党内法规管党治党。所谓德法兼治，就是要"使法治和德治在国家治理中相互补充、相互促进、相得益彰"。德法兼治，刚柔相济，历来是中国传统的治国之道。对于德法兼治的优秀传统，我们既充满自信，又批判性继承，努力根据新的历史条件和实际情况，"把法治建设和道德建设紧密结合起来，把他律和自律紧密结合起来"。让"法律和道德协同发力"，不断推动社会主义法治建设进入新境界。

（五）底线思维——居安思危，安全与危亡相转化

底线思维主张"凡事从坏处准备，努力争取最好的结果"，以牢牢把握主动权。第一，底线思维包含着居安思危的忧患意识和安与危、存与亡相互转化的辩证法。其思想方法论：一是去危存安，即在危机发生前就应着力防范和消除隐患。二是转危为安，化危为机，即危机一旦发生，尽力化解危机达到安全，或者将危机转化为新的发展机遇。习近平强调："努力在危机中育新机，于变局中开新局。"三是以危促安，即利用危机，甚至是制造危机感，以增强创新意识和内部凝聚力。中国共产党不断强调居安思危，增强忧患意识，警钟长鸣，正是表明了我们党对于处理安与危关系的辩证智慧和政治上的自信清醒。第二，凡事要从最坏处准备。毛泽东强调"要在最坏的可能性上建立我们的政策"的工作方法。习近平认为，这"是治党治国很重要的政治经验和政治智慧"。第三，底线思维是要确立不可逾越的"红线"和不能动摇、退让的原则。习近平强调，中国是一个大国，"绝不能犯战略性、颠覆性错误"，"领导干部要牢记法律红线不可逾越、法律底线不可触碰"等。第四，要提高风险预测和风险防控的意识和能力。习近平强调："重点要防控那些可能迟滞或中断中华民族伟大复兴进程的全局性风险，这是我一直强调底线思维的根本含义。"

（六）战略思维——总揽全局，全局与局部相协调

战略思维，就是统揽全局、运筹帷幄、深谋远虑，善于把握事物全局以及事物发展规律、发展趋势，正确处理全局和局部、过程与阶段、现实与未来等重大关系的思维方式。第一，战略思维重在谋划全局，是正确处理全局和局部关系的大局思维。习近平强调，应该树立正确的历史观、大局观、角色观。要善于运用历史眼光认识发展规律、把握前进方向；要善于在准确把握党和国家事业发展大局的基础上，定位和处理各种重大问题；要善于统筹国内国际两个大局。第二，战略思维是立足现实超前谋略的前瞻性思维。习近平指出，一要"思想敏锐、目光远大，多谋善断、举要驭繁"；二要学习邓小平"放眼世界，放眼未来，也放眼当前，放眼一切方面"的宽阔眼界；三是要"以小见大、见微知著，在解决突出问题中实现战略突破"，即对于现实要有敏锐洞察力和问题意识。第三，总揽全局，协调各方，善于"弹钢琴"。正确处理全局和局部、中心和其他、重

点和一般、主要和次要等关系。习近平指出："首先要有全局观,对各种矛盾做到心中有数",同时做到"统筹兼顾、综合平衡,突出重点、带动全局,有的时候要抓大放小、以大兼小,有的时候又要以小带大、小中见大,形象地说,就是要十个指头弹钢琴"。

(七)全球思维——天下为公

习近平指出:"领导干部要胸怀两个大局,一个是中华民族伟大复兴的战略全局,一个是世界百年未有之大变局,这是我们谋划工作的基本出发点。"这就要求我们统筹国内国际两个大局。第一,统筹两个大局,夯实走和平发展道路的基础。坚持开放的发展、合作的发展、共赢的发展,通过争取和平国际环境发展自己,又以自身发展维护和促进世界和平。第二,统筹两个大局,必须"牢牢把握民族复兴、促进人类进步这条主线"不偏离。首先是服务实现民族伟大复兴中国梦这个国内大局,同时把实现民族复兴和促进人类进步统一起来。第三,大道之行,天下为公。"中国共产党始终把为人类做出新的更大的贡献作为自己的使命。"统筹国内国际两个大局,走和平发展道路就是对人类的重大贡献。一为世界经济发展、社会进步和文明交流互鉴做出新贡献,二为广大发展中国家走向现代化提供全新的选择,三为参与引导全球治理体系变革贡献中国理念、中国智慧。

(八)势胜之道——合规律性与合目的性的统一

"势",是中国传统文化的重要哲学范畴,主要指事物发展的客观状态、变化趋势、发展规律及其拥有的资源和有利条件。势胜之道,就是主体对于事物发展的客观状态、变化趋势、发展规律及其有利条件的准确认识和运用,从而实现人的主观意图、目的和利益的途径和方法,其本质是合客观规律性与合人的目的性的统一。习近平强调:"使主观世界更好符合客观实际,按照实际决定工作方针,这是我们必须牢牢记住的工作方法。"一要"度势",即对客观现状做出准确判断,然后善于根据这种客观现状及其内在必然性来进行谋划、行动和推进。二要"顺势",敏锐地发现机遇、珍惜机遇,顺应时势、把握时机,抢抓机遇、用好机遇,开创新局面。三要"谋势",谋划或运筹推动不同主体之间相向而行形成合力,使不同要素之间优化或重新组合,形成有利于主体的态势、格局。四要"应势"。"势"就是民心所向,要把握和回应人民的向往和期待这个大势，为人民对美好生活的向往而奋斗，就是顺乎民心。习近平多次强调，治国理政要善于"因势而谋、应势而动、顺势而为"，就是要求我们必须善于根据和适应变化着的世界进行谋划和行动，顺应事物发展变化的逻辑而有所作为。五是"任势"，意思是营造和创造各种有利的态势，推动事物发展变化。还包括"择人而任势"，即要注意选拔任用善于"求势"和"任势"的领导者，将他们配置到合适的领导岗位发挥作用，去创造有利的态势，这是治国理政的用人之道。

三、解放思想、实事求是、与时俱进是活的灵魂

习近平指出："解放思想、实事求是、与时俱进，是马克思主义活的灵魂，是我们适应新形势、认识新事物、完成新任务的根本思想武器。"《习近平新时代中国特色社会主义思想学习纲要》明确指出："解放思想、实事求是、与时俱进，是马克思主义活的灵魂，也是习近平新时代中国特色社会主义思想活的灵魂。"所谓活的灵魂，就是贯穿其思想体系的立场、观点、方法。虽然马克思主义基本立场、观点和方法的原则是不变的，但在不同的历史时期及其形成的思想理论成果中所蕴含的具体内涵是有现实针对性和差别性的，这正是活的灵魂始终能够保持活力的奥秘所在。列宁指出："马克思主义的最本质的东西、马克思主义的活的灵魂：具体地分析具体的情况。"具体地、历史地观察和分析问题，本身就是马克思主义的基本思想方法论。习近平赋予"解放思想、实事求是、与时俱进"以新的时代内涵，全面地继承、丰富和发展了这个马克思主义活的灵魂。

一是关于"解放思想"，突出强调了坚持和推进在解放思想中统一思想、凝聚力量、推动实践的动力机制。改革开放的伟大实践及其重要经验就是不断地在解放思想中统一思想、凝聚中国力量。习近平强调，解放思想，是要清除各种旧的不合时宜的思想观念障碍、攻克体制机制上的种种弊端和顽瘴痼疾、突破利益固化的藩篱，要打破种种落后于时代要求的陈旧思维定式。把解放思想放在首位，就是强调解放思想是前提，要发挥思想的引领作用。但不统一思想，就无法凝聚力量。所以，解放思想、统一思想、凝聚力量、实践探索是一条推动改革开放的思想链、传动带。习近平深刻地指出："中国人民坚持解放思想、实事求是，实现解放思想和改革开放相互激荡、观念创新和实践探索

相互促进，充分显示了思想引领的强大力量。"全面深化改革，面临着一系列新情况、新矛盾、新问题，需要有新突破，也必然会对解放思想提出新要求。党的十八届三中全会从理论和实践上深化了解放思想的新要求，把"进一步解放思想、进一步解放和发展社会生产力、进一步解放和增强社会活力"这"三个进一步解放"写进了《中共中央关于全面深化改革若干重大问题的决定》，习近平在全会上指出："全会决定提出的这'三个进一步解放'既是改革的目的，又是开放和发展的条件。解放思想是前提，是解放社会生产力、解放和增强社会活力的总开关。"同时强调："只有全党思想和意志统一了，才能统一全国各族人民思想和意志，才能形成推进改革的强大合力。"从思想与实践的关系看，思想来源于实践，思想又引领实践，中国特色社会主义的伟大事业，正是在这种不断循环往复的螺旋形发展链中向前推进，这就是改革开放中解放思想、统一思想和实践创新、理论创新的动力机制和历史辩证法。

二是关于"实事求是"，突出强调了实事求是要成为领导干部的信念和本领。习近平指出："我们要自觉坚定实事求是的信念、增强实事求是的本领，时时处处把实事求是牢记于心、付诸于行。"既然是信念，那么就要"时时处处把实事求是牢记于心、付之于行"。习近平在党的历史上第一次把实事求是提升到共产党人的一种信念，具有重大的政治意义和理论价值。首先，是基于历史经验。因为"我们党是靠实事求是起家和兴旺发展起来的"。其次，是基于理论的逻辑。因为"坚持实事求是，就要深入实际了解事物的本来面貌。要透过现象看本质，从零乱的现象中发现事物内部存在的必然联系，从客观事物存在和发展的规律出发，在实践中按照客观规律办事"。也就是不断地认识规律，把握规律，推进在实践基础上的理论创新。最后，是基于现实政治需要。因为"坚持实事求是不是一劳永逸的"。虽然在我们党内，贯彻执行实事求是思想路线的状况总体是好的，但也存在着种种违背实事求是的现象，如果不重视、不警惕、不纠正，其消极影响和后果不可低估。同时，习近平还强调，"要增强实事求是的本领"。这个本领，就是坚持问题导向，在调查研究的基础上解决问题的本领。这个本领就是把思想路线同群众路线相结合的本领，因为实事求是的思想路线同群众路线两者是相辅相成、在本质要求上完全统一的。所以，实事求是的本领也体现了党的思想方法、思想作风和工作作风、领导作风的统一。

　　三是关于"与时俱进"，突出地强调与彰显出马克思主义的时代性与开放性。马克思主义是不断发展的开放理论，与时俱进，包含了马克思主义要随着时代的发展、整个世界的发展、客观事物的发展、人们实践的发展、人类思想和文明的发展而不断地丰富发展等丰富内涵。习近平指出："一部马克思主义发展史就是马克思、恩格斯以及他们的后继者们不断根据时代、实践、认识发展而发展的历史，是不断吸收人类历史上一切优秀思想文化成果丰富自己的历史。"新时代坚持与时俱进。首先，"要坚持用马克思主义观察时代、解读时代、引领时代"。观察时代，把握时代进步的大潮流和中国发展的大逻辑，续写中国特色社会主义这篇大文章的时代新篇章；解读时代，深刻理解和把握新时代党和国家的历史方位、战略安排、价值取向、奋斗目标和世界担当，团结带领人民推动党和国家事业发生深层次、根本性历史变革；引领时代，要以与时俱进的精神状态，改革创新的时代风范，立时代之前沿，发思想之先声，努力做到洞察时代风云，回答时代问题，奉献时代智慧，以新理念、新思想、新战略引领时代进步和世界发展。其次，站在时代高度坚持文化自信，以开放的姿态，传承创新中国优秀传统文化。一要以中华优秀传统文化为源头活水，从中国 5000 年文明中传承文化基因。二要"努力实现传统文化的创造性转化、创新性发展"，赋予中华优秀传统文化以新的时代内涵和旺盛生命力。三要着力创新对外宣传方式，打造融通中外的新概念、新范畴、新表述，讲好中国故事、传播好中国声音，提高国家文化软实力和中华文化影响力。最后，要适应时代需要，在开放中吸纳人类文明的一切优秀成果，博采众长，滋养自己。一要坚持不忘本来、吸收外来、面向未来。"用宽广视野吸收人类创造的一切优秀文明成果"，不断超越自己，不断完善自己。二要在吸收借鉴人类文明成果时，坚持批判精神，做到有分析、有鉴别、有取舍，不企图用一种模式来改造世界。三要在开放中接受世界文化的滋养，但要解决中国的问题，提出解决人类问题的中国方案，要坚持中国人的世界观、方法论，推出具有独创性的研究成果，使之成为人类共同的精神财富，造福人类。

　　总之，解放思想、实事求是、与时俱进是辩证统一的，它是马克思主义活的灵魂，毛泽东思想活的灵魂，中国特色社会主义理论体系活的灵魂，习近平新时代中国特色社会主义思想活的灵魂。"解放思想与实事求是，就是要求我们的思想认识符合客观实际，冲破落后的传统观念和主观偏见的束缚，改变因循守旧、不接受新事物的精神状态，与时俱进地把我们的事业和各项工作不断推向前进。"

第七节　习近平新时代中国特色社会主义思想主题教育工作

一、深刻认识开展这次主题教育的重大意义

以县处级以上领导干部为重点在全党深入开展学习贯彻新时代中国特色社会主义思想主题教育，是贯彻落实党的二十大精神的重大举措，对于统一全党思想、解决党内存在的突出问题、始终保持党同人民群众血肉联系、推动党和国家事业发展，具有重要意义。

第一，这是统一全党思想意志行动、始终保持党的强大凝聚力、战斗力的必然要求。团结统一是党的生命，是党的力量所在。思想上的统一是党的团结统一最深厚最持久最可靠的保证。我们这么大一个党，领导着这么大一个国家，肩负着带领全国各族人民实现国家强盛、民族复兴这个艰巨任务，全党必须统一思想、统一意志、统一行动。怎么实现全党思想、意志、行动的统一？最根本的就是用党的基本理论武装全党。

我们党始终高度重视理论武装，每逢重大历史关头，都要用党的创新理论统一全党思想，每次党内集中教育也都坚持把理论学习作为首要任务并贯穿始终，为全党团结统一奠定坚实的思想基础。今天，我们党带领全国各族人民迈上了全面建设社会主义现代化国家、全面推进中华民族伟大复兴的新征程，要更好肩负起新时代新征程党的使命任务，迫切需要用新时代中国特色社会主义思想武装头脑、指导实践、推动工作。

党的十八大以来，伴随着新时代中国特色社会主义思想在实践中形成发展的历程，我们持续推动用党的创新理论武装全党，取得了明显成效。但是，理论武装的任务仍然艰巨。一方面，在真学真信真用、学懂弄通做实方面，还存在一些需要引起重视的问题。有的党员、干部理论学习兴趣不浓，学不进去，学习走形式装样子；有的学习不系统不深入，一知半解、浅尝辄止，知其然不知其所以然；有的学用脱节，学归学做归做，不善于把学习成果转化为干事创业的实际本领，等等。这些问题表明，党的理论武装工作不能搞形式，必须持续往深里走、往实里走。另一方面，党的创新理论在不断发展，党的二十大提出了一系列重大思想、重大观点，党的二十大以来在阐述党的二十大精神过

程中又提出了一些新观点，特别是提出并系统阐述了中国式现代化这个重大理论和实践问题，进一步丰富了新时代中国特色社会主义思想。这方面的学习贯彻才刚刚开始。因此，在新征程开局起步之际，必须继续推动全党深入学习贯彻新时代中国特色社会主义思想。历史和现实表明，理论学习不深入不彻底，思想统一就没有基础，党的团结统一就会受到严重影响。

这次主题教育，要在推动学习贯彻新时代中国特色社会主义思想走深走实上下功夫，教育引导党员、干部从思想上正本清源、固本培元，不断提高政治判断力、政治领悟力、政治执行力，增强"四个意识"、坚定"四个自信"、做到"两个维护"，始终在思想上政治上行动上同党中央保持高度一致，做到心往一处想、劲往一处使，共同把党锻造成一块攻无不克、战无不胜的坚硬钢铁。

第二，这是推动全党积极担当作为、不断开创事业发展新局面的必然要求。全面建成社会主义现代化强国、实现第二个百年奋斗目标，以中国式现代化全面推进中华民族伟大复兴，是全党全国各族人民在新时代新征程的中心任务。这是前无古人的开创性事业，前进道路上，必然会遇到大量从未出现过的全新课题、遭遇各种艰难险阻、经受许多风高浪急甚至惊涛骇浪的重大考验。唯有始终保持锐意进取、敢为人先、迎难而上的奋斗姿态，积极担当作为、敢于善于斗争，才能胜利推进强国建设、民族复兴的历史伟业。

我们党百年奋斗的伟大成就都是党团结带领全国各族人民拼出来、干出来的，要把党的二十大描绘的宏伟蓝图变成现实，仍然要靠拼、要靠干。总体来看，现在广大党员、干部的能力素质和精神状态是好的，但也要清醒看到，干部队伍中不愿担当、不敢担当、不善担当的问题还比较突出。有的为了不出事宁愿不干事，得过且过；有的碰到矛盾和难题绕道走，把自身责任往外推，不敢动真碰硬；有的光说不练，表态快、调门高，行动慢、落实差；有的德不配位、能力平庸，挑不起重担，打不开工作局面；有的瞻前顾后、畏首畏尾，在重大风险挑战面前底气不足、惊慌失措，等等。这些问题尽管存在于少数党员、干部身上，但任其发展，就会损害党的形象、贻误党的事业，必须认真加以解决。

这次主题教育，要教育引导广大党员、干部学思想、见行动，树立正确的权力观、政绩观、事业观，增强责任感和使命感，不断提高推动高质量发展本领、服务群众本领、防范化解风险本领，加强斗争精神和斗争本领养成，提振锐意进取、担当有为的精气神。

要采取有效措施，着力消除影响干部担当作为的各种消极因素，敢于为担当者担当、为负责者负责、为干事者撑腰，让愿担当、敢担当、善担当蔚然成风，推动广大党员、干部以满腔热忱奋进新征程、建功新时代。

第三，这是深入推进全面从严治党、以党的自我革命引领社会革命的必然要求。治国必先治党，党兴才能国强。全面从严治党永远在路上，党的自我革命永远在路上，解决大党独有难题是一个长期而艰巨的过程，既需要常抓不懈，又需要集中发力，及时消除一切影响党的先进性纯洁性的因素，清除一切侵蚀党的肌体健康的病毒，确保党永远不变质、不变色、不变味。

党的十八大以来，面对党面临的重大风险考验和党内存在的突出问题，我们党以刀刃向内的自我革命精神，采取一系列重大战略举措，坚持和加强党的全面领导，坚定不移推进全面从严治党，党在革命性锻造中变得更加坚强有力。成就有目共睹，问题也不容忽视。党内存在的思想不纯、组织不纯、作风不纯等突出问题尚未得到根本解决，一些已经解决的问题有可能死灰复燃，一些新的问题还在不断出现。比如，一些地方和部门贯彻落实党中央决策部署不到位，要么简单化、"一刀切"，照抄照搬、上下一般粗，要么做选择、搞变通、打折扣，不顾大局、搞部门和地方保护主义；享乐主义、奢靡之风不时抬头，隐形变异行为潜滋暗长，铲除形式主义、官僚主义顽疾还任重道远；一些党组织政治功能、组织功能不强，党建引领基层治理作用发挥还不充分；反腐败斗争形势依然严峻复杂，遏制增量、清除存量的任务依然艰巨，等等。解决这些问题一刻也不能放松，必须把严的基调、严的措施、严的氛围长期坚持下去，不断把全面从严治党引向深入。

这次主题教育，要教育引导各级党组织和广大党员、干部突出问题导向，查不足、找差距、明方向，接受政治体检，打扫政治灰尘，纠正行为偏差，解决思想不纯、组织不纯方面存在的突出问题，不断增强党的自我净化、自我完善、自我革新、自我提高能力，使我们党始终充满蓬勃生机和旺盛活力，始终成为中国特色社会主义事业的坚强领导核心。

二、全面准确把握主题教育的目标要求

党中央下发的《中央关于在全党深入开展主题教育的意见》对这次主题教育的总要求、目标任务、方法措施做出了明确规定，各级党组织要结合实际抓好落实，确保取得预期效果。

第一，牢牢把握总要求。这次主题教育的总要求是"学思想、强党性、重实践、建新功"。这四句话体现了我们党认识与实践相结合、理论与实际相联系、改造主观世界与改造客观世界相统一的一贯要求，是一个紧密联系、相互贯通、内在统一的整体。要把这一总要求贯穿这次主题教育全过程。

学思想，就是要全面学习领会习近平新时代中国特色社会主义思想，全面系统掌握这一思想的基本观点、科学体系，把握好这一思想的世界观、方法论，坚持好、运用好贯穿其中的立场观点方法，不断增进对党的创新理论的政治认同、思想认同、理论认同、情感认同，真正把马克思主义看家本领学到手，自觉用新时代中国特色社会主义思想指导各项工作。

强党性，就是要自觉用习近平新时代中国特色社会主义思想改造主观世界，深刻领会这一思想关于坚定理想信念、提升思想境界、加强党性锻炼等一系列要求，始终保持共产党人的政治本色。

重实践，就是要自觉践行习近平新时代中国特色社会主义思想，用以改造客观世界、推动事业发展，用以观察时代、把握时代、引领时代，积极识变应变求变，解决经济社会发展和党的建设中存在的各种矛盾问题，防范化解重大风险，推动中国式现代化取得新进展新突破。

建新功，就是要从习近平新时代中国特色社会主义思想中汲取奋发进取的智慧和力量，熟练掌握其中蕴含的领导方法、思想方法、工作方法，不断提高履职尽责的能力和水平，凝心聚力促发展，驰而不息抓落实，立足岗位作贡献，努力创造经得起历史和人民检验的实绩。

第二，紧紧锚定目标任务。开展这次主题教育，根本任务是坚持学思用贯通、知信行统一，把新时代中国特色社会主义思想转化为坚定理想、锤炼党性和指导实践、推动

工作的强大力量，使全党始终保持统一的思想、坚定的意志、协调的行动、强大的战斗力，努力在以学铸魂、以学增智、以学正风、以学促干方面取得实实在在的成效。具体要达到以下目标：

一是凝心铸魂筑牢根本。要教育引导广大党员、干部经受思想淬炼、精神洗礼，坚定对马克思主义的信仰、对中国特色社会主义的信念、对实现中华民族伟大复兴中国梦的信心，弘扬伟大建党精神，务必不忘初心、牢记使命，务必谦虚谨慎、艰苦奋斗，务必敢于斗争、善于斗争，筑牢信仰之基、补足精神之钙、把稳思想之舵。

二是锤炼品格强化忠诚。要教育引导广大党员、干部锤炼政治品格，不断提高政治判断力、政治领悟力、政治执行力，增强"四个意识"、坚定"四个自信"、做到"两个维护"，以党的旗帜为旗帜、以党的意志为意志、以党的使命为使命，始终忠诚于党、忠诚于人民、忠诚于马克思主义，真心爱党、时刻忧党、坚定护党、全力兴党。

三是实干担当促进发展。要教育引导广大党员、干部胸怀"国之大者"，紧紧围绕新时代新征程党的中心任务，真抓实干、务求实效，聚焦问题、知难而进，以"时时放心不下"的责任感、积极担当作为的精气神为党和人民履好职、尽好责，以新气象新作为推动高质量发展取得新成效，依靠顽强斗争打开事业发展新天地。

四是践行宗旨为民造福。要教育引导广大党员、干部牢固树立以人民为中心的发展思想，坚持一切为了人民、一切依靠人民，自觉问计于民、问需于民，始终同人民同呼吸、共命运、心连心，通过做大"蛋糕"不断增进民生福祉，着力解决人民群众急难愁盼问题，把惠民生、暖民心、顺民意的工作做到群众心坎上，增强人民群众获得感、幸福感、安全感。

五是廉洁奉公树立新风。要教育引导广大党员、干部增强纪律意识、规矩意识，持续纠治"四风"，把纠治形式主义、官僚主义摆在更加突出的位置，做到公正用权、依法用权、为民用权、廉洁用权，推动形成清清爽爽的同志关系、规规矩矩的上下级关系、亲清统一的新型政商关系，当好良好政治生态和社会风气的引领者、营造者、维护者。

第三，全面落实重点措施。这次主题教育不划阶段、不分环节，要把理论学习、调查研究、推动发展、检视整改等贯通起来，有机融合、一体推进。

要强化理论学习。坚持读原著学原文悟原理，坚持多思多想、学深悟透，全面学习领会新时代中国特色社会主义思想的科学体系、核心要义、实践要求，做到整体把握、融会贯通。大力弘扬理论联系实际的马克思主义学风，紧密结合新时代波澜壮阔的历史进程和伟大变革，深刻把握新时代中国特色社会主义思想产生和发展的实践基础；紧密结合统揽伟大斗争、伟大工程、伟大事业、伟大梦想，统筹推进"五位一体"总体布局、协调推进"四个全面"战略布局的时代要求，深刻把握这一思想关于治国理政的新理念新思想新战略；紧密结合工作职责需要，深刻把握这一思想关于相关领域的重要论述以及做好具体工作的思路、举措、办法。把全面学习和重点学习结合起来，引导广大党员、干部坚持干什么就重点学什么、缺什么就重点补什么，增强学习的针对性，努力提高学习实效。各级党委（党组）要采取理论学习中心组学习、举办读书班等多种形式开展集中学习、深入研讨交流。领导干部要上讲台、讲党课，以身作则、以讲促学。坚持以党内教育引导和带动全社会的学习，让党的创新理论"飞入寻常百姓家"。

要深入调查研究。按照党中央关于在全党大兴调查研究的工作方案，组织广大党员、干部特别是各级领导干部扑下身子、沉到一线，深入农村、社区、企业、医院、学校、"两新"组织等基层单位，把脉问诊、解剖麻雀，进行问题梳理、难题排查，运用党的创新理论研究新情况、解决新问题。坚持问题导向，增强问题意识，敢于正视问题，善于发现问题，既看"高楼大厦"又看"背阴胡同"，真正把情况摸清、把问题找准、把对策提实。改进调研方式，力戒形式主义、官僚主义，多到困难多、群众意见集中、工作打不开局面的地方和单位调研。善于换位思考，走进群众，真诚倾听群众呼声、真实反映群众愿望、真情关心群众疾苦，准确了解群众的所忧所盼。注重调研成果转化运用，在调查的基础上深化研究，提高调研成果质量，切实把调研成果转化为解决问题、改进工作的实际举措，防止调查多研究少、情况多分析少，提出的对策建议大而化之、空洞抽象、不解决实际问题。统筹安排、合理确定调研时间、地点，防止扎堆调研、作秀式调研。调研过程中要轻车简从，简化公务接待，不给基层增加负担。

要推动高质量发展。紧紧围绕高质量发展这个全面建设社会主义现代化国家的首要任务，以强化理论学习指导发展实践，以深化调查研究推动解决发展难题，把学习和调研落实到完成党的二十大部署的各项任务中去，以推动高质量发展的新成效检验主题教育成果。认真落实党中央关于贯彻新发展理念、构建新发展格局、推动高质量发展的一系列要求和决策部署，增强系统观念和大局意识，做好着力扩大内需、深化供给侧结构性改革，加快建设现代化产业体系，全面推进乡村振兴，实施科教兴国战略、人才强国战略、创新驱动发展战略，在发展中保障和改善民生，推动绿色发展、推进美丽中国建设，推进全面依法治国，建设社会主义文化强国，维护社会稳定等方面工作，形成共促高质量发展的强大合力。紧密结合实际，打破思维定式，转变思想观念，紧盯本地区本部门本单位影响和制约高质量发展的问题短板及其根源，开展靶向治疗，正确处理速度和质量、发展和安全、发展和环保、发展和防疫等重大关系，不断提高推动高质量发展的系统性、整体性、协同性。需要着重强调，各级领导班子要牢记党和人民嘱托，发扬"功成不必在我、功成必定有我"的精神，坚持一张蓝图绘到底，对已有的部署和规划，只要是科学的、切合新的实践要求的、符合人民群众愿望的，就要坚持，一茬接着一茬干，防止换届后容易出现的政绩冲动、盲目蛮干、大干快上以及"换赛道""留痕迹"等现象。

要抓好检视整改。坚持边学习、边对照、边检视、边整改，把问题整改贯穿主题教育始终，让人民群众切实感受到解决问题的实际成效。领导班子要对照《意见》列举的问题，对标对表习近平新时代中国特色社会主义思想和党中央重大决策部署，系统梳理调研发现的问题、推动发展遇到的问题、群众反映强烈的问题，结合巡视巡察、审计监督发现的问题，一项一项制定整改措施，能改的马上改，一时解决不了的，要盯住不放、持续整改，确保整改到位，防止久拖不决、整而不改。党员、干部特别是领导干部要把自己摆进去、把职责摆进去、把工作摆进去，对照检视出来的问题进行党性分析，认真开展批评和自我批评，做到见人见事见思想，着力从思想根源上解决问题。各地区各部门各单位要抓好突出问题的专项整治，敢于动真碰硬，务求取得实效。坚持"当下改"与"长久立"相结合，对主题教育中学习贯彻新时代中国特色社会主义思想的好做法好经验，及时以制度形式固定下来。对反复出现的问题注重从制度上找原因，做好完善机制、建章立制的工作，防止问题反弹。

中央和国家机关在党和国家治理体系中处于特殊重要位置，离党中央最近，服务党中央最直接，对开展好这次主题教育具有风向标作用。这次主题教育，中央和国家机关各部门要带好头、作表率，示范带动主题教育走深走实。同时，要在主题教育中抓好机关和系统内干部队伍教育整顿，切实加强政治教育、党性教育，严守规矩、严明法纪，以严肃教育纯洁思想，以严格整顿纯洁组织，努力建设让党中央放心、让人民群众满意的模范机关，走好践行"两个维护"的第一方阵。

三、切实加强对主题教育的领导

这次主题教育是一件事关全局的大事，时间紧、任务重、要求高。各级党委（党组）要高度重视，精心组织实施，确保圆满完成主题教育各项任务。

第一，明确领导责任。这次主题教育在中央政治局常委会领导下开展，成立中央主题教育领导小组及其办公室，负责主题教育的领导和指导。领导小组成员单位要充分发挥职能作用，形成齐抓共管合力。各级党委（党组）要扛起主体责任，把主题教育谋划好、组织好、落实好。党委（党组）主要负责同志要切实履行第一责任人职责，亲自谋划、靠前指挥、督促指导，不当"甩手掌柜"、不当"二传手"。党委（党组）成员要认真履行一岗双责，加强对分管领域、分管部门开展主题教育的指导督促。行业系统主管部门要加强对本行业本系统开展主题教育的指导。相关部门要明确责任、密切配合，形成良好的组织指导格局，使主题教育善始善终、取得实际成效。要把主题教育开展情况作为领导班子和领导干部年度考核、党组织书记抓基层党建工作述职评议考核重要内容。

第二，强化督促指导。中央派出指导组，对主题教育开展情况进行督促指导。省区市党委和行业系统主管部门党组（党委）派出巡回指导组，加强对所属地区、部门和单位的督促指导。市县两级不组建指导组。各级指导组要采取巡回指导、随机抽查、下沉走访、座谈访谈等方式，严督实导、以导带督，既指出存在问题，又帮助研究对策。要针对不同地区、不同领域、不同行业的特点分类指导，精准施策，防止"一刀切"。要紧紧依靠地区部门单位党委（党组）开展工作，加强沟通交流，及时交换意见，推动问题解决。需要注意的是，形式主义、官僚主义是这次主题教育要重点检视整改的问题，那么这次主题教育就坚决不能搞形式主义，不能搞形式化、套路化、表面化那一套。对可能出现的各种形式主义，要提前预判、有效防范、坚决克服。

第三，注重统筹兼顾。今年是全面贯彻党的二十大精神的开局之年，又要推进党和国家机构改革，任务重、头绪多。各地区各部门各单位要坚持围绕中心、服务大局，把开展主题教育同贯彻落实党中央各项决策部署结合起来，同推动本地区本部门本单位的中心工作结合起来，同推进机构改革结合起来，做到两手抓、两促进，推动党员、干部将焕发出来的学习、工作热情转化为攻坚克难、干事创业的强大动力。要结合实际，统筹安排第一批、第二批主题教育，确保前后衔接、有序推进。

第四，加强宣传引导。要充分发挥各级党报、党刊、电视台、广播电台等宣传主渠道作用，注重运用新媒体，深入宣传党中央部署要求，宣传主题教育的重大意义、目标任务、进展成效。创新方式方法，充分发挥主流媒体和新兴媒体作用，正面引导网上舆论，注意防止"低级红""高级黑"。宣传正面典型，总结一批可复制可推广的好经验好做法。深刻剖析反面典型，以案例明法纪、促整改，有效发挥警示作用。

参考文献

[1]陈张承，魏茹冰，郎彩虹.新时期高校思想政治教育有效教学研究[M].北京：新华出版社，2016.

[2]郭建，柴艳萍，杨国荣.毛泽东思想和中国特色社会主义理论体系概论[M].石家庄：河北人民出版社，2012.

[3]黄丹.马克思政治社会化思想研究[M].上海：复旦大学出版社，2014.

[4]蓝波涛.新时期大学生马克思主义民族观教育理论与实践[M].南宁：广西人民出版社，2015.

[5]李映方.马克思主义理论与思想政治教育研究[M].西安：西北大学出版社，2007.

[6]刘德军.马克思主义中国化研究之路 中[M].济南：济南出版社，2018.

[7]马绍孟.马克思主义中国化与思想政治教育专题研究[M].北京：中国人民大学出版社，2017.

[8]彭洁.全球化背景下的高校马克思主义理论教育研究[M].成都：四川大学出版社，2010.

[9]齐立石.大学生思想政治教育[M].成都：电子科技大学出版社，2017.

[10]孙祈文.马克思主义中国化理论与实践[M].成都：电子科技大学出版社，2016.

[11]王征国.三维世界观 马克思主义哲学新视角研究[M].广州：世界图书出版广东有限公司，2013.

[12]肖铁岩.马克思主义中国化的理论与方法研究——重庆市第二届马克思主义论

坛文集 [M]. 重庆：重庆大学出版社，2012.

[13] 许春玲，鲁宽民 . 继承与创新——马克思主义中国化理论与实践问题研究 [M].
西安：陕西人民出版社，2012.

[14] 张世欣 . 思想政治教育的人学解读 [M]. 杭州：浙江大学出版社，2017.

[15] 张艳，王娟 . 马克思主义文本与当代中国现实问题对话 [M]. 银川：宁夏人民出
版社，2013.

[16] 浙江省马克思主义学会高职分会 . 马克思主义中国化与思想政治教育研究 [M].
杭州：浙江大学出版社，2012.

[17] 周全华 . 马克思主义中国化学术史 [M]. 广州：广东人民出版社，2018.